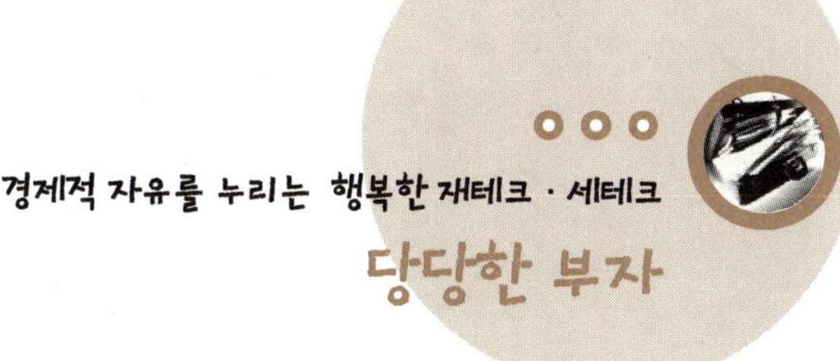

경제적 자유를 누리는 행복한 재테크 · 세테크

# 당당한 부자

경제적 자유를 누리는 행복한 재테크 · 세테크 **당당한 부자**

**지은이** 심우성
**펴낸이** 이금석
**펴낸곳** 도서출판 무한
**초판 1쇄 펴낸날** 2004년 7월 16일
**초판 3쇄 펴낸날** 2004년 9월 3일
**등 록** 제3-468호
**주 소** 서울시 마포구 서교동 469-19
**전 화** (02)322-6144
**팩 스** (02)325-6143
**홈페이지** www.muhan-book.co.kr

* 잘못 만들어진 책은 바꾸어 드립니다.
값 10,000원
ISBN 89-5601-087-0 (13320)

경제적 자유를 누리는 행복한 재테크 · 세테크

# 당당한 부자

심우성 지음

무한

## 머리말

필자는 어려서 시골에서 자랐는데 여름이 되면 할아버지께서 돼지먹이로 쓰기 위해 개구리를 잡아오라고 하시고는 뒤뜰에 있는 큰 솥에 넣고 불을 지피셨다. 뜨거운 물에 개구리를 넣으면 이내 튀어 나오지만 찬물을 서서히 가열하면 개구리는 온도의 변화에 적응을 하다가 나올 시도조차 하지 않고 뜨거운 물 속에서 죽고 만다. 재테크 환경도 이와 비슷한 것 같다. 현재의 여건에 안주하면서 발전을 기대하기는 힘들다. 늘 새로운 도전을 꿈꾸며 적당한 긴장 속에서 초심을 잃지 않을 때 기회는 찾아오는 법이다.

돈은 쫓아가면 도망간다고 말하는 사람들이 있다. 타고난 복이 있어야 한다고도 말한다. 허나 어느 정도는 그럴 수도 있겠지만 노력하지 않은 결과는 없다. 지금 수도권 일대의 토지가 술렁이고 있다. 현재 꽤 값이 나가는 지역의 땅에 살고 있는 사람들은 타고난 복이 있기 때문이라고 말해야 할까? 나는 아니다라고 하고 싶다. 그분들은 그곳에서 대대로 몇십 년간 고생한 끝에 이런 낙이 돌아온 것이다.

무엇인가 해놓고 돈이 되길 기다려야지 아무런 대책도 없이 부자가 되는 꿈만 꾸기에는 인생이 너무 짧다. 짧은 인생을 더욱 값지고 멋지게 살 수 있는 재테크 방법이 있다면 얼마나 좋을까.

재테크에 첩경은 없다고 한다. 그저 열심히 정도를 걷는 것이 제일이고 그러다 보면 행운도 따르는 것이다. 그렇다면 어디서부터 출발해야 하는가?

첫째, 돈을 벌 수 있는 것이 무엇일까 생각만 하지 말고 실천에 옮겨야 한다.

어떤 사람이 매일 간절하게 기도를 했다고 한다. "하나님 로또복권 1등에 당첨되게 해주세요!" 그러던 어느 날 하나님이 말씀하시기를 "이놈아 복권이나 사 놓고 기도해야 들어주지"라고 했단다. 씨앗을 뿌려야 거둘 곡식이 있듯이 생각만으로 이룰 수 있는 재테크는 없다.

둘째, 제대로 된 방법을 주변에서 찾도록 노력하자.

전해 들은 옛날 이야기이다. 병든 사람이 의사를 찾아 갔더니 "3년 묵은 쑥을 구해 다려 먹으면 낫는다"라고 하여 그 길로 3년 묵은 쑥을 찾아 나섰지만 어딜 가도 구할 수가 없었다. 몇 년 동안의 헛고생 끝에 그의 병은 더욱 악화되었고 결국 유명을 달리 하고 말았다.

3년 동안 쑥을 직접 말렸다면 되었을 터인데 노력은 노력대로 하고 결과도 얻지 못한 셈이었다. 마찬가지로 재테크도 그냥 마구잡이로 해봐야 별 소득이 없다는 것이다.

셋째, 스스로 터득하지 말자.

재테크는 간접 경험이 좋다. 책이나 인터넷에서 배우고, 주변에서 큰돈을 번 사람이나 잃은 사람에게 배우는 것이 좋다. 스스로 터득하는 재테크가 가장 귀중할지 모르나 실패했을 때 감당해야 하는 고통이 의외로 크다. 이미 깨달음을 알았을 때는 재기가 불가능한 상태일 수 있기 때문이다.

마지막으로 아름다운 인생을 살아가는 방법을 함께 알아가자.

너무 '돈, 돈, 돈' 하는 세상이 되어 버린 듯하다. 아름다운 생각을 하면서 순간 순간을 행복하게 살자. 돈을 모으되, 돈에 매여 살지는 말자. 돈으로 살 수 없는 것들이 이 세상에 얼마나 많은가!


심우성

# 차례

**2부 실전(實戰) 재테크 | 103**

# 생각만 하는 부자는 없다
# 실천에 옮겨야 부자가 될 수 있다

# 1부

# 당당한 부자

# 01 공짜 부자 없다

생각을 변화시키기 싫으면 평생 로또 복권이나 사라. 그러면 평생 달콤한 꿈은 꿀 수 있으나 빈곤한 노후가 기다릴 것이다.

## ○○ 대박을 꿈꾸며

2003년 초 온 나라는 꿈의 숫자 6개를 맞추면 인생역전이 된다는 로또(Lotto) 복권의 광풍 속에서 연일 헤어나질 못했다. 신문 1면 머리기사는 온통 '로또 대박 광풍' '로또 하루 200억 팔렸다' 등 흥분된 기사가 연일 홍수를 이루었고, 마치 사지 않으면 안 될 것 같은 분위기는 온 국민을 복권의 마법세계로 빠져들게 했다. 현재까지 성인의 78%가 복권을 구입했다고 한다.

왜 살까? 이유는 너무 간단하다. 1등에 당첨되면 하루 아침에 돈방석에 앉아 바로 부자의 대열에 합류할 수 있기 때문이다. 지금까지 70여 차례에 걸쳐 200여 명이 넘는 1등이 배출되었는데 홀로 1등에 당첨되어 무려 수백억 원의 돈벼락을 맞아 여러 날에 걸쳐 뉴스거리를 제공한 경우도 있었다. 2004년 4월까지 기준으로 287명이 받은 평균 당첨금액은 40억 5천만 원이었다고 하니 실로 탐이 날 수밖에 없을 것이다.

또한 1등에 여러 명이 당첨되는 복수 당첨자를 보면서 "나도 예외는 아니다"라고 생각하는 사람들이 많아질 수밖에 없으며, 아슬아슬하게 1등 숫자에 비껴간다면 다음주를 또 기다리게 하는데 충분했다. 아울러 당첨된 이들의 뒷얘기도 복권을 사도록 자극하기에 충분했다. "돌아가신 조상님이 나타나 번호를 알려줬다" "꿈에 숫자가 나타나서 일어나 곧바로 구입했다…" 등 남의 얘기 같지가 않았으리라.

그러나 당첨된 사람들은 그들대로 곤욕을 치뤄야 했다. 이들은 주변 사람들이 행여 눈치챌까봐 당첨금 지급 은행인 국민은행이 소재한 여의도로 가는 계획을 마치 007 작전을 펼치듯 은행측에 보안을 요청하기까지 하였는데 웬만한 첩보 영화 한편을 찍는 것 같았다고 담당 직원은 전한다. 814만분의 1이라는 기적 같은 기쁨 뒤에 행여나 당첨 사실이 알려지면 주변 친척은 물론 각종 단체들의 기부 요구와 심지어 조직폭력배들까지 나선다는 말 때문에 충분히 불안할 수밖에 없을 것이다. 이들 중 일부는 외국으로 일단 떠나는 사람들도 있다고 한다.

## ●● 부자 = 경제적 자유

분명 일확천금의 허황된 꿈이지만 복권을 사는 것은 당첨이 될 경우 부자가 되는 가장 빠른 방법이기 때문이다. 그러나 부자들은 복권을 살 돈으로 투자를 한다. 즉 허황된 꿈을 꾸지 않는다는 것이다. 공짜로 된 부자는 세상에 없다. 부자는 누구나 될 수 있지만 꿈만 꾸는 사람에게는 찾아오지 않는다는 것을 말하고 싶다.

그렇다면 어떤 사람들이 부자일까? 단순히 돈이 많은 사람이라고 할 수 있나? 20억 원이면 부자일까? 한번쯤은 부자에 대한 개념을 정리해 둘 필요가 있다. 대개 부자란 경제적인 자유를 얻은 사람으로 자동 재생산 구조를 지닌 사람을 일컫는다. 자동 생산 라인을 갖고 있는 제조업체 사장님을 말하는 것이 아니라, 가령 언제 어디서 무엇을 하던지 그동안 투자해 놓은 부동산이나 금융 자산 등에서 나오는 수입으로 여유 있는 생활을 할 수 있는 상태를 말한다. 예를 들면 파리나 카리브 해의 휴양촌에서 휴가를 몇 달이고 즐겨도 상가 건물의 임대 수익이나 예금에서 나오는 이자 수입 등으로 돈으로부터 자유롭고 풍요로운 삶을 살 수 있는 사람들을 부자라고 할 수 있는 것이다.

　　미국이나 영국의 경우 한국 돈으로 약 20억 원 정도면 부자라고 한다. 우리나라의 경우도 마찬가지로 모 신문사 설문조사 자료에 따르면 '20억 원 정도는 갖고 있어야 부자' 라는 응답이 나왔다. 물론 이것에 대한 객관적인 기준은 없으나 "20억 원이면 부자다" 라고 많은 사람들이 생각한다면 이것이 보편적으로 합의된 부자의 기준이 될 것이다. 이와는 달리 15세 이하 어린이 16,350여 명을 대상으로 한 설문조사 결과에서는 약 51%가 100억 원 이상이 되어야 부자 소리를 들을 수 있다는 대답이 나왔다. 돈에 대한 정확한 개념과 잣대가 부족한 어린이들이기에 조금은 동떨어진 기준을 갖고 있겠지만 돈에 대한 가치는 물가가 상승하면 떨어지게 마련이므로 현재 10세인 꼬마가 40세가 되었을 경우 오늘 20억 원을 매년 4% 정도 오르는 물가를 감안해 본다면 약 65억 원이 되므로 어찌 보면 아이들의 잣대가 틀린 말이 아닐지도 모른다.

　　그럼 20억 원이면 어떤 생활을 할 수 있는가 정리를 해보자. 매월 5% 정도의 정기예금 이자로 환산할 경우 세금을 공제하면 연간 8천3백만 원 가량 나오며, 매월 약 700만 원의 이자를 받게 된다. 이 돈으로 가족과 함께 행복한 여행도 다녀오고 여유 있는 생활을 할 수 있다면 이것이 우리가 생각하는 부자인 것이다. 종합소득세나 재산세 등 기타 세무 통계자료를 통해 이 정도 부자는 우리나라에 약 10만 명 정도인 것으로 추정된다. 이 숫자는 경제활동 인구 2,300만 명의 약 0.43%에 해당된다.

## ○○ 디오게네스의 햇볕

　　과연 얼마의 돈이 있어야 행복할까? 부자의 개념은 어디까지나 주관적일 수밖에 없다. 마음이 넉넉하면 부자라고 하는 사람과 돈이 많아야 부자라고 하는 사람 등 삶의 방향에 따라 개념은 다른 것이다. 여기서 한가지 짚고 넘어가야 할 것이 행복이란 단어이다. 사람이 살아가는 궁극적인 것에서 행복이라는 단어를 뺄 수는 없을 것이다. 그런데 돈이 많으면 행복해질까? 물론 행복해질 수 있는 환경이 더 가까울 것이나 반드시 돈과 행복을 연관시키기에는 억지가 있다.

　　마케도니아의 알렉산더 대왕이 움막에서의 삶에 만족해 하는 철학자 디오게네스를 찾아가서 "지금 그대에게 무엇이 필요한가?"라고 물었다. 그러자 그는 "지금 나는 필요한 것이 없습니다. 단지 내 앞에서 햇볕을 가리지 말고 비켜주세요"라고 했단다. 알렉산더는 왕이 되지 않았다면 자신도 '디오게네스가 되었을 것'이라고 했던 유명한 말을 생각해 본다. 핵심은 만족이다. 세상을 정복하고 재물이 많아도 만족하지 못한다면 진짜 부자라고 할 수는 없을 것이다.

## ○○ 돈과 행복과의 함수

　　아프가니스탄이나 인도 사람들의 행복지수가 세계에서 가장 높다고 한다. 이것은 그 국민들 저변에 깔려 있는 철학과 깊이 연관되어 있지 않을까 한다. 인도 철학에 깔려 있는 사상들, 예컨데 인도인들의 경우 '일어나는 일들은 오래 전부터 예정되어 있다. 내가 지금 이렇게 살고 있는 것은 필연이므로 현실에 만족하며 살아간다'는 수도자의 정신이 그들을 현재의 삶에 만족하게 하고 넉넉한 마음의 소유자로 보이게 하는 것이다. 그러나 우리가 살고 있는 대한민국은 어떤가? 대치동, 도곡동, 압구정동에 산다고 하면 "와~ 강남에 사네"라고 스스로 그렇게 말해본 적이 없는가 생각해 보자. 아파트 몇 평에 사는 것 때문에 사람 사이의 선을 긋고 살지는 않나 하고 말이다.

## ●● 아파트 평수=사람의 가치(?)

얼마 전에 아내가 한 이야기이다. 친구가 살고 있는 아파트에 갔는데 단지 내에 막아 놓은 담 때문에 다른 쪽 출입구를 이용하여 돌아서 들어간 적이 있다고 한다. 한쪽은 분양을 받은 아파트이고 한쪽은 임대아파트로 한 단지이지만 사람들의 편견이 만들어 놓은 갈등의 부산물로 소위 임대아파트에 사는 사람들과 섞이지 않으려는 의도가 있지 않았나 싶었다. 반상회도 평수에 따라 한다는 소릴 들었다. 어디 이뿐이랴… 우리 주변에는 아파트가 이제 단독주택보다 훨씬 많다 보니 학교에서 어린아이들까지 "너희는 몇 평에 사니? 전세니?" 하며 편을 가르는 것을 보면 어이가 없어 보이지만 이것이 지금 우리가 살아가는 현실이다.

## ●● 진실게임

　현실을 받아들일 것인가 아니면 그냥 동떨어진 세상에서 나혼자 고고하게 살 것인가는 각자의 자유이다. 그러나 많은 이들이 추구하는 길이 보편적인 진리가 아닐까? 풍요롭게 또는 부자가 되는 방법은 로또에서 일등이 되는 것보다 더 어려울 수 있다. 로또는 꿈을 잘 꾸던지 아니면 운이 억세게 좋으면 되지만 부자가 되는 것은 고단한 자기 통제가 이루어져야 가능하다. 즉 노력하고 열심히 하지 않으면 안 되기 때문이다.

　그럼 어떻게 부자가 될 수 있을까? 단순하게 지출을 통제하고 열심히 모으기만 하면 될까? 어떤 이들은 이러한 고전적인 방법에는 변함이 없다고 고집을 하지만, 이것도 어느 정도 기반을 잡고 돈이 들어오는 본 궤도에 오른 경우에나 가능한 것이다. 밑천도 적었고, 기반도 잡지 못한 상태에서는 어림없는 소리일 수 있다. 먼저 자신과의 진실게임을 해야 한다. 자신의 현재 상황을 알아야 변화도 가능하다.

　발이 공중에 떠 있으면 디딤을 할 수 없다. 발이 땅에 닿아 있어야 힘차게 박차고 뛰어 오를 수 있듯 현재 자신의 재무 상태를 파악하는 일이 선행되어야 목표를 정하고 발디딤을 할 수 있다. 따라서 지금 당장 자신의 재무 상황을 써 보자.

## 02 빚은 가난의 근본

빚은 또다른 빚을 지게 할 수 있는 가난의 고리이다. 1,000만 원의
빚을 갚는 것은 3천만 원 저축하는 것보다 더 어렵다

○○ 빚의 씨앗은 더 큰 빚

생활고나 카드빚 때문에 자살을 선택하는 사람이 하루 3명에 이
른다고 한다. 어려운 생활고에는 '빚', '대출'이라는 단어를 빼 놓
을 수 없다. 왜냐하면 돈은 사람이 활동하기 위해 절대적으로 필요
한 수단인데 갑자기 돈을 써야 하는 경우가 생긴다면, 어쩔 수 없이
빚을 지게 되기 때문이다.

빚은 공짜로 얻는 것이 아니라 그에 상응하는 이자를 내야 한다.
가난한 사람이 더 가난하게 되는 이유가 여기서 나온다. 불과 몇십
년 전까지만 해도 보릿고개라는 말이 있었다. 보리가 채 피기도 전
에 곡식은 떨어지고 어떻게든 먹고 살아야 하므로 부잣집에서 보리

를 얻어 겨우 끼니를 때우고 보리가 익으면 빌려온 것보다 훨씬 많은 양을 갚아야 했다. 작년에 모자랐던 식량이 올해라고 넉넉할 리 없을 것이다. 더군다나 더 많은 양의 식량을 부자에게 갚았으니 해마다 빚이 빚을 낳는 현상은 반복되었을 것이다. 그래도 그때는 자살을 선택하는 사람이 적었으리라.

## ○○ 자살을 선택하는 진짜 이유

지금 자살하는 사람들은 원래 가난한 사람들이 아닐 것이다. 대부분 사업을 하다 부도가 나거나 어느 정도 수준에 있다가 주식 또는 잘못된 투자, 사기 등으로 예전 자신의 그 위치보다 수십 배, 수백 배 떨어져 도저히 회복이 불가능한 상태, 희망이라고는 도저히 찾아 볼 수 없는 암흑과 같은 절망의 상태가 그들을 죽음으로 몰아 넣은 것이다. 자신은 물론 가족들까지도….

## ○○ 부익부 빈익빈

가난은 나랏님도 구제하지 못한다고 하듯 정부로서는 390만 명의 신용불량자를 해결할 수 있는 뾰족한 대안이 없는 듯하다. 배드뱅크안을 내어 놓았지만 이 제도가 마치 본인의 빚을 정부가 해결해 줄 것으로 기대하는 사람들이 있는데, 이런 생각은 위험한 생각이다. 아무튼 수많은 사람들이 빚으로 인한 가난에 시달릴 때 아이러 니하게도 부자들은 남들이 가난할 때 더 큰돈을 번다. 많은 사람들 이 고통을 받던 때인 IMF 시절을 오히려 부자들은 그리워한다. "그 때가 좋았어"라고 말하는데, 답은 쉽다. 당시 이자는 살인적인 고금 리로 정기예금 이자가 무려 20% 이상이었는데 1억을 맡기면 일 년 에 2천만 원의 이자가 나왔으니 예금자들의 천국이 아닐 수 없었다.

그러나 빚으로 집을 샀거나 어쩔 수 없이 빚을 졌던 사람들은 어 땠을까? 예금 이율이 높으니 당연히 대출 금리는 더 높았는데 25% 정도는 양호한 편이었다.

연간 100%가 넘는 살인적 금리도 허다했다. 따라서 빚은 또다른 빚을 낳는 최악의 시나리오를 만들어 불과 1년도 되지 않아 빚은 두 배로 늘어나기도 했다.

때문에 높은 이자를 감당하기 어려워 살고 있는 집을 헐값에 처 분하고 전세로 옮겨 빚을 갚는 등의 궁여지책을 냈던 사람들은 지금 도 깊은 한숨을 내쉬고 있다.

이미 그때의 가격으로는 도저히 마련할 수 없이 올라버린 집값 때문에….


## ○○ 빚은 독(毒)이다

이토록 사람을 좌절에 빠뜨리게 하는 빚은 독(毒)이다.

하지만 빚이라고 해서 다 독은 아니다. 부자는 대출을 이용하여 좋은 투자를 하기 때문이다.

그러나 돈 없는 사람들에게 있어 빚을 얻어 투자하는 것은 모험일 뿐이다. 자칫 잘못하다가는 그나마 조금 있는 재산을 다 날릴 수 있기 때문이다.

빚을 내어 주식에 투자하는 사람, 빚을 내어 인생의 전부를 거는 사람들 모두 외줄을 타는 서커스판의 광대나 다름없다.

잘 되면 다행이지만 잘못되는 날엔 도저히 회복할 수 없는 나락에 빠지고 말기 때문이다.


## ○○ 핑계 댈 수 없는 무덤

"누가 빚을 지고 싶어집니까… 집안일 등 대소사 때문에 지는 것이지요. 그러다 보니 이렇게 눈덩이처럼 불어났고…" 핑계 없는 무덤이 어디 있을까. 물론 집안에 돈은 없고 누가 중병에 걸렸거나 하면 어쩔 수 없는 일들일 것이다.

그러나 생활의 방만함과 체면 때문에 허튼 곳에 돈을 쓰고 정작 돈이 필요할 때는 "카드가 있는데…"라는 식으로 생활을 했다면 그 핑계는 인정되지 않는다.

무덤으로 치면 핑계 댈 수 없는 무덤일 것이다.

같은 나이에 같은 환경에서 경제 활동을 한 동료는 좋은 집에 사는데 나는 그렇지 못하다면 분명 달라도 뭔가 다른 차이가 있을 것이다.

가령 똑같이 200만 원의 급여를 받는데 쓰고 난 후 저축을 하는 사람과 저축을 먼저 하고 소비를 하는 사람의 차이거나, 바로 며칠 뒤의 일을 생각치 않고 받은 월급을 가족과 함께 근사한 외식이나 멋진 차를 사는 데 쓴 탓일 것이다.

만일 이렇게 해서 빚을 졌다면 당신은 부자되는 것을 포기해야 한다. 하루하루 사는 베짱이 기질이 당신은 물론 당신의 자녀까지 어렵게 사는 길로 인도할 테니까.


저축은 곧 빚을 지지 않는 방법이다. 평소에 저축한 돈은 긴히 필요할 때 사용하게 되므로 저축이야말로 빚을 지지 않는 방법 중 으뜸이다. IMF 시절에 달러가 고갈되고 나니 외국에 갚아야 할 빚(외채)을 갚지 못하는 사태로 이어지고 결국 국가 부도라는 치욕을 당할 수밖에 없지 않았던가! 절약과 저축하는 생활이 곧 빚을 지지 않는 첫걸음임을 명심하자.

베짱이가 되지 말고 부지런한 개미가 되자. 빚이 없어야 비로소 부자의 길로 들어설 수 있음을 잊어서는 안 된다.

## 03 플라스틱 재앙

신용카드는 잘 사용해야 본전이다. 연말 정산으로 환급받을 수 있다는 꼬임에 넘어가지 말자.

### ○○ 신용카드 시한폭탄

신용카드 → 돌려막기 → 신용불량 → 개인 파산으로 이어지는 순서를 주변에서 목격하는 일이 어렵지 않은 것은 이미 신용불량자 수 390만 시대에 우리가 살고 있기 때문일 것이다.

신용사회의 필수품이 된 신용카드의 활용가치는 매우 크다.

그러나 신용카드로 인해 신용불량자가 된 사람들이 얼마나 많은지 주변을 둘러보라.

2004년 3월 말 현재 신용불량자 390만 명 중 신용카드로 인해 신용불량자가 된 숫자가 무려 259만 명이라고 한다. 신용카드는 언제 터질지 모르는 시한폭탄으로 변했다.

우리 주변에서 제일 쉽게 구할 수 있는 빚은 단연 신용카드의 현금 서비스이다.

도처에 널려 있는 은행과 편의점의 CD기는 카드만 넣으면 곧바로 현찰이 쏟아지고, 더군다나 인터넷 뱅킹이나 ARS 전화를 이용하여도 얼마든지 이체가 되어 급할 때 현금을 쉽게 마련할 수 있다.

한도가 모자라면 다른 카드를 사용하면 되고, 이것도 모자라면 카드를 또 하나 만들면 쉽게 해결되었다.

거리에서도 푸짐한 경품을 쌓아 놓고 다니는 사람들에게 마구잡이식으로 카드를 권유했었다. 어디 그뿐이던가, 현금 서비스를 많이 받을수록 고객 등급을 올려주어 처음 70만 원이던 서비스 한도가 150만 원, 300만 원, 500만 원식으로 늘어났다.

늘어나는 한도가 마치 자신의 신용도가 올라가는 것 같이 착각하는 사람도 있었다. 불행의 씨앗이 싹트는 줄도 모르고….

그런데 그렇게도 잘 올려 주던 한도가 갑자기 줄어들기 시작했는데, 한도가 추락하는 것엔 날개가 없었다.


## ○○ 플라스틱 재앙

2003년 하반기에 불거져 나온 신용카드사의 유동성 위기는 제일 먼저 카드업계 1위인 LG카드에서 터졌다. 그동안 S, L, H 카드사들은 모자라는 돈을 후순위전환사채(CB), 신주인수권부채권(BW) 등으로 위기를 모면했지만, 직접적인 영향을 미치는 개인들의 연체율은 줄어들지 않았다.

더군다나 만기가 된 회사채의 상환이 어렵게 되자 채권 은행단의 긴급 자금을 지원받는 상황까지 가야 했으며, 현금 서비스를 중단하는 사태가 발생했고 한도를 대폭 줄이는 순서로 이어졌다. 따라서 현금 서비스를 이용하던 수많은 이용자들은 돌려막기 대열에 동참하게 되었고, 돌려막기를 하던 사람들은 더 이상 물러날 곳이 없는 지경까지 이르렀다.

쉽게 구하고 필요한 만큼 쓸 수 있었던 현금 서비스. 그동안 아낌없이 주던 서비스 한도와 구매 한도가 일방적으로 줄어들면서 개인들은 신용불량의 문턱까지 내몰렸다. 이들 신용불량자 390만 명은 더 이상 돈을 구할 곳이 없다.

이러한 현상은 연쇄적인 파장으로 이어졌고, 여기 저기서 "돈 없다" "어렵다" 라고 한다. 택시들은 영업이 안 되고, 상점에서는 장사도 안 된다고 하는 등 경제에 많은 악영향을 끼치고 만 것이다.

바로 플라스틱이 만들어낸 재앙인 것이다.

청구된 신용카드 대금을 갚기 어려워질 경우 어떻게 해야 할까?

제일 먼저, 은행의 신용 대출을 알아보아야 한다. 은행계 카드의 경우 카드 대출로 전환을 해 주거나 리볼빙 서비스로 바꾸어 주는 경우가 있으니 이러한 제도를 이용해 급한 불을 우선 꺼야 한다.

만일 은행 대출이 안 되면 그 다음은 제2금융권인 보험사 또는 상호저축은행의 문을 두드려 보는 것이 좋다.

의외로 낮은 금리로 빌릴 수 있는 방법이 많이 있기 때문이다. 그동안 카드사의 현금 서비스 이율은 연 25% 정도 되었는데 이것보다 낮다면 망설일 이유가 없다.

최대한 빨리 움직여야 한다. 만일 시일이 많이 지나 신용불량자로 처리되는 날이면 대출은 꿈도 꿀 수 없기 때문이다.

만일 전세를 살고 있는 사람이라면 전세권 담보 대출을 이용해 보길 권한다. S보험회사의 경우 전세 계약서를 담보로 전세 금액의 50%~60%까지 대출을 해 주고 있는데, 금리는 12% 정도로 카드 서비스의 절반 수준밖에 되지 않는다.

따라서 대출을 해서라도 일단은 신용불량자가 되지 말아야 다음 대책을 강구할 수 있다.

두 번째로는 솔직하게 주변에 털어 놓는 방법도 좋다고 한다.

현재 신용불량자 리스트에 오른 사람들을 대상으로 설문조사를 한 결과 그때 가족에게 도움을 요청했더라면 지금과 같은 상황까지 오지 않았을 걸이라고 응답한 숫자가 50%가 넘은 것을 보더라도 신용불량자가 되기 전 가족들의 도움이 클 수 있다는 것을 입증해 주고 있다.

신용불량자가 된 후 부탁을 해 봤자 이미 상황은 끝난 상태이기 때문에 미리 손을 써야 한다.

세 번째는 고금리 사채를 이용하면 안 된다.

카드 연체자의 어려운 사정을 이용하여 반사이득을 보는 시장이 생겨났는데 할부 금융회사나 대출 전문업체 등 심지어는 연리 100%에 가까운 고리대금 업체들이 등장했다.

어쩌면 남의 불행을 이용해 장사하는 곳일 것이다. 이자가 높아도 다급한 본인의 사정 때문에 울며 겨자먹기식으로 카드사보다 더 높은 고금리로 이용을 하는데 이것은 근본적인 해결책이 되지 못한다.

근본은 빚인데 빚을 갚기 위해 더 많은 빚을 지는 악순환을 되풀이하는 결과를 낳을 수 있기 때문이다.

따라서 고금리 사채 시장은 기웃거리면 절대 안 된다.

이것은 신용불량자로 전락하는데 얼마간의 시간만 유예해 주는 것에 불과하다. 차라리 현재 상태에서 신용불량자가 되는 편이 오히려 낳을 수 있다.

추후 워크아웃에서 조금이라도 감면받을 수 있을 테니까.

매일 이용하는 인터넷 검색이나 젊은층이 주로 이용하는 온라인 게임에는 온통 카드 관련 광고가 판을 친다.

"카드빚 1분이면 OK!", "전화 한 통이면 카드빚 해결", "신용회복 지원 → 카드빚 해결" 등 온통 배너 광고가 즐비하고 실제로 짧은 기간 동안 이러한 대출이 몇조 원씩 늘어났다고 하니 정부의 가계 부채 개선 의지는커녕 더 악화되는 것은 아닌가 의심이 든다.

금융감독원에서는 이러한 사금융 피해를 보는 사례가 많아지자 〈사금융 피해 유형별 대응 요령〉까지도 내놓고 있어 소개하고자 한다.

| 사　　　　례 | 피해 예방과 대응요령 |
| --- | --- |
| 1. 실제 내용과 다른 계약서 작성 요구 | 동일 내용으로 계약서 작성, 대금 수령시 영수증을 받을 것 |
| 2. 본인도 모르게 보증인이 된 경우 | 무효화하기가 어려워 인감증명서 등에 대한 관리 철저 |
| 3. 타인이 본인 명의 도용해 사채를 쓴 경우 | 대출 계약을 체결한 적이 없음과 서명·날인이 본인 것이 아니라는 사실 입증 |
| 4. 대출 계약시 관계인 인적사항 기재 요구 | 대부업 표준약관에서 금지하고 있으므로 거절 |
| 5. 신용불량자를 대상으로 한 대출 유혹 | 대출 사기인 경우가 많으므로 확인 필요 |
| 6. 제도권 금융기관 대출 중개·알선 유혹 | 본인이 직접 대출 가능 여부 확인, 제출서류 위·변조 금지 |
| 7. 생활정보지의 카드 연체대납 광고 | 신용카드 양수도는 쌍방 처벌, 절대 양도 금지 |
| 8. 대부 업체를 선택하고 계약할 때 | 대부업 등록 여부 확인, 이자율 제한(연 66%) 확인. 대부계약서 1부와 대출금액과 일치하는 영수증 수령 |
| 9. 가족 등에 대한 채권 추심시 | 녹취와 증인 등 증거 자료를 확보해 사법 당국이나 금감원에 신고 |
| 10. 채무 미변제로 인해 사기죄로 고소당한 경우 | 연락을 끊지 말고 채무 변제 의사가 있음을 지속적으로 알림 |
| 11. 연 66% 초과 이자에 대한 변제 의무 | 이자는 지급할 필요가 없고 이자 지급 후에는 반환 청구하면 됨 |
| 12. 부당한 채무 이행 통지를 받은 경우 | 내용 증명을 받은 경우 이의 사항을 내용 증명으로 발송 |
| 13. 돈을 갚고자 하나 회피하는 경우 | 법원에 채무 금액과 이자를 공탁 |
| 14. 법원으로부터 지급 명령이 송달된 경우 | 부당한 경우면 2주 내에 법원에 이의신청서 제출 |
| 15. 부당하게 재산이 가압류가 된 경우 | 가압류 이의 신청이나 담보 제공 가압류 집행 취소, 본안 제소 명령을 신청 |

현금 서비스를 이용하는 사람들은 모두 돈이 없어서가 아니다. "다음 달에 돈이 생기니까 그때 갚으면 되지."라고 생각하고 쉬운 방법을 택할 뿐이다. 그러나 편리함 때문에 높은 이자를 무시한 것이 엄청난 화를 자초하게 된다는 사실을 알았더라면 어떠했을까?

카드로 인해 신용불량자가 된 사람들의 말을 들어보면 처음에는 100만 원만 이용했지만 차츰차츰 금액이 불어나면서 불과 1년 사이에 빚이 두 배로 늘어났다고 한다. 이와 같은 사례를 보더라도 현금 서비스는 결코 단순하게 시작할 내용이 아니다.

마치 중독성이 강한 마약이라고 생각한다면 과연 그토록 무감각하게 서비스를 받을 수 있을까?

2004년 3월 말 현재 신용불량자 수는 약 390만 명에 이르고, 특히 이중 신용카드로 인해 신용불량자가 된 숫자는 259만 명으로 66%에 이르고 있다. 또한 카드사들의 한도 축소로 합류된 사람들을 합치면 400만 명이 훨씬 넘게 될 것으로 보이는데, 이것은 우리나라 경제 활동 인구 2,300만 명의 약 17%에 가까운 사람들이 신용불량자인 셈이다. 4인 가구를 기준으로 할 때 5~6집에 한 집이 신용불량자 가정이라고 볼 수 있다.

## ○○ 늑대다

누구를 믿어야 할 것인가? 갚는 데 문제가 없다면 언제까지라도 나의 든든한 후원자가 되어 줄 것 같았던 신용카드 회사는 이제 믿을 수 없다.

또한 급격한 한도 축소는 없다라고 했던 정부 정책도 믿을 수 없다. 갑자기 한도 축소를 단행하던 카드사에게 정부는 이러한 주문을 했다고 한다. 한도를 갑자기 줄이면 신용불량자가 양산되니 10%씩만 줄이라고….

그런데 그 이전에는 이들 신용카드사에게 현금 서비스 한도를 대폭 줄이라고 해서 한도를 아예 없애거나 대폭 줄였다고 한다. 카드회사들은 카드사 나름대로 속앓이를 해야만 했겠지만 정부의 '왔다갔다' 하는 정책의 직접적인 피해자는 카드 가입자들이었던 것을 잊지 말아야 한다.


## ○○ 카드를 잘라라!

이제는 믿을 곳이 없다. 바로 자신의 잘못된 소비 습관이나 급한 돈을 빌려 써야 했던 넉넉치 못한 본인의 재정을 탓하여야 한다.

따라서 잘못된 소비 습관을 고치기 위해 신용카드 사용 방법에 문제가 없는가 반성하고 앞으로 제대로 된 신용카드 사용을 위한 방법을 몇 가지 제시하고자 한다. 아울러 인터넷 등 많은 곳에서 조언하고 있는 「신용카드 10계명」, 「신용 관리 10계명」 등과 함께 참고

하기 바란다.

첫째, 신용카드로 물건을 살 때 세 번 이상 생각한 다음 구입하자. 본인 주머니에 있는 현금이라고 가정하고 구입을 해야 한다. 즉 다음 달 본인이 갚을 수 있는 범위 내에서만 구입을 하자는 것이다. 충동 구매는 후회뿐만 아니라 당신의 경제를 서서히 멍들게 한다는 사실을 알아야 한다.

둘째, 신용카드 수를 줄이자. 차라리 가위로 자르자.

요즘은 외식 업체나 영화관, 놀이공원, 공연장에서 특정한 카드에 대해 할인 혜택을 주는 곳이 많다. 그러나 이러한 혜택을 다 받을 필요가 있을까? 자주 이용하지 않는 혜택 때문에 쉽게 카드를 만드는 것은 카드 관리에도 힘들 뿐만 아니라 눈에 보이면 쉽게 사용할 수 있는 환경이 조성되므로 카드 수를 줄여야 한다.

지갑에 꽂혀 있는 즐비한 골드카드가 당신의 신분을 말해 주는 것이 아님을 분명히 인식해야 한다.

따라서 필요한 카드 외에는 가입을 하지 않거나 잘라버리도록 하자. 이렇게 하면 쓸데없이 지출하는 것을 막을 수 있을 것이다.

셋째, 남자들이여, 회식하러 갈 때 신용카드를 집에 놓고 출근하자.

남자들 보통 1차에서 회식하고 얼큰하게 취하면 본인이든 동료든 누가 "2차 가자"라고 제안하면 거절할까 망설이다가도 1/n(더치페이:각자 내는 것)하기로 하고 일단 신용카드로 긁자고 하는 것을 쉽게 볼 수 있다.

문제는 여기서 술값으로 쉽게 지불되는 돈이 만만치 않다는 것이다. 많은 사람들이 이렇게 얘기한다. "아침에 일어나면 먼저 어젯밤 쓴 카드 금액에 당황하고, 속은 쓰리고, 머리는 아프고…." 2차 간 것을 후회하는 사람들이 많다.

다시 안 가리라 마음먹지만 매번 반복되는 것은 왜일까? 그것은 의지가 약하기 때문이다. 신용카드를 많이 사용치 않고, 무분별하게 쓰지 않으려면 본인과 스스로 굳은 약속을 해야 한다. "무분별하게 쓰지 말자. 그것은 독이다. 나를 망가뜨리는 무서운 전염병이다"라고…. 자기 통제가 약한 사람은 술 마시러 갈 때 카드를 빼놓고 가는 것을 잊지 말자. 아니, 차라리 술을 마시지 말자.


넷째, 카드 한도를 줄이자.

'어차피 갚을 돈 다음 달에 갚는다'고 나에게 큰 이득이 있는지 생각해 보자.

현명한 신용카드 이용자들은 최장 57일 이후 무이자로 갚아도 되는 점을 이용하여 57일간 저축을 통해 알뜰한 재테크로 활용하기도 한다.

그러나 이렇게 철저하게 통제하는 사람이 그다지 많지 않다. 또한 통장에 결제액을 미리 넣어 놓는 사람들도 그다지 많지 않다.

대부분 청구서를 보고서야 당황한다. 결국 사용하는 것에 대한 통제가 이루어지지 않는 것이다.

따라서 카드 한도를 본인이 통제 가능한 한도만큼으로 줄이는 방법을 사용하면 덜 쓰게 될 것이다.

다섯째, 통장 잔액 범위 내에서 즉시 결제되는 체크카드(현금카드 및 직불카드 겸용)를 사용하자.

체크카드의 경우 자신의 통장 잔액 범위 내에서만 지급이 가능하고 잔고가 없으면 사용이 불가능하므로 효율적인 소비를 할 수 있다. 이 방법을 쓰기 위해서는 결제 통장의 잔고를 최소 금액만 유지하는것이 좋다.

신용카드 단말기가 있는 곳은 모두 이용이 가능해 소액을 사용하는데도 전혀 불편함이 없으며 소득 공제 혜택도 신용카드와 동일(20%)하므로 효율적인 소비를 위하여 적극 권장한다.

## ○○ 소잃고 외양간 고치기

최근 정부는 신용불량자 종합대책을 내놓았다. 이와 함께 은행권에서는 자체 신용불량자 중 소액 연체자의 채무를 면제하거나 깎아주는 방안 및 채무를 장기 대출로 연장해 주고 이자율도 대폭 내려주는 등의 대책을 발 빠르게 내놓고 있다. 또한 일정 자격을 갖춘 사람에게는 취업도 알선해 준다고 한다.

신용불량자인 개인 채무자들에게는 희소식이 아닐 수 없다. 그러나 이것은 어디까지나 신용불량자들을 위한 대책이라는 것을 명심해야 한다. 즉 소잃고 외양간 고치는 방법일 뿐인 것이다.

# 04 마른 논에는 물이 고이지 않는다

밑천이 없으면 장사도 못한다. 1천만 원 모으는 데 1년 걸리면 2천만원 모으는 데는 반 년이 될 수 있다. 종자돈(Seed Money)은 천수답에 고이는 물과 같은 것이다

## ○○ 답답한 천수답

천수답(天水畓), 하늘에서 비가 와야 농사를 지을 수 있는 논을 말한다.

그야말로 천수답은 물이 1년 중 거의 말라 있어 비가 오지 않으면 아무 쓸모없는 땅이다. 요즘에야 지하수를 끌어올리면 해결되지만 옛날 조상들은 오로지 하늘만 바라보아야 했다.

더운 여름날 비가 오지 않아 메마르고 쩍쩍 갈라진 논바닥을 상상하면 쉽게 이해할 수 있는데, 여기에 내리는 한줄기 소나기는 꽤나 온 듯하지만 갈라진 논바닥 틈으로 빗물은 마냥 스며들 뿐 물은 고이지 않는다. 그러나 어느 정도 갈라진 논바닥을 적시고 난 다음에 내리는 비는 마른 논을 이내 풍요롭게 만들어 놓는다.

그래서 농부들은 비가 오면 그 비를 맞으면서도 갈라진 논바닥에 물이 고이도록 서둘러 논으로 달려가 논두렁을 두텁게 흙으로 메운다.


## ○○ 종자돈

장사를 하려면 밑천이 있어야 하고, 일정한 양의 물이 고여야 농사를 지을 수 있는 것과 같이 부자가 되기 위해서는 종자돈이 있어야 한다.

종자돈을 모으면 투자의 길로 접어들 수 있는 기회가 생기는데 이때는 돈이 돈을 버는 구조를 맛보게 된다. 그러므로 종자돈은 모든 재테크의 시작이라고 할 수 있다.

물이 고이려면 새는 논바닥을 메워야 하듯, 종자돈(Seed Money)을 모으려면 쓰는 돈보다 버는 돈이 많아야 한다. 논두렁으로 빠져나가는 물이 많으면 고이지 않는 법, 농부의 부지런함을 기억하자.

'종자돈을 모으려면 새어나가는 것을 막아야 한다고…, 그러기 위해서는 제일 먼저 절약하고 저축해야 한다고…'

또 한 가지 중요한 것은 마음가짐이다.

마음먹기에 따라서 불가능한 일도 해내듯 스스로 결정한 목표에 따라서 돈을 모을 수 있는 그릇의 크기는 결정된다. 목표를 3천만 원으로 한 사람과 5천만 원으로 잡은 사람과의 차이는 분명 여러 곳에서 나타난다.

동일한 수입이라도 더 많은 금액을 모으기로 한 사람은 그만큼 돈을 모으기 위해 절약을 더 많이 한다.


아울러 단순하게 얼마를 모은다고 하는 계획은 자칫 실패하기 쉽다. 본인이 벌 수 있는 돈의 양은 대부분 정해져 있기 때문이다.

특히 직장 생활을 하는 사람이라면 더더욱 그렇다. 따라서 수입에 비례하여 달성 가능한 목표를 세우는 것이 무엇보다 중요한데 계획을 세우기 전 한 달이나 두 달 동안 본인이 지출하는 규모를 기록해 보도록 한다.

가장 기초적인 방법을 소개하면 다음과 같다.

유리병이 있다. 이 방법은 아이들이 한 달 동안 써야 할 돈을 몇 개의 유리병 속에 학용품 살 돈, 준비물 살 돈, 군것질할 돈 등 여러 용도로 나누어 넣고 한 달을 써본 다음 어느 곳에서 부족하고 어느 곳에서 남는지를 통해 절약하고 저축하는 습관을 갖게 한다는 방법이다.

어른들이 이러한 방법을 쓰기에는 다소 무리가 있다. 그러나 여러분들은 이미 이러한 방법을 많이 사용해 보았을 것이다.

단체로 여행을 떠나거나 친구끼리 휴가를 갔을 때 흰 봉투에 각자 합친 회비를 넣고 쓸 때마다 볼펜으로 기록하는 방법이 바로 그것이다.

이것을 변형하여 여러 봉투에 나누어 넣고 유리병 방법과 같이 기록해 본다면 자연스레 한 달 동안의 소비 형태가 고스란히 기록될 것이다.

　바로 이것을 분석하여 매월 지출 계획을 세운 후 곧바로 저축을 하는 것이다.

　절대로 쓰고 남은 돈으로 저축하지 말자. 계획에 따라 쓸 것만 감안하여 먼저 저축하고 소비는 나중에 하자. 이러한 방법을 이용한다면 분명 남들보다 빨리 종자돈을 모을 수 있을 것이다.

## 05 돈이 돈을 번다

3천만 원 투자하여 합법적으로 일주일에 1억 5천만 원 버는 방법이
있다.

## ○○ 밑져야 본전

종자돈이 얼마나 중요한지 예를 들어 보겠다. 2003년, 2004년
을 강타한 부동산 재테크 중에 주상복합 아파트를 예로 들 수 있다.
특히 아줌마들의 활약이 단연 돋보였던 한해였는데 도곡동의 타워
팰리스와 같은 주상복합 아파트 분양 열기는 과히 장난이 아니었
다. 트라팰리스, 스타시티, 베네시티, 트럼프월드 등 화려하고 낯선
이름을 쉽게 기억한다면 당신은 아마도 지금 배가 아플지도 모른
다.

특히, 2004년 「시티파크」, 「위브 더 스테이트」의 분양 열기는
종전의 기록을 모두 깨고 온 나라를 투기의 열풍으로 몰고 갔었다.

　주상복합 아파트에 청약을 하려면 신청금이 필요했다. 보통 1,000만 원 ~ 3,000만 원 정도였는데 한 명이 여러 개를 하는 사례도 부지기수였다. 청약 신청을 하고 보통 일주일 정도 있으면 당첨 여부가 확인이 되는데 이때 당첨이 되면 많게는 수억 원의 프리미엄이 확보되는 경우도 있고 층과 전망이 좋지 않은 것도 적게 2,000만 원까지도 프리미엄이 붙었다. 만일 프리미엄이 붙지 않으면 계약을 하지 않으면 그뿐이었기 때문에 본인이 신청할 때 납부했던 청약금은 바로 되돌려 받을 수 있었다. 그야말로 밑져야 본전인 셈이었다. 이렇다 보니 경쟁률은 100:1이 넘기 일쑤였고 이러한 현상이 과열되자 정부는 급기야 2003년 7월 이후 사업 승인을 받은 20세대 이상의 주상복합 아파트는 일반 아파트와 같이 전매 금지 조치를 내렸다.

　3,000만 원 내고 일주일 후 무려 수억 원의 프리미엄을 받으니 이것이 어찌 '돈이 돈을 번다' 라고 하지 않을 수가 있겠는가? 그런데 내용은 알고 있는데 "3,000만 원이 없어… 후유~" 하는 안타까운 사람들도 있다. 돈 버는 방법은 아는데 종자돈이 없어 참여를 못하는 심정을 여러분들은 기억을 해 두길 바란다. 이러한 기회가 또 오지 말라는 법이 없기 때문이다. 바로 이렇게 준비된 종자돈이 있는 자만이 돈을 벌 수 있다!

이러한 현상이 주상복합 아파트의 분양권에만 있었던 것은 아니다. 아파트 전매 금지가 발표되기 이전만 해도 위치가 좋은 동네의 아파트는 계약만 해 놓으면 전매가 가능했는데 문제는 계약금을 마련치 못한다는 이유로 청약을 포기하는 사람들도 있었고, 또 한가지는 아파트 청약 예금에 가입을 하지 않아 좋은 기회를 놓친 사람들도 많았다. 200만 원에서 많게는 1,500만 원 하는 청약 예금은 어찌 보면 종자돈과도 같은 것이다. 아파트를 신청하기 위한 자격은 갖춰 놓지도 않고서 기회를 놓쳤다고 한다면 말이 되지 않는다. 따라서 종자돈이 없으면 돈이 눈앞에서 왔다갔다 해도 시도조차 할 수 없음을 명심하자.

종자돈이 모이면 투자를 할 수 있는 기회가 온다. 그것이 부동산이든 주식이든 금융 상품이든 돈을 더 불릴 수 있는 기회가 온다는 것이다. 종자돈 마련에 정성을 쏟지 않고 시간 탓, 환경 탓만 한다면 당신은 평생 지금의 모습에서 벗어나지 못할 것이다.

힘이 있을 때 놀아야 한다. 그러나 돈 써가면서 노는 것을 누군들 못하랴. 절약하면서 노는 방법을 익혀야 한다.

## ○○ 늙은이의 비키니

'노세 노세 젊어서 노세. 늙어지면 못 노나니….' 이런 노래 가사가 있다. 나이 드신 어르신들 말씀을 들어 보아도 한살이라도 젊었을 때 재미있게 놀라고 하신다.

나이 먹어 힘 없어지면 놀고 싶어도 못 논다고 하시면서 당신들이 일찍이 그러지 못했음을 후회하시는 분들이 많다.

그리고 한결같이 말씀하시는 것을 보면 "내가 젊었을 때는 세상이 너무 힘들었지… 전쟁 통에 밥 한끼 해결하려고 광주리를 이고 몇십 리를 다니기가 일쑤였어… 지금 애들은 호강하는 거야." "지금은 아가씨들이 허연 허벅지 다 드러내고 비키닌지 하는 것을 입지만 그때는 수영복은커녕 바다에도 못 가봤지. 지금은 비키니를 입으라고 해도 못 입어… 배가 쭈글쭈글해서 입으면 주책이라고 그래”
등의 고생하던 시절과 현재를 비교하신다.

당시와 삶의 질이 높아진 현재의 노는 문화를 비교하는 종류의
말씀들일 게다.


## ○○ 청개구리

그런데 “젊었을 때 놀아라”는 말을 젊었을 때 흥청망청 쓰라는
말로 해석하는 사람들이 있다. 노는 것=돈 쓰는 것이라는 등식으로
잘못 해석하면 절대 오산이다.

즐기는 데 다소 얼마간의 돈은 들겠지만 반드시 돈으로만 즐기
는 것이 다는 아니다. 얼마든지 절약을 하면서 젊은 시절을 즐겁게
보낼 수 있다.

돈을 펑펑 쓰면서 하는 해외 여행이 있는가 하면 배낭 하나 달랑
짊어지고 뜻맞는 친구와 떠나는 배낭 여행, 멋진 콘도에서 투숙을 하
면서 즐기는 스키와 할인권을 이용하여 야간에 짬을 이용해서 즐기
는 스키, 물 좋은 나이트클럽에서 멋진 상대와 부킹을 하기 위해 좋
은 룸에서 거들먹거리면서 시키는 양주와 디스코텍에서 온몸이 땀으
로 범벅이 되도록 춤춘 후 쌓인 스트레스를 푸는 한잔의 맥주 등….

얼마든지 젊었을 때를 나름대로 멋지게 장식하면서 살 수 있을 것이
다. 하지만 아끼면서 노는 방법을 찾아보자. 그것이 당신에게 몇 년의
세월을 앞당겨 준다는 것을 이 책을 읽으면서 이해할 수 있을 것이다.

　국민가수 조용필씨가 부른 '돌아와요 부산항에' 라는 노래가 생각난다.

　그가 불렀던 가사 중 오륙도(56세에도 회사에 남아 있으면 도둑)가 지난 지 오래이고, 이젠 사오정(사십오 세면 정년)에서 다시 삼팔선(38세면 회사를 나가야 하는 나이)이라는 말이 회자된다. 더군다나 이태백(이십대 태반이 백수)이라는 웃지 못할 얘기가 나오는 것은 그만큼 우리가 돈을 벌 수 있는 시간이 적어지고 있다는 것이다.

　잠시 눈을 감고 돈을 벌 수 있는 시간이 얼마나 있나 생각해 보자. 잘해야 50세까지라고 가정을 해 본다면 28세 정도에 직장 생활을 시작했다고 하였을 경우 22년이며, 당신이 지금 삼십대 초반이라면 잘해야 10여 년일 것이다. 만일 당신이 40대라면 이젠 서서히 퇴직 준비를 해야 할 것이다. 나는 능력이 좋아서 정년까지 갈 것이다? 천만에! 라고 말해 주고 싶다.

　정부에서 2004년 초 정년을 60세로 하자는 방안이 나왔다. 실로 웃기는 얘기가 아닐 수 없다. 회사가 정부 말대로 근로자를 60세까지 고용해야 할 이유가 있겠는가를 생각해 보아야 할 것이다. 회사는 이익을 추구하는 집단이다. 물론 사회적인 책임도 다해야 하지만 글로벌 경쟁세계에서 개개인의 사정을 다 봐주면서 정년까지 보장할 회사는 이 세상 어디에도 없다. 따라서 벌 수 있을 때 열심히 모아야 한다.

이젠 이 노래를 이렇게 바꾸어 부르자. '버세 버세 젊어서 버세. 늙어지면 못 버나니….'

예전 같으면 저 먹을 것은 갖고 태어난다고 어른들은 말씀하시지만 지금 시대에는 그것이 통하지 않는다. 당장 결혼을 하고 아이들이 태어나면 사교육비에 허리를 제대로 펴고 사는 날이 없을 정도로 세상은 변하였다.

세상의 변화 속도는 엄청나게 빠르고 그만큼 가치관도 많이 변하였는데 혼자서만 옛날 생각하면서 살면 낙오자가 되기 쉽다.

하루라도 더 빨리 돈을 모아야 한다. 능력이 많다고 정년을 채울 수 없기 때문이다.

그동안 얼마나 많은 회사들이 경쟁의 뒤안길로 사라졌고, 얼마나 많은 동료들이 책상을 정리했는지를 생각해 보자.

IMF시절 구조 조정이라는 명분하에 대량으로 회사에서 내몰렸던 사람들 중에는 너무나 유능하고 뛰어난 사람들도 많이 있었다. 왜 아까운 사람들이 소위 짤리는 현상이 벌어진 것일까? 그것은 정확한 잣대(기준)를 멜 수 있는 명분이 부족한 경우가 발생했기 때문이다. 회사 내의 한 개 부서 전체를 축소해야 하거나, 20%의 감원을 해야 하는데 어쩔 수 없이 총대를 메고 나가야 하는 인재들을 보면 결코 능력이 있다고 해서 오랫동안 회사 생활을 하는 것이 아니라는 것을 깨달아야 한다.

따라서 나도 짤릴 수 있다는 가정하에서 돈을 모으라는 것이다. 세상은 항상 당신 편만은 아니다. 그리고 현실은 정의가 항상 이기는 미국 영화가 아니라는 사실도 냉정하게 인식해야 한다. 오로지 믿을 것은 나뿐이다. 따라서 모을 수 있을 때 빨리 모으라는 것이다.

좋은 시절에 돈을 모으자. '노세 노세 젊어서 노세' 는 잊어 버리자. "버세 버세 젊어서 버세."

# 07 뭉쳐야 산다

혼자 잘났다고 열심히 벌어 보았자 마누라 도망가면 다 헛것이다. 배우자는 물론이고 가족간에도 절약을 해야 하는 이유를 설명하고 동의를 구하여야 한다. 영화 '글레디에이터'에서 도저히 이길 수 없는 로마 전차군단을 '뭉치면 살 수 있다'면서 승리로 이끈 막시무스를 생각해 보자.

## ○○ 눈치작전

무작정 모으는 방법만이 능사는 아니다. 작전을 잘 짜야 한다. 무슨 전쟁도 아닌데 작전씩이나 거들먹거리냐고 할지 모르나 재테크는 자신과의 싸움이기도 하지만, 팀웍이 필요한 게임이기 때문이다.

사람들은 대개 자신에게는 관대하나 주변에게는 인색할 때가 종종 있다. 필자의 아주 친한 친구 얘기이다. 주식에 투자하던 시절 하루에 1,000만 원이나 잃을 때는 "다 그럴 수도 있는 것이지"라고 자신에 대해서는 관대하고 너그럽게 위로했지만, 부인이 "여보, 애들 책상을 바꾸려는데 20만 원이 필요해요"라고 하면 "책상은 더 써도 되지 않냐. 멀쩡한 책상을 왜 바꾸려고 하느냐. 그런 것에 돈을 낭비하지 말라" 라고 했던 적이 있다고 한다.

"지금은 그것이 후회가 돼… 나한테는 관대하고 가족에게는 매몰찼던 것이… 집사람도 그때는 얼마나 서운 했었는지 모른다고 해…" 라고 말이다.


돈을 모으는 방법에 있어 가족을 무시하고 모으는 방법은 삶을 어렵게 만들 수 있다. 가족과 상의하고 협조와 이해를 구하고 시작해야 상처를 입지 않고 행복하게 돈을 모을 수 있다.


## ○○ 니가 해준게 뭔데…

얼마 전 경영 특강에서 들은 정신과 의사의 강연 내용 중 기억에 남는 말이 있어 전하고자 한다. 결혼 8년이 된 직장을 다니는 사람으로 집을 마련하기 위해 열심히 돈을 모으고 8년 만에 꿈에 그리던 집을 마련할 수 있었단다.

남자는 돈을 모으는 과정에서 결혼식에서 입었던 와이셔츠를 아직도 입을 정도로 알뜰하고 지독하게 살았다고 한다. 그런데 입주를 얼마 남기지 않은 시점에서 남편은 아내가 2년 전부터 다른 남자를 사귀어온 사실을 알았고 남자는 아내의 배신에 거의 머리가 돌 지경에 이르러 상담을 하였다고 한다.

부인과 같이 나온 자리에서 이내 부인에게 폭언을 했고, 잘못은 했지만 참다 못한 부인이 하는 말, "당신이 그동안 나한테 해준 게

뭐 있는데!"라고 했다고 한다.

준 사람은 있는데 받은 사람이 없다니 기막힌 노릇이었으리라. 물론 극단적인 얘기이지만 이때 부인과 같이 돈을 모으는 것에 대한 정보와 고통을 공유하고 이해를 구했더라면 그러한 지경에까지 가지 않았을 것이라고 생각이 된다.

말로만 이렇게 하자라고 하면 안 된다. 구체적으로 목표를 공유해야 한다. 아이들이 있다면 아이들에게도 협조를 구하여야 한다. 아이들은 생각이 단순하다. 겨울이 되면 스키장에 가자고 떼를 쓰는 것이 아이들이다. 하지만 무턱대고 "못 간다" "안 간다"라고 할 것이 아니고 우리가 지금 아껴야 하는 이유를 설명해 주어야 한다. 상처를 쉽게 받을 수 있는 아이에게는 지금 아빠 엄마의 모습이 이해가 가지 않는 행동으로 비춰질 수 있을 테니 말이다.

## ○○ 그놈의 체면 때문에…

또 한 가지는 직장 동료들이다. 이들에게 이해를 구하는 것은 가족보다 훨씬 어려운 이야기이다. 내가 집을 사기 위해 회식에 참여하지 않거나 돈을 안 쓰는 것에 직장 동료는 당신을 이해할 수 없을 것이다.

사회 생활을 하면서 어쩔 수 없이 들어가는 돈이 있다. 이러한 돈까지 아끼기에는 다소 무리는 있지만 체면이나 기분대로 직장 사람들과 휩쓸려 쓰게 되는 허튼 돈을 관리하자는 것이다.

술 한잔 마시고 가는 2차, 3차는 본인의 의지로 줄일 수 있으며, 안 갔다고 해서 당신을 소위 왕따로 몰아세우지 않을 것이다. 점심 식사 시간 때 동료들 밥값을 지불한다고 하여 당신을 멋진 동료 직원으로 보는 사람들은 아마 없을 것이다. 그 순간만 "잘 먹었습니다"라는 인사치레 정도만 들을 뿐이다.

## ○○ 스스로 모범이 되자

회식이 끝나고 모범택시를 타고 가는 사람이 있다. 또한 꼭 갖고 가지 않아도 되는 차를 대리운전을 해 가면서까지 갖고 가는 사람들도 있다. 내일 아침 차를 쓸 일이 없다면 굳이 갖고 갈 필요가 있겠는가 생각해보자.

스스로 모범이 되어야 한다. 자신은 택시 타고 아내에게는 지하철 타라고 강요하는 것은 잘못되도 한참 잘못됐다. 자신을 바라보고 있는 자녀들에게 모범을 보일 때 가정의 재테크는 자연스럽게 이루어진다.

그리고 적은 돈을 아끼는 습관을 가져야 한다. 적은 돈을 아무 생각 없이 쓰면 큰 돈이 되어 나가기 때문이다.

천리길도 한 걸음부터라고 했듯이 작은 것부터 하나씩 시작해 나가도록 하자.

## 08 자동차 사지 마라

자동차를 사면 동료보다 3년은 뒤처진다. 왜냐하면 최소한 비용이 3,000만 원이나 되기 때문이다. 차는 당신의 풍요로운 생활을 보장하지 않는다.

### ○○ 부잣집 자동차

이제는 우리에게 자동차는 필수품이 되었다. 필자가 어렸을 때는 자동차가 있는 집은 부잣집이었는데 지금은 자동차가 없는 집이 없을 정도이다. 자동차를 처음 갖던 때의 감격은 지금도 잊혀지지 않는다. 이상한 소리만 나도 자다가도 벌떡 일어나 자동차에 가서 행여 누가 긁고 가지는 않나 하기도 하고 시간이 날 때마다 깨끗하게 닦는 것은 물론이고 온갖 정성을 들였던 그 시절이 생각난다.

예나 지금이나 직장에 들어가서 제일 하고 싶은 것 중 하나가 자동차 구입이라고 한다. 자동차공업협회의 설문조사에 의하면 40.1%의 사람들이 내집마련보다는 차 구입을 우선시하고, 자동차

와 그 보유자의 지위를 연계시키는 성향이 강한 것으로 나타났다고
한 보도를 볼 때 자동차에 대한 욕구는 우리가 살아가고 있는 이 시
대의 공통된 사항일지도 모른다.

그렇다. 자동차는 분명 필수품처럼 되었다. 그런데 빚을 내서 자
동차를 구입하는 사회 초년생들을 주변에서 흔히 본다. 반드시 차
가 필요한 사람이 있는가 하면 그냥 멋으로 구입하고자 하는 사람
들, 또는 분명한 목적을 갖지 못하고 미래의 가처분 소득을 담보로
하여 할부로 구입하는 사람 등 여러 방법으로 차를 구입할 것이다.


## ○○ 폼생폼사

지금도 명동의 신용회복지원센터에는 신용불량자의 긴 줄이 줄
어들지 않고 있다. 그런데 이삼십대 신용불량자의 대부분이 빚으로
구입한 차를 소유하고 있으며 상담원의 자동차 처분 요구에 부정적
인 반응을 보인다고 한다. 없으면 불편해서 못 산다고…. 그런데 차
량이 무엇이냐고 했더니 대한민국 1%라는 SUV차량인 R차량이라
고 하였다. 아마 이 사람은 대한민국 국민 중 뒤에서 1% 내에 있는
사람일 것이다.

차량을 출퇴근을 위해 운행한다고 해도 충분히 이해가 간다. 옴
짝달싹 못하는 버스나 지하철보다 더 편하게 출퇴근 할 수도 있고

휴가철에는 폼나게 자동차를 타고 갈 수 있는 것… 차는 분명 편리하고 있으면 좋은 물건이다. 그러나 자동차를 빚을 내서 사는 것은 그만큼 돈을 모아야 할 시기에 대단히 좋지 않은 결과를 가져올 수 있음을 인식해야 한다.

가령 배기량 1,500cc 차량을 구입할 때 처음 차값으로 1,200만 원, 보험료 150만 원, 연간 유류대 200만 원, 차량 할부이자, 소모품, 뽐내는 비용 등을 감안하면 3년 동안 3,000만 원은 족히 쓸 것이다. 사람에 따라 물론 사용하는 금액은 다를 것이나 크게 차이가 나지는 않으리라고 본다.

따라서 자동차를 사지 않은 다른 사람들에 비해 3년만큼 재테크 시기가 뒤처질 수 있다.

일찍 시작하여 3천만 원을 먼저 모은 사람은 그 종자돈을 이용하여 돈을 불리기 위해 투자를 할 수 있지만 자동차를 사서 신나고 폼나게 지낸 사람은 그만큼 늦어질 수 있음을 명심하자.

사람들이 사는 방법은 모두 다르다. 맛있는 먹거리를 중요하게 생각하는 사람, 건강을 중요하게 생각하는 사람, 여행을 통한 인생의 풍요로움을 찾고자 하는 사람, 연구가 좋아 연구실에서 밤샘을 하는 사람 등 모두 생각하는 것과 추구하는 것은 다를 것이다.

'다르다' 라는 것을 '틀리다' 라고 하는 것이 아니다. 그러나 차를 빚으로 사서 사회 생활 초년기를 시작하는 것은 '다르다' 라는 개성으로 이해하기보다는 재테크 측면에서 볼 때 '틀리다' 로 지적하는 것이 맞을 것 같다.

# 09 복리의 마술

복리는 이자에 이자가 붙는 것이다. 배보다 배꼽이 더 커지는 현상을 만끽할 수 있다. 단리로 맡기는 것보다 복리로 맡기면 14년이면 두 배를 번다. 그리고 일찍 시작해야 복리의 마술을 이용할 수 있다.

## ○○ 378년의 결과

복리를 얘기할 때 빠지지 않는 말 가운데 하나가 미국의 맨하튼을 판 인디언의 얘기인데, 1626년 주지사 피터 미누이트가 인디언들에게 24달러어치의 장신구, 옷 등을 주고 이 땅을 샀다고 한다. 지금 돈으로 24달러라고 하면 1달러에 약 1,200원으로 할 때 3만 원 밖에 되지 않지만 그때 돈 가치로 하면 꽤나 되었을 것이다. 그런데 인용되는 이야기는 만일 그때 인디언들이 24달러를 은행에 복리로 예금을 하였다면이라는 가정에서 출발한다.

금리가 10%라고 가정하고 2004년까지 378년이 흘렀는데 이것을 복리로 계산하면 자그마치 $106,327,653,940,462,000이다. 도저히 계산을 할 수 없는 돈이다. 이를 보고 현명한 인디언이라고 하기도 하지만 상황은 그렇지 않았을 것이다. 현찰이 아닌 장신구였고 지금까지 복리로 받아주는 은행도 없었을 테니 말이다. 그러나 복리는 이처럼 숫자를 불리는 데 대단한 위력을 발휘한다.


## ○○ 복리의 원리

단리와 복리의 차이를 알아보면 다음과 같다

▶단리 : 10,000원을 10%로 5년을 맡기면

☞ 1년차 : 10,000원 × 10% =1,000원

☞ 2년차 : 10,000원 × 10% =1,000원

☞ 3년차 : 10,000원 × 10% =1,000원

☞ 4년차 : 10,000원 × 10% =1,000원

☞ 5년차 : 10,000원 × 10% =1,000원

합계　　　　　　　　　　　5,000원

단순하게 10,000원에서 매년 1,000원씩만 발생한다. 따라서 만기 때에 15,000원을 찾는다.

▶복리: 10,000원을 10%로 5년을 맡기면

☞ 1년차 : 10,000원 × 10% =1,000원

☞ 2년차 : (10,000원 + 1,000원) × 10% =1,100원

☞ 3년차 : (11,000원 + 1,100원) × 10% = 1,210원

☞ 4년차 : (12,100원 + 1,210원)× 10% = 1,331원

☞ 5년차 : (13,310원 + 1,331원) × 10% = 1,464원
___________________________________________
합계                              6,105원

복리에서는 단리 때와는 달리 1년 동안 붙은 이자와 원금을 합친 금액에다 이율을 곱해서 발생되는 것이다.

14년이면 단리는 14,000원의 이자가 붙지만, 복리는 28,000원의 이자가 붙어 두 배나 차이가 난다.


## ○○ 이자율이 높아야 장땡

여기서 중요한 차이점을 보면 복리나 단리나 1년차에는 동일하며 2년차에도 100원밖에는 차이가 나지 않는다. 그러나 기간이 길어질수록 그 차이는 기하급수적으로 늘어나는데 여기에서 중요한 것은 기간만이 아니라 이율이 매우 중요하다는 것이다.

만일 맨하튼을 판 돈 24달러를 10%로 계산을 하였는데, 만일 절반인 5%로 계산하면 금액도 절반이 될까? 아니다. 불어나는 속도가 틀리기 때문에 전혀 다른 값을 얻게 되는데, 자그만치 24억 달러가 나온다.

물론 어마어마한 숫자이지만 처음 10%에서 나오는 값과 엄청난 차이가 나는 것을 쉽게 알 수 있다. 따라서 복리의 효과를 좌우하는 것은 장기일 것과, 금리가 상대적으로 높은 것을 들 수 있다.

따라서 금융 상품을 선택할 때도 복리 상품이라면 오랫동안 예치하는 상품과 금리가 높은 상품을 동시에 선택하는 것이 돈을 많이

모으는 방법이다.


## ○○ 계산기 사용법

그럼 복리 계산하는 방법은 복잡할까? 그렇지 않다. 여러분이 지금 갖고 있는 계산기나 PC에서 엑셀프로그램만 작동시켜도 쉽게 구할 수 있다. 자, 따라해 보도록 하자.


[ 계산식 : 금액 × (1+이율)$^{n}$ ]

☞ 응용 : 1,000,000만 원을 5년 동안 5% 복리로 맡긴 경우 만 기 금액을 계산해 보자.

▷ 공학용계산기　 : 1,000,000원 × (1+0.05) Yn 5

　　　　　　　　　　　　　　　　　　····················1,276,281

▷ 엑셀　　　　　　 : +1,000,000*(1+0.05)^5

　　　　　　　　　　　　　　　　　　···············1,276,281 이다.

이것을 앞에서 본 맨하튼의 금액을 실제로 계산해 보자. 재미있는 숫자를 볼 수 있을 것이다.

또한 금리를 바꿔가면서 계산을 해 보아도 재미있는 결과를 얻을 수 있어 여러분은 아마 돈을 쓰는 것보다 저축하는 재미에 한결 쉽게 빠져들 수 있을 것이다.

눈이 많이 내린 겨울에 눈사람을 만들어 본 것을 상상해 보자. 처음 눈덩이를 뭉쳐 굴릴 때는 조그맣지만 크기가 커질수록 눈덩이가 불어나는 속도는 더 빨라지는 것을 우리는 경험으로 쉽게 이해할 수 있다. 바로 이것이 복리의 효과인데 금액이 커질수록 돈이 불어나는 속도가 더 빠르다는 것이다. 그래서 누가 먼저 시작하느냐에 따라 30대 후반, 40대에 가서 경제력의 차이가 생기는 것이다.

시작의 중요함을 일깨우는 부분이다. 바로 일찍 시작할수록 남들보다 더 빨리 종자돈이 모인다는 사실을 기억해야 한다. 그러나 모든 사람이 동일한 환경에서 시작할 수는 없다. 물론 기반을 갖춘 상태에서 시작한다면 매우 유리하지만 반드시 그렇지 않음도 알아야 한다. 앞서 마음가짐이 중요하다고 일렀듯이 마음을 야무지게 먹고 일찍 시작한다면 부잣집 환경 프리미엄을 극복할 수도 있다.

일찍 시작해라 그러면 복리의 효과를 오랫동안 누릴 수 있는 것이다. 일찍! 일찍! 빨리! 빨리! 자꾸 강조하여도 지나침이 없다. 이 순간 다음 달 놀러갔다 온 후 시작하자고 하지 말고 지금 시작하자. 그러면 당신을 빨리 성공으로 이끌어 줄 것이다.

## ○○ 금리 함정

높은 금리를 주는 금융 상품이나 금융 기관만을 찾는 사람들이 있다. 그러나 이렇게 높은 것만 찾다가는 자칫 잘못하면 원금을 떼이는 금리의 함정에 빠질 수도 있다.

요즘은 금융 기관이 파산하는 경우가 드무나 불과 몇 년 전까지만 해도 금리를 높게 주는 금융 기관들이 종종 파산을 하는 경우가 있었다. 금리를 다른 금융 기관보다 높게 주는 이유는 무엇일까를 생각해 보아야 한다.

특별하게 돈을 잘 운용하여 높은 수익을 준다면 몰라도 작은 금융 기관이 금리를 높게 주는 데는 이유가 있다. 이를테면 다른 금융 기관과 경쟁에서 돈을 유치하기 힘드니 금리를 높게 책정하는 것이다. 그러나 고금리 사채업자와 같이 대출을 운영하다가 대출금이 회수되지 않거나, 높은 연체율로 인해 고객돈을 몰래 빼돌려 해외로 줄행랑을 치는 소규모 금융 기관의 대표들도 있음을 기억해야 한다.

이렇듯 높은 금리만 쫓아 예금을 하는 것만이 능사가 아니다.


## ○○ 믿는 도끼에 발등 찍힌다. 예금자 보호법

금융 기관을 거래할 때 '예금자 보호법' 이라는 것이 있다. 원금+이자를 합하여 5,000만 원까지 보호를 해 주는 것인데, 정부의 기금으로 보장을 해 주는 곳과 자체 기금으로 보장을 해 주는 곳이 있으므로 예금을 가입할 때는 이런 보호 장치를 잘 파악하는 것은 필수이다.

그런데 5천만 원까지 보장된다고 하여 5천만 원을 예금하면 될까? 답은 '아니다'이다. 왜냐하면 예금한 금융 기관이 파산을 하였다면 원리금을 포함해 5천만 원까지는 보장을 받지만 초과하는 부분은 보장을 받지 못하기 때문이다. 그렇다고 이자를 감안하여 4천 5백만 원을 가입하였다고 하여 안심하는 것도 금물이다.

파산한 금융 기관이 당초 제시했던 이자율을 다 주지 않고 예금보험공사에서 정한 소정의 이자만 지급받을 수 있으며, 이것도 즉시 주는 것이 아니라 빨라야 2~3개월 정도가 되어야 받을 수 있다.

현재 예금자 보호법이 적용되는 금융 기관은 은행, 증권회사, 보험회사, 종합금융회사, 상호저축은행이며 이들 기관에서도 취급하는 금융상품이 모두 보호받는 것이 아니므로 보호가 되는 상품인지 직원에게 문의하거나 예금보험공사(www.kdic.or.kr)에서 확인하도록 하자.

## ○○ 투기와 투자는 '투'자 돌림

투자(Investment)와 투기(Speculration)를 어떻게 구분할 수
있을까? 투자는 장기적인 관점에서 이익을 창출하기 위해 생산성이
있는 설비나 자본을 투하하는 것이고, 투기는 단기적인 차익을 목
적으로 한 것으로 설명하면 적당할 듯싶다.

그런데 사실 모호한 것이 장기적인 관점으로 투자를 하였으나,
이것이 단기적으로 많은 수익이 생겼다면 이것을 과연 투기라고 할
수 있나? 그 경계선은 사실상 모호하다. 많은 사람들은 사실 장기적
으로 투자를 하여 생산물로부터 수익이 생기는 것보다는 투기를 통
해 빠른 결과물을 보고 싶어한다.

그 중 으뜸은 부동산이다. 증권을 통해 빠른 기간 내에 돈을 벌

수도 있으나 그만큼 위험이 크다는 것은 한국의 증시를 보면 쉽게 알 수 있어 투자하기가 만만치 않다.

부자들의 투자 수단 중 단연 으뜸은 부동산이었다. 그 중 우리가 따라 잡을 수 있는 가장 쉬운 부동산 투자는 내집마련이다. 내집은 심리적 안정감을 주는 든든하고 훌륭한 버팀목인 동시에 훌륭한 투자 수단이 될 수 있다.

내집마련의 가장 쉽고 일반적인 방법으로는 아파트 청약이 있는데 어떤 아파트를 신청하는가의 기준은 사람마다 다르겠으나 제일 중요한 요소는 '나중에 값이 오를 수 있는가? 즉 투자 가치가 있는가' 이다. 이를 다른 말로 표현하면 좋은 학군, 단지 규모, 출퇴근의 편리성, 공원이나 강이 보이는 우수한 전망, 주변의 환경, 생활 편의시설, 전반적인 교통의 편리성 등 조건이 좋은 아파트라고 할수 있을 것이다. 이러한 아파트는 향후 값이 오르는 것이 대부분이며 투자 가치가 있기 때문에 경쟁률도 높다.

내 눈에 좋은 것은 남의 눈에도 좋게 보이기 때문이다. 따라서 이런 집을 골라야 하는 것이다. 그런데 이런 집을 장만하는 데 어려움이 많아졌다. 불과 1년 전에 비해 너무 오른 집값은 서울의 경우 웬만한 32평형 아파트 가격이 3억 원을 훌쩍 넘어서고 있기 때문에 쉽게 청약을 하기가 어려워졌다.

## ○○ 보약되는 빚도 있다

분양가 3억 원을 다 준비해서 집을 장만하려 생각하는 것은 어찌 보면 바보같은 생각이다. 올라가는 집값의 속도가 돈을 모으는 속도보다 빠르기 때문인데, 따라서 일정한 종자돈이 준비되면 과감하게 내집을 장만하지 않으면 평생 올라가는 집값만 바라보다 늙을 수 있다.

30%의 자금만 있어도 분양에 참여하라는 부동산 전문가도 있는데, 맞는 말이다. 무엇인가 결단을 하지 않고서는 돌파구를 찾기 힘들다는 것이다.

이때에는 누차 강조했던 빚을 지지 말라는 충고와는 달리 투자를 위해 과감히 빚을 질 필요가 있다.

그러면 집을 사기 위한 최소의 자금은 얼마나 필요할까? 그것은 자금 스케줄에 따라 다른데 계약금과 1차~2차 중도금 정도는 준비하는 것이 좋다.

계약금은 분양가의 20% 정도이고 중도금은 1회차당 10~15%이다. 따라서 준비해야 하는 자금은 40~50% 정도이다. 그러나 모기지론의 경우 60%~70%를 대출해 주므로 약 30%~40%의 자금이 준비되면 과감하게 집을 마련하는 것이 어찌 보면 가장 현명한 방법일지 모른다.

　국회의원 선거를 말하는 것이 아니다. 많은 부자들이 제일 먼저 시작했던 투자가 집이었다

　그 중 지역을 보는 눈이 남달랐던 것이 부자들의 특징이다. 강남 지역의 아파트가 처음부터 그렇게 높은 값을 받은 것은 아니었다. 그 시절 비슷한 값에 분양받은 다른 동네 아파트에 살고 있는 사람들은 지금도 안타까워하고 있다.

　이러한 예는 또 있다. 90년대 초 건설된 5대 신도시(분당, 일산, 평촌, 산본, 중동) 중 단연 값이 높은 지역은 분당이다. 이들 5개 지역의 분양가는 거의 비슷했다. 그러나 지금은 단연 분당이 높은데 서울이 가까워서라고 할까? 가까운 것으로 치면 오히려 일산이 더 가깝고, 평촌이나 중동이 더 가깝다. 그러나 강남과 지리적으로 가까운 것과, 대체성(對替性=비슷한 용도를 대신할 지역)이 없다는 것 등 분당의 차별화는 이미 예견되어 있었던 것이다. 어찌 보면 일산을 선택한 사람보다 분당을 선택한 사람들의 눈이 더 높았다고 해야 할 것이다.

　눈을 전국으로 돌리자. 강남이나 분당이나 시작은 비슷했지만 좋은 지역을 선정했던 사람들에 대한 대가라고 생각하자. 그 지역에 사는 사람들에게 투기라고 할 수 없듯 나의 투자도 남들이 투기라고 시샘을 할 수 있는 지역을 택해 보자.

# 11 이혼 당하기

대출받아 주식 투자하는 것은 성공하기 어렵다. 실패가 예견된 무모한 투자이기 때문이다. 또한 빚보증은 패가망신하는 지름길이다. 따라서 대출받아 주식 투자하거나 빚보증 서는 배우자와는 차라리 이혼을 하자.

## ○○ 이혼 1순위, 주식에 잘못 미친 사람

단타… 데이트레이딩(하루에도 몇 번이나 샀다가 파는 등 단기 투자)을 하는 사람들의 숫자가 얼마나 될까?

정확한 통계는 없지만 투자자 중 많은 사람들이 단타를 한다고 한다. 아울러 주식 투자는 장기적으로 하는 것이 정석인데 빚을 내어 주식에 투자하는 사람들도 의외로 많다. 이렇게 금융 기관이든 타인에게서 대출을 받으면 상환해야 하는 날이 예정되어 있기 때문에 단기간에 좋은 성과를 내기 위해 무모한 베팅으로 이어질 수밖에 없다. 무모한 베팅은 안정적인 주식을 대상으로 하기보다는 루머에 의한 투자, 즉 '이 회사는 지금 보물선을 인양하면 차익이 몇 배 이상 날 수 있다', '신기술을 개발하면 엄청난 수익이 있는 회사다',

'신약개발이 예정되어 있다', '곧 법정관리가 풀린다' 는 등 확인되지 않은 회사에 소위 몰빵을 하는 것을 주변에서 흔히 볼 수 있다. 그러나 결과는 어떤가? 대박을 이루는 사람도 있지만 그것은 극소수이다. 오히려 많은 손실을 보고 대출을 갚지 못해서 결국 또다른 빚을 지게 되고, 손실을 만회하기 위해 더 무모한 베팅으로 이어지는 경우가 허다하다.

주식 투자를 하지 말라는 것이 아니다. 주식에 잘못 미치지 말라는 것이다. 제대로 투자를 하려면 제대로 된 공부를 하고 해야 한다.

실패한 사람들은 자신에 대해 무척이나 관대하다. 자신의 무모함은 탓하지 않고 원인을 밖으로 돌린다. 마치 자신이 하면 로맨스고 남이 하면 불륜이다라는 식으로 합리화하기 일쑤이다. 특히 주식에서 돈을 잃으면 쉽게 자기 암시에 빠져들게 되는데 마치 가족을 위해 하는 것으로 착각까지 한다. "나 하나의 이익을 위해서 하는 것이 아니고, 가족이 더 잘 살고 더 넓은 집으로 이사하고, 부자가 되기 위해서 하는 것이다"라고.

그러나 과연 그럴까? 이것은 자신은 물론 가족도 비참하게 만드는 것이다.

계란을 한 바구니에 담지 말라는 얘기는 이미 이들에게는 한낱 경제서적에 나오는 하찮은 말들일 뿐이다. 아파트는 자신의 단독 소유물로 생각을 한다. 아파트를 담보로 다시 빚을 지고 더 만회할 수 없는 지경에 이르렀을 때 통한의 눈물을 흘리면서 그제서야 자신의 무모함을 깨닫지만 이미 가정 경제는 풍비박산이 나 있는 상황일 것이다.

그제서야 가족을 찾아보았자 이미 가족은 못난 가장으로 인해 몇 년 아니, 수십 년을 경제적인 고통과 분노를 짊어지고 살아갈 수밖에 없는 상황이 되고 난 다음일 것이다.

따라서 혹여 당신의 배우자가 빚을 내서 주식 투자를 하고 있다면, 당장이라고 이혼하겠다고 하여야 한다. 전 재산 다 잃고 나서 이혼해 봐야 위자료도 못 받기 때문이다. 조금 잃은 지금이 차라리 훨씬 나은 상황일 테니까….

## ○○ 보증 서는 자식은 낳지 말라

'보증 서는 자식은 낳지 말라' 라는 속담이 있다. 속담을 우습게 보면 안 된다. 우리나라의 보증 제도는 매우 무섭다.

많은 사람들이 돈을 버는 것에는 관심이 많지만 경우에 따라서는 써 보지도 못한 돈을 보증으로 잃을 수 있다는 사실에는 민감하지 않다. 그저 보증을 서기가 싫다라는 생각만 할 뿐이지 막상 친한 친구나 동료 직원이 보증을 서 달라고 하면 찜찜하지만 거절하지를 못한다.

보증을 서 준다고 하고 나서도 마음이 편치 않아 대출받는 은행으로 같이 가면서도 어색한 얼굴로 친구나 동료를 대할 뿐이다.

그리고 대출을 받은 사람은 "걱정하지 말라"고 한다. 연체 같은 거 해서 당신에게 피해 가지 않게 할 것이라고 하면서 껄껄껄 웃기까지 한다.

그러나 돈이 속이지 사람이 속이는가. 이내 연체를 하기라도 하면 은행이나 금융 기관에서는 보증인에게 전화를 하여 "연체가 되었는데 어떻게 하죠?"라면서 보증인에게 심리적인 압박을 한다. 이것은 금융 기관이 주로 사용하는 방법 중 하나인데 보증인이 있는 대출의 경우 연대 보증인에게 전화 독촉을 하면 보증인은 즉시 대출받은 사람에게 어떻게 된 것이냐고 따지게 되고 갚을 능력이 있는 사람은 그날로 가서 이자를 정리하는 사례가 많기 때문이다. 그러다 보면 친구와의 의리도 상하게 되고 마음이 여간 불편한 것이 아니다.

## ○○ "배 째라"

이렇게 보증을 서면 마음의 불편함뿐만 아니라 금전적으로도 손해를 본다. 가령 은행에서는 본인이 대출을 받고 싶어도 보증을 선 금액을 대출받을 수 있는 금액에서 빼기 때문에 필요한 금액을 전부 받지 못한다. 예를 들어 본인의 신용대출 한도가 2천만 원인데 1천만 원의 보증을 섰다면 본인이 정작 신용대출을 받을 때는 1천만 원

밖에 못 받는 경우가 발생하기 때문에, 보증을 설 때에는 자신이 후일 금융을 사용할 것에도 대비해야 한다.

더 큰 문제는 대출이 장기 연체되어 모든 원리금을 다 갚아야 할 때 정작 갚을 사람이 증발하거나 '배째라' 식으로 돌변하는 경우가 있다. 이때는 꼼짝없이 돈을 물어줘야 한다. 소위 연대 보증이란 대출을 받은 사람이 연체를 하거나 기한이 되어서도 갚지 않을 때 금융 기관은 대출받은 사람에게 먼저 청구를 하지 않고, 보증인에게 먼저 "돈을 갚으세요"라고 말할 수 있다. 그러면 보증인은 이렇게 말할 것이다. " 왜 내게 먼저 얘기합니까. 대출받은 사람에게 돈을 먼저 받고 못 받으면 그때 얘기하세요 "라고…. 그러나 이것은 잘못 알고 하는 말이다. 이것을 항변권(抗辯權)이라고 하는데 연대 보증인에게는 이런 권리가 없다. 그저 말만 할 수 있을 뿐 보증인인 당신에게 먼저 청구를 하여도 꼼짝없이 돈을 갚아줘야 하는 것이다.

## ○○ 먼저 의절하고 보증서라

IMF 시절 대출을 못 갚는 사람 때문에 보증인들이 신용불량자가 되거나 급여가 압류되어 직장 생활도 어려운 지경에 빠진 사람들이 너무 많았다.

보증을 서 줄 수 있는 사이라면 웬만한 사이가 아니었을 것이다. 형제자매도 있을 테고 심지어 자식일 수도 있고, 배우자, 친구, 회사 동료 등 친한 사이에서만 해 줄 수 있는 일이다.

그러나 결과는 어떻게 되었는가? 돈도 잃고 친구와의 우정은 이미 깨진 지 오래고 이로 인해 가정마저 어렵게 되었다면 과연 보증을 서준 것이 그냥 체면 때문에 설 수밖에 없는 단순한 요식 행위라고 할 수 있을까? 보증은 당신의 모든 것을 걸고 서 주어야 한다. 차라리 보증을 서려면 의절하고 보증을 서 주는 것이 나을 것이다.

다행스러운 것은 요즘 금융 기관이 한 사람에게 보증을 설 수 있는 한도를 제한하고 있다는 점이다. 대개 1천만 원까지만 보증 한도를 제한하고 있지만, 그렇지 않은 경우도 있어 최악의 경우에는 본인이 책임을 질 수 있는 범위 내에서 버리는 돈이라고 생각하고 보증을 서야 한다. 또한 이것 역시 본인만의 생각으로 하면 안 된다. 가족과 상의를 해야 한다. 가정은 당신 혼자만의 생각으로 이끌어 갈 수 없는 것임을 명심해야 한다.
만일 이것을 무시하고 보증을 서는 배우자가 있다면, 이혼 서류에 도장 찍고 보증서라고 해야 후일 위자료라도 한 푼 더 받을 수 있을 것이다.

## ○○ 보증도 상속된다

아울러 보증은 대물림된다는 사실도 잊지 말아야 한다. 부모님이 돌아가셨다고 슬픔에만 젖어 있으면 안 된다. 만일 부모님이 빚이나 보증을 선 상태에서 돌아가셨을 경우 재산보다 빚이나 보증으로 물어줘야 할 금액이 크다면 '한정 상속'을 받아야 한다.

한정 상속이란 상속 개시일(부모님 사망일)로부터 3개월 이내에 법원에 가서 부모님이 물려준 재산 범위 내에서만 빚이나 보증을 한정하여 상속하겠다는 신고이다. 이렇게 하지 않으면 한 번도 보지 못한 빚쟁이나 금융 기관으로부터 당신은 빚을 갚으라는 독촉을 받게 될 것이다. 아예 재산이 없거나 빚이 많은 상태에서 부모님이 돌아가셨다면 상속을 포기한다고 신고를 해야 한다.

몰라서 신고를 못했거나 게을러서 못했다는 사정은 통하지 않는다. 신고 안 하고 평생을 후회하지 말도록 하자.

## 12  신용은 곧 자산이다

사기꾼도 처음엔 신용을 잘 지킨다. 그것이 무기이기 때문이다. 사기꾼보다 신용이 못해서야….

### ○○ 믿음이 깨지면 불행이 찾아온다

「말 한마디에 천냥 빚을 갚는다」라는 말이 있다. 말에 대한 중요함과 아울러 그 사람의 신뢰, 신용을 결정지을 수 있는 믿음으로도 해석할 수 있다. 어떻게 말을 했기에 천냥 빚을 갚을 수 있을까?

그것은 바로 믿음에서 출발하며 상거래에서의 믿음은 꾸준한 거래 관계에서 나오는 것이다.

우리나라에서는 예전부터 어음이라는 제도가 있어서 돈을 빌려주는 사람과 돈을 빌리는 사람, 물건을 미리 주고 돈은 나중에 받기로 하는 증서인 '어음'을 이용해 신용 거래를 해 왔다. 이것은 현대사회에 와서도 약속어음이라는 제도로 기업간의 거래에서 큰 부분을 차지하고 있는데 믿음이 없다면 이 제도는 불가능한 것이다.

개인간, 기업간, 또는 부부간, 자식과 부모간이든 믿음이 깨질 때 불행이 찾아온다. 부부 사이에서는 이혼을 하고, 기업은 부도가 난다. 앞에서도 언급한 신용카드의 경우 2004년 초 현재 약 390만 명이 신용불량자로 등록이 되었다. 바로 약속을 이행하지 못하였기 때문이다. 그 약속이 기업의 우월적인 지위로 다소 횡포가 있었다고 가정을 해도 본인이 갚을 수 있는 범위를 벗어난 사용의 결과임은 누구도 부인을 할 수 없을 것이다.

이 믿음이 깨졌을 때 우리가 받고 있는 고통은 어떤 것인가. 신용불량자 수가 경제 활동 인구의 약 17%라고 하면서 5~6집 건너 한 집이 신용불량자라고 하는데 과연 그럴까? 남편이 신용불량자가 되면 그 주변 사람들 모두 신용불량자가 되는 경우가 많다.

본인 카드로 해결하지 못하니 부인 카드, 성장한 자녀의 카드를 이용하다 결국 온 가족의 믿음이 깨진 경우일 것이다.

신용카드만 사용하지 못하는 것이 아니다. 만일 대학생일 경우 아무리 실력이 출중하다 하더라도 아예 직장에 들어가는 것을 포기해야 할 것이다. 금전적인 문제가 있는 직원을 누가 받아준단 말인가. 사회 생활을 채 시작하기도 전에 사회의 높은 벽 앞에서 좌절하게 될지도 모른다.

사회를 탓하기 전에 본인의 신용관리는 스스로 해야 한다. 그러기 위해서는 작은 것에도 약속을 지키는 일이 무엇보다 중요하다. 만일 돈이 필요하여 친구나 친지로부터 빌렸을 때도 약속을 잘 지켜야 나중에 또 급한 일이 있을 때 부탁을 하듯, 금융 기관을 상대로 돈을 빌렸을 때는 철저하게 이자나 상환 날짜를 지켜야 한다. 일이 바쁘다고 하루 이틀 늦게 내는 것은 발목 지뢰를 밟는 격이 된다.

어디 금융 기관뿐인가. 이젠 국민연금이나 건강보험료를 늦게 내거나 전기료 등 유틸리티 비용 및 핸드폰 요금 등도 늦게 내면 당신의 신용을 공동으로 관리하는 그 어디에선가 당신의 자료를 갖고 당신의 발목을 잡을 수 있다.

가령 결혼을 하여 전세 자금을 빌리거나, 돈을 불리는 가장 기본인 주택을 마련하기 위한 주택자금대출 및 주택모기지(Mortgage) 대출에서 큰 낭패를 볼 수 있다.

담보가 있다고 해서 돈을 빌릴 수 있는 시대는 이미 지났다. 갚을 수 있는 능력 곧 신용이 있는가가 돈을 빌려주는 척도가 되어 있다. 별것 아니라고 소홀하게 여기는 것들이 나중에 정작 중요한 곳에서 당신의 꿈을 펴보기도 전에 주저앉힐 수 있음을 알아야 한다.

금융 기관에서 돈을 빌리려면 사소한 연체도 주의해야 할 뿐만 아니라 인터넷에서의 신용조회도 삼가해야 한다. 인터넷 이용율 세계 1위 국가답게 인터넷으로 각 은행의 대출 금리 및 상환 조건을 조회하기 위해 여러 은행을 조회하는 경우가 있는데, 이때 자신의 신용 정보를 조회하게 된다. 신용정보회사는 조회한 사람이 대출금 등을 연체한 사실이 있는지 여부를 체크한다. 이렇게 조회한 건수를 시중 은행들은 개인 신용평가시스템(CSS: Credit Scoring System) 평가 항목으로 활용하는 경우가 있는데, 이와 같은 조회 건수가 대출심사에서 점수가 낮게 나오게 하는 주요 요인으로 작용되어 '대출 거절' 처리가 되는 경우도 있다.

요즘은 특정 사이트에 가입하거나 "신용 조회하면 게임머니 충전"식으로 신용 조회를 유도하는 경우가 있는데 이런 것에도 주의를 해야 한다. 아무렇지 않게 신용 조회했던 것이 금융 기관 입장에서는 신청인이 돈이 필요해서 이곳 저곳을 알아보고 있다고 판단해 상환 능력을 의심하게 되기 때문이다.

# 부자 아빠 밑에 부자 아들 난다

부자가 계속 부자로 유지되는 이유는 부자 아빠의 가르침이 부자 자녀를 만들기 때문이다.

## ○○ 진짜 부자

부잣집 자녀가 돈을 흥청망청 물쓰듯 쓰는 것을 우리는 TV를 통해 자주 접하곤 한다. 그러나 과연 부잣집 자식들은 돈을 그렇게 쓸까? 물론 일부는 그렇다. 미국이나 캐나다, 호주 등지로 자녀를 조기 유학 보내고 그곳에서도 돈으로 모든 것을 해결하려다 망신을 당하는 사례를 뉴스 보도를 통해 종종 볼 수가 있다. 또한 BMW와 같은 고급 외제 승용차를 타고 돈을 물쓰듯 쓰는 부자 2세를 보면서 많은 사람들이 '부잣집 아이들은 돈을 흥청망청 쓴다' 라는 곱지 않은 시선으로 편견을 갖기 쉽다. 그러나 내가 아는 많은 부자들의 자녀들은 사실 그렇지 않다. 검소하게 모은, 부모로부터 물려받은 재산이기에 허튼 곳에 쓰지 못한다.

아마 돈을 물쓰듯 쓰는 사람은 가짜 부자일 가능성이 높다. 왜냐하면 곧 부자의 대열에서 낙오할 것이니까.

## ○○ 내리부자

부자는 자녀에게도 철저하게 교육을 시킨다. 내리사랑이 있듯이 내리부자가 있다.

첫째, 부모가 그렇게 돈을 쓰는 것을 본 적이 없기 때문에 보고 배운 것이 검소함이다.

둘째, 부모가 돈을 함부로 쓰도록 내버려 두지 않는다.

셋째, 교육을 통해 부자가 되는 것을 학습받기 때문이다.

부자의 줄에 서라는 말이 있다. 부자들이 부자가 된 것은 방법은 각기 다르나 검소함과 끈질긴 근성으로 부를 이루는 방법을 터득했기 때문이다. 운도 따랐을 것이지만 준비된 자에게나 운이 따르는 것이지 준비도 없이 행운이 찾아 오기만을 기다린다면 도둑놈 심보일 것이다. 따라서 이러한 부모 밑에서 자란 자식이 어찌 부모의 재산을 지키지 않겠는가.

아마도 졸부의 자녀가 돈을 모으고 유지하는 방법을 배우지 못한 까닭에 불행한 결말을 맞게 되는 것이 아닐까 생각해 본다.

얼마 전 서울대 사회과학연구원의 한 보고서에서 지난 34년간 서울대 신입생 1만여 명을 조사했더니 강남 8학군에서 서울대를 진학하는 비율이 타 지역에 비해 17배나 높았을 뿐 아니라 그 격차가 갈수록 커지고 있다고 한다.

이것은 사교육을 통해 대학에 진학하는 방법에 학습을 접목시켜 확률을 올렸기 때문이다. 한국개발연구원(KDI)의 연구 결과 역시 이 같은 진학률 격차는 과외비 지출과 상관 관계가 높은 것으로 분석되었는데, 참고로 서울대 진학률이 가장 높은 강남구는 초,중, 고교생 한 명당 월 평균 42만 원, 서초구는 38만 원의 과외비를 지출한 것으로 집계되었다.

이렇듯 부자는 자녀의 교육에도 대단한 노력을 기울인다. 어떤 면에서 보면 부의 세습이라는 좋지 않은 시선으로 보일지 몰라도 부자가 부를 유지하기 위한 방편으로 교육을 통해 자녀에게 전달하려 한다면 과연 어떻게 판단을 해야 할까?

돈 없어서 사교육을 시키지 못하는 계층의 사람들은 소외감을 많이 느낄 것이다. 그러나 이것이 우리 사회의 현주소이다. 이 지면에서 교육에 대한 개혁을 운운하고자 하는 것은 아니다. 다만 부자 아빠 밑에 가난한 자녀가 없다라는 것을 말해 주고 싶은 것이다.

내가 열심히 했지만 부자가 될 수 없다면 자식대에서는 부자가 될 수 있을 것이다. 부자가 될 수 있는 틀을 자녀에게 심어줘라. 그러면 자식이 나를 풍요롭게 해 줄 것이다.

## ○○ 농사의 으뜸은 자식농사

우리 부모들은 자신이 못 배우고 없이 살았던 어려운 시절을 극복하는 방법으로 자식들의 출세가 모든 것을 해결해 줄 것으로 믿었다. 참으로 현명한 방법이 아닌가 싶다. 조선 시대에도 과거에 급제를 하면 가문이 번창할 수 있었다. 한번에 계급이 상승될 수 있는 우리나라의 사회 구조에 있어 적절한 재테크의 방법이 아닐 수 없다.

판검사나 변호사, 의사 등 사회 지도층으로 부상하고 아울러 고소득자로 만들려고 하는 부모의 노력이 때때로 비뚤어진 시각으로 비춰지는 경우도 있지만, 현실적으로는 대부분 성공한 자식농사라고 주위에서 칭찬을 듣는다. 이들이 사회적 기반을 잡으면 부모를 나 몰라라 하지 않을 것이다.

시대적 배경에 따라 다르겠지만 소수만이 인정받는 직업은 분명 투자 가치가 있다.

물론 앞으로도 의사나 변호사, 변리사 등 전문가 집단이 항상 높은 소득을 올릴 수 있는지는 생각해보아야겠지만, 일반적으로 그렇다고 할 수 있을 것이다.

서구 사회를 보아도 전문 직업인들의 소득은 일반 근로자들보다 상대적으로 높다. 물론 근로를 통해 창출하는 소득은 지금 당장 금액이 많다고 하여도 부자로 인정받기는 어렵다. 왜냐하면 사람의 몸은 언제 어느 상황에서 망가질 수 있고 이렇게 되면 소득은 중단되어 당장 살림이 어려워질 수 있기 때문이다.

그러나 이미 이들은 이러한 내용을 부모나 주변 사람들을 통해 학습을 하였다. 따라서 많은 고소득 전문가들은 대부분 벌 수 있을 때 많이 벌고 그러한 자금은 투자를 통해 경제적인 자유를 얻기 위해 노력하고 있다.

어쨌든 일반인들보다는 한발 앞서 재테크를 하고 있다고 하여도 과언이 아닐 것이다.


## ○○ 용돈 관리

의사나 변호사가 돈을 많이 버는 것을 왜 모르겠는가? 그리고 그러한 직업을 자녀들이 갖는 것을 원치 않는 부모가 몇이나 되겠는가? 그러나 현실은 우리가 키우는 자녀 모두가 의사나 변호사가 될 수는 없다는 것이다. 그렇다면 적어도 돈을 모으는 방법이나, 절약하는 방법, 부자가 될 수 있는 기틀은 잡아주어야 할 것이다.

내가 부자가 될 수 없다면 자녀가 부자가 되도록 기초를 잡아주는 방법을 생각해 보아야 한다. 먼저 자녀에게 돈에 대한 가치를 알게 해 주어야 한다. 돈에 대한 개념을 알게 하는 좋은 방법으로 용돈을 관리하게 하는 것이다. 용돈은 일반적으로 조금 남게 주어야 하는데 왜냐하면 늘 부족하면 저축을 할 수 없기 때문이다. 남는 돈을 이용하여 저축을 할 수도 있고, 본인이 하고 싶은 것에 투자하는 방법도 배울 수 있기 때문이다.

자녀들이 용돈을 받는 기간은 무려 20년 가량된다. 따라서 이렇게 용돈을 받는 기간 동안의 습관이 매우 중요하다. 즉, 용돈을 관리하는 방법이 평생 재테크 기반이 될 수 있다는 사실을 안다면 용돈 관리의 중요성은 더 말할 필요가 없을 것이다.

참고로 국민은행에서 발간한 「어린이 경제교실」이라는 책을 보면 쉽게 이해하고 배울 수 있어서 필자의 자녀들도 이 책을 통해 경제 교육을 하였음을 밝혀둔다.


## ○○ 맹모 삼천지교(孟母 三遷之敎)

맹자의 어머니는 자식의 교육을 위해 세 번이나 이사했다고 한다. 환경을 만들어 주는 것이 중요하다. 그런데 재테크 교육은 학교에서는 거의 가르쳐 주지 않기 때문에 부모가 먼저 이러한 자녀 경제에 관한 책을 먼저 읽고 전달해 줄 수 있는 능력을 키우는 것이 빠른 방법이다. 자녀에게 책하나 사다 주고 "읽어" 라고 할 수는 없지 않는가.

요즘 젊은 부모들은 자식 덕을 볼 생각을 하지 않는다고 한다. 고령화 사회로 진입을 한 이후 사회적인 부담이 점점 늘어나고 있는 현실을 감안하면 부양을 기대하기는 어렵기 때문일 것이다.

참고로 고령화 사회란 만 65세 이상의 인구가 전체 인구의 7%가 넘었을 때로 우리나라는 1999년에 이미 진입하였다. 14%가 넘으면 '고령 사회' 라고 UN은 규정하고 있는데, 우리나라의 경우 2022년이면 도달할 것으로 보고 있다. 이것은 지난해 경제 활동 인구(15세~64세) 100명이 부양해야 할 노년층이 10명 수준이었지만, 2030년경에는 30여 명으로 늘어나 근로자 3~4명이 노인 1명을 부양해야 할 상황에 이를 것이라는 분석을 가능케 하는 것이다. 따라서 25년 후 복지 제도가 잘 갖추어져 있지 않다면 자식이 나를 부양해 주기는 어려울 것이다.

그러나 자식이 잘 되면 최소한 나도 잘 되어 있을 것이다. 자식이 잘 되도록 내가 앞서서 모범을 보였기 때문에 최소한 부자는 못 되었다 하여도 자식에게 기댈 만큼 허약한 경제 구조를 갖고 있지는 않을 것이다.

# 15 보험은 사랑이다

죽음은 나에게만 예외일 수 없다. 사고 또한 그렇다. 따라서 위험에 대비하여야 한다. 만일 당신이 죽었을 때 슬퍼할 사람이 있다면 반드시 보험에 가입하자. 아울러 돈벌기 위해 운동을 하자. 건강하지 않으면 재테크도 할 수 없기 때문이다.

## ○○ 사랑하는 사람들을 위해

지금 당신이 죽는다면 또는 중병에 걸렸을 때 슬퍼해 주거나, 당신으로 인해 고통을 받을 수 있는 가족이 없다면 이 페이지는 읽지 말고 그냥 넘어가도 좋다.

그러나 당신의 죽음으로 인해 남은 가족들이 생계를 꾸려가야 하고, 또는 아직은 미혼이지만 후일 결혼을 할 예정이라면 반드시 보험에 가입할 것을 권한다.

보험에는 여러 종류가 있다. 사망하면 받는 생명보험, 다치면 치료비를 지급해 주는 상해보험, 화재가 발생하면 보상받는 화재보험, 저축과 보장을 겸한 저축성보험, 종신보험, 연금보험, 자동차

보험, 특정 암보험 등 수많은 종류의 보험을 우리는 살아가면서 접하고 있다.

그리고 이미 한두 개의 보험에 가입한 사람들도 꽤나 있을 것이다. 보험에 대한 자세한 부분은 2부에서 다루기로 하겠지만 중요한 것은 적은 금액으로 후일 발생할지 모르는 불의의 사고로부터 보험은 당신과 가족을 지켜주는 힘이 된다는 것이다.

이 중 생명과 질병으로부터 지켜주는 보험으로 역시 종신보험이 최고라고 할 수 있다. 기존 상품들은 대부분 보험료 납부 기간이 끝나면 일정 시점에 납입한 보험료 중 일부를 돌려주는 상품들로 구성된 경우가 많았는데, 이것은 우리나라 사람들이 소멸되는 보험에 매력을 느끼지 못했던 까닭이었다고 한다. 선진화된 서구 국가들에 비해서 우리나라는 만일 자신이 죽지 않는다면 또는 질병에 걸리지 않는다면 소멸되는 보험료가 아깝게 느껴지기 때문에 소멸성 보험에 대한 선호도가 낮았다.

그런데 최근 몇 년 전부터 한국에는 종신보험 바람이 불어 이미 가입자 수가 800만 명에 달하고 있다고 하니 과히 그 인기가 폭발적이라 하지 않을 수 없다.

보험은 본인과 가족을 지켜주는 수호천사와 같은 것이므로 잘 따져보고 가입해야 한다.

첫째, 목적에 맞는 보험을 가입해야 한다. 생명보험 부분은 대개 종신보험으로 커버될 수 있다. 아울러 단독주택에 살고 있다면 화재보험에 가입하는 것은 필수이다. 생각 외로 적은 금액으로 가입을 할 수 있으며, 매년 갱신을 하면 된다.

둘째, 우량한 보험사를 선택해야 한다. 한국에는 IMF 이후 많은 보험사들이 구조 조정을 당했는데 현재 남아 있다고 하여 전부 우량한 회사는 아니다. 따라서 평생을 보상받아야 하므로 자산 건전성이 우량한 보험 회사를 선택해야 한다. 금리를 높게 주거나 보상 금액이 많다고 현혹되지 말고, 예금자 보호법에 의거 5,000만 원까지 보장이 된다고 하여 쉽게 판단하는 것은 금물이다.

셋째, 일찍 가입할수록 경제적이다.

생명보험 가입을 할 때 나이는 매우 중요한 부분이다. 보험사들은 경험 생명표라는 것을 사용하는데, 이것은 남녀의 평균 생명을 산출하여 나이가 많은 사람이 질병에 걸릴 확률과 사망 확률이 더 높기 때문에 보험료가 상대적으로 더 비싸다. 따라서 한살이라도 어릴 때 가입을 해 놓는 것이 부담이 적다.

넷째, 인정에 끌려 가입하면 평생 후회한다.

주변에 보험을 권하는 지인들이 많이 있다. 물론 당신을 위한 좋은 설계를 해 주겠지만, 불필요한데도 불구하고 인정에 끌려 "에이 몇 번 납입하고 나중에 해약하지"라는 생각을 가지고 있다면 냉정하게 거절하는 편이 낫다. 보통 2년 이내에 해약을 하면 오히려 권유한 사람의 실적에 마이너스가 될 수 있기 때문이다. 따라서 체면으로 가입하는 것은 금물이다.

다섯째, 종신보험도 약게 가입할 수 있다.

종신토록 보장해 주는 종신보험의 이점을 이제는 모르는 사람이 없다. 그러나 종신보험의 보험료는 만만치가 않다. 그런데 요즘 정기보험(일정한 나이까지만 책임져 주는 보험)을 가입한 이후 종신보험으로 전환해 주는 보험사가 있다. 상대적으로 낮은 보험료로 종신보험과 비슷한 보장을 받고, 이후 종신보험으로 전환할 수 있다.

## ●● 건강관리를 해야 부자가 된다

아울러 재테크의 중요한 점 중에 하나가 건강이다. 물론 본인 및 가족 모두의 건강까지 챙겨야 한다. 건강하지 않을 경우 잦은 병치레 등으로 들어가는 돈이 생각보다 많다. 가령 치아 관리를 잘못해서 들어가는 치과 비용은 수백만 원에 이르는 경우가 있다. 성인병도 마찬가지이다. "도대체 운동을 하지 않으니 성인병도 쉽게 걸리는 것이다”라고 단정하면 무리일까? 각종 질병이나 건강이 좋지 않아서 병원비와 약값으로 지출해야 하는 돈이 많은 집은 재테크에 거의 신경쓰지 못할 것이다.

사시사철 보약이다 병원비다 하여 나가는 돈은 건강하면 나가지 않을 수 있는 돈이다.

따라서 돈 안 드는 운동을 해 보자. 이 핑계 저 핑계 대고 운동을 게을리한다면 그것은 재테크를 하고자 하는 의지도 약한 것이라고 볼 수밖에 없다. 동네를 뛰던 공원을 뛰던 자신의 건강 관리뿐만 아니라 가족의 건강 관리도 함께 하자. ‘건강이 재산이다’ 라는 어른들 얘기가 틀린 말이 아니다.

신문을 읽으면 돈되는 정보가 수두룩하다. 적어도 경제신문 하나는 읽자.

## ○○ 로또 한 장과 경제신문

신문을 안 보는 집은 없을 것이다. 신문을 보면 각종 정보가 쏟아진다. 요즘 지하철을 타면 많은 사람들이 무료 일간지를 읽는다. 오히려 신문보다 훨씬 많이 읽히지 않나 싶을 정도로 지하철 입구에 쌓여 있는 것이 온통 '메트로', '포커스', 'AM7' 등 타블로이드 판형 신문들이다. 경제신문이나 일간신문보다 기사의 양과 질적인 측면에서 지식을 충족해 주는 면은 적지만 쉽게 기사를 접할 수 있어 유익하다.

필자는 직업이 금융 분야이다 보니 하루에 읽는 경제신문이 3가지, 일반 신문 3가지, 합해 6가지 신문을 보는데 40분 정도의 시간을 투자한다.

신문을 보다 보면 "아하, 이것은 이래서 그렇게 되었군"이라고 혼자 중얼거린다.

그런데 읽은 내용을 그냥 머리 속에만 넣기에도 너무 많은 정보들이 쏟아져 나온다. 읽으면 그때뿐이지 기억속에 오래 담아 놓지 못하는 경우가 많다. 이런 경우에는 다 읽은 다음에는 꼭 복사를 하여 스크랩을 해 놓는다.

일상적인 업무를 하거나 관련 자료를 찾을 때는 신문만큼 유용하게 쓰여지는 것이 없을 정도이기 때문이다.

아울러 또 한 가지 꼭 보는 것이 있다. 바로 광고이다. 광고를 보면 세상 돌아가는 것을 볼 수 있다. 가령 신문에서 아파트 분양이 어떻고 저떻고 하는 기사가 나는데 신문 하단에 파주 교하 지구 아파트 선착순 분양이라는 광고는 "아~ 이 지역은 지금 분양이 잘 안 되는구나"라고 곧바로 인식을 할 수 있기 때문이다.

로또 복권 1장 값이면 신문을 볼 수 있다. 무료로 볼 수 있다면 더욱 좋고….

## ●● 구문(舊聞)과 신문(新聞)

어떤 사람들은 신문(新聞)을 구문(舊聞)이라고 한다. 왜냐하면 인터넷 기반이 잘 갖춰진 요즘, 인터넷 신문들을 보면 즉시 내용을 알 수 있는데 어제 지난 뉴스를 보려고 왜 신문을 사느냐고까지 한다.

맞는 말이기도 하다. 그런데 필자는 인터넷 신문도 보고 있지만, 그 전달력과 오랫동안 보관하는 데 애로점이 있고 단편적인 것만 보기 때문에 그날의 종합적인 상황을 점검하기에는 신문이 더욱 적절한 것 같다. 종합적인 상황을 보기에는 활자가 주는 신뢰성 높기 때문이 아닌가 싶다.

참고로 필자는 인터넷 신문 중 일반 뉴스는 연합뉴스(www.yonhapnews.co.kr)를 주로 보는데 뉴스 제공사이기 때문이며, 경제 뉴스는 이데일리(www.edaily.co.kr) 등을 보고 있다.

노블리스 오블리주는 가진 자들이 실천해야 하는 나눔의 의무이다.
이것을 실천할 의지가 없다면 부자가 되어도 손가락질을 받을 것이다.

## ○○ 존경받는 부자

부자가 되면 당신은 어떠한 생활을 할 것인가? 해외 여행을 가고 풍요로운 생활을 하며 많은 재산을 당신의 자녀에게 물려주어 자식 대대로 풍요롭게 살아갈 수 있는 터전을 만들 생각만 하고 있다면 당신은 불쌍한 부자가 될 것이다.

왜냐하면 부자에게는 사회적인 책임이 있는데 그것을 실천하지 못했기 때문이다. 바로 나눔의 의무를 실천해야 하는 것이다. 미국 사회를 지탱하는 큰 힘 가운데 하나가 기부 문화인데, 투명한 기부는 다음 세대를 위한 투자에 쓰여지며 그러한 문화는 사회를 한 차원 더 발전시키는 원동력이 된다. 우리가 흔히 아는 조지 소로스

(Gorgi soros : 투자가로서 미국의 갑부)나 빌 게이츠(MS사 회장), 워렌 버핏(미국의 투자가) 등 미국의 많은 부자들이 질시를 받지 않고 존경받는 부자로서 사회적인 책임을 하는 것을 보면 부럽기 그지 없다.

특히 비즈니스위크 지 조사 결과 2002~2003년 세계 최대 기부액을 낸 MS사(마이크로 소프트)의 빌 게이츠 회장은 그의 전 재산 약 460억 달러 중 절반이 넘는 총 229억 달러(한화로 27조 4000억 원)를 기부하였다. 먼저 천문학적인 숫자에 놀랐고 그나마 재산을 자선 사업에 쾌척하고 세 명의 자녀에게는 많은 돈을 물려주지 않겠다고 한 것에 다시 한 번 놀랐다. 자녀들이 받는 금액은 1,000만 달러(한화 120억 원)에 불과할 것이다라고 전해진 것을 보면 존경스럽다.

기부뿐만 아니다. 영국 왕실의 앤드류 왕자가 포클랜드 전쟁 때 직접 헬기를 조정하고 전쟁터에 나가는 등 왕족이나 귀족들이 솔선수범하는 자세 역시 감동 그 자체이다.


○○ 차떼기

한국의 부자들을 보면 모두는 아니지만 많은 사람들이 존경을 받지 못하고 있는 것으로 드러났는데, 그 까닭은 부자에 대한 잘못된 인식도 있겠지만, 제일 중요한 것은 모범을 못 보이고 있다는 것이다. 얼마 전 KBS에서 보도한 사회 지도층의 자녀들이 군대를 가지 않는 비율은 일반인들에 비해 수십 배나 높다는 것이나, 미국이나 캐나다 등으로 원정 출산을 가는 부유층 산모들의 부끄러운 모습을 볼 때 과연 존경을 받을 수 있을까 하는 의문이 든다. 이 보도의 질문 중 89%의 답변자들이 사회 지도층에 있는 사람들은 '사회적 의무를 못하고 있다' 라고 단정을 하고 있다. 더군다나 기득권을 가진 정치인들이 '차떼기' 를 통해 수백억 원씩이나 불법 정치자금을 조성하고, 또는 뒷돈을 대거나 개인적으로 착복하여 검찰에 줄줄이 연행되는 모습을 보노라면 존경받을 수 있는 날은 요원한 것처럼 보인다.

## ●● 가진 자의 의무

노블리스 오블리주 (no-blecse ob-lige)! 너무 부러운 단어이다. '본래 귀족은 귀족다워야 한다' 는 프랑스 격언에서 유래된 말로 "가진 자, 기득권층의 의무"라고 해석을 하는데 사회의 지도적인 지위에 있거나 여론을 주도하는 위치에 있는 사람들이 마땅히 지녀야 할 약자에 대한 배려와 솔선수범해야 할 사회에 대한 도덕적이고 정신적인 폭넓은 의무를 말하는 것이다.

이미 서양 사회에서는 보편화된 사회 지도층의 의무를 우리는 왜 할 수 없을까?

우리나라도 이미 오래 전인 조선 시대에 선비 정신을 통해 노블리스 오블리주는 실천되어 왔었다. 그러나 일제 36년 강점기하에 친일 행각을 하던 자들의 득세와 미군정(美軍政)으로 이어지면서 과거를 청산치 못한 업보가 아닐까 싶다.

이런 가운데 한국의 사회는 염치가 사라진 반쪽의 성장을 하는 급속한 산업화 가운데서 많은 부를 가진 사람들이 탄생했고, 남이야 어떻든 나만 잘 살면 된다라는 식의 남을 밟아야 내게 이익이 되는 몰염치한 행동들이 여기저기서 터져 나오고 있다. 식료품을 더 많이 팔기 위해 음식에 치명적인 화학 약품을 섞는가 하면, 뇌물을 주고서라도 군대를 면제받고, 세금을 덜 내기 위해 또는 내지 않기 위해 갖은 수단을 동원하여 탈법을 저지르는 기업과 기업가가 뉴스에서 끊임없이 쏟아져 나오곤 한다. 아마도 그런 사람들은 이미 사회적 지도층이라고 할 수 없을 것이다.


## ○○ 소돔과 고모라

그러나 우리 사회는 어두운 모습만 있는 것은 아니다. 얼마 전 여수성심병원의 박순용 이사장은 87년도에 부도가 났던 병원을 인수하여 현재 400억 원이 넘는 병원으로 만든 후 아름다운 사회 환원을 하였던 가슴 벅찬 기사가 났었다. 그는 "이것은 내가 상속받은 것이 아니다. 사회에서 얻은 것이다. 따라서 이것은 사회의 것이다"라고 말하면서 그의 자녀들에게도 꾸준히 그것을 주지시켰다고 한다.

이 얼마나 아름다운 기부인가. 부(副)를 이루고 사회적인 의무를 다하는 부자가 될 때 사회는 그들을 존경하고, 본인들도 떳떳하지 않겠는가?

크리스마스 때면 늘 등장하는 스쿠루지도 나중에는 기부를 통해 기뻐했지 않았던가.

우리도 존경받는 부자가 되는 것을 목표로 하면 어떨까?

소돔과 고모라엔 아름다운 사람이 없어서 멸망했지만 아직 한국에는 아름다운 사람들이 있어 가슴이 따뜻하다.

## ○○ 후회는 또다른 시작을

많은 사람들이 인생에서 시행착오를 거치면서 자신의 방향을 찾아간다. 배우자를 선택한 후 마음에 맞지 않아 이혼을 하고, 학교에 입학하여 맘에 들지 않는다고 학과를 옮기거나 편입학을 하고, 맘에 드는 물건인줄 알고 홈쇼핑에서 구입하였으나 곧 후회하고, 평생 직장이라고 들어 갔으나 적성에 맞지 않아 전전긍긍하고…. 어찌 딱 맘에 드는 것이 있겠느냐만, 이러한 것들은 다시 고르거나 방향을 바꿔 또다른 시작을 하면 된다.

## ●● 재테크 실패는 물러설 곳이 없다

그러나 재테크의 실패는 사정이 다르다. 과도한 투자를 하여 엄청난 빚더미에 올라 앉으면 다시 시작을 할 수 있는 기반마저도 잃게 된다. 재테크는 선택이 아니라 필수이다.

재테크의 財(재)자도 모르는 사람도 잘 살고 있다고 하지만 그 사람도 나름대로의 재테크 방법이 있을 것이다. 단지 "특별한 것이 없다"고 말할 뿐이다.

그때 진작 알았더라면… 영화 〈백 투 더 퓨처〉에서 내일의 주가를 알고 투자하여 부자가 되는 공상이 아닌, 삶의 현장에 나와 가족들을 보다 금전적으로 윤택한 생활을 할 수 있도록 노력했지만 실패한 사람에게서는 교훈을 얻고, 성공한 사람에게서 배울 점을 찾아 나에게 맞는 재테크를 하는 것은 어떨가?

# 19 '다르다' 와 '틀리다'

나와 생각이 '다르다' 라고 하여 '틀리다' 라고 할 수 없다. 재테크도 각자 자기 실정에 맞는 방법이 따로 있다.

## ○○ 모 아니면 도

많은 다툼과 전쟁이 일어나는 것은 서로에 대한 배려가 없거나 상대방을 이해해 주지 못하기 때문일 것이다. 우리는 흔히 다르다(Different)와 틀리다(Wrong)를 혼동할 때가 있다.

가령 타인의 의견에 대해 "그 생각은 틀려요"라고 단언을 한다면 상대방은 어떤 기분이 들까. "제 생각은 당신과 이런 점에서 조금 다른 것 같아요"라고 한다면 다툼은 적어질 수 있을 텐데 자신의 생각과 다른 것은 마치 완전히 틀린 것으로 표현하는 이분법적인 사고가 많은 이들에게 상처를 주거나 싸움으로 전개되게 한다.

'다르다' 는 것을 '틀리다' 라고 하지 말자. 이것은 다른 분야에서도 적용될 것이다. 장사를 하면서 고객과 또는 다른 상인과, 회사

생활을 하면서 동료와 상사와 부하 직원과의 관계에서 상대방을 이해할 때 사업도 번창할 수 있고, 직장 생활을 성공적으로 이끌 수 있는 하나의 방법이 될 수 있다고 생각한다.

재테크는 딱히 정답이 있는 분야가 아니다. '나는 이렇게 생각하는데 그것은 틀려'라고 말한다고 해도 필자는 뭐라고 반대할 명분이 없다. 다만 재테크에는 수많은 방법이 있고, 어떤 사람에게는 맞는 방법이지만 어떤 사람에게는 그대로 하면 오히려 늦어지는 결과가 될 수도 있다. 따라서 본인의 상황에 맞는 맞춤 재테크가 필요한 것이다.


## ●● 타산지석

여기에 수록되는 많은 이야기들이 반드시 이렇게 해야 한다라고 강요하지는 않는다. 이러한 방법을 통해 독자 여러분들이 한층 쉽게 재테크에 접할 수 있다면 필자는 그것으로 족하다. 중요한 것은 재테크를 혼자서 이렇게 하면 되겠지 하는 자의적인 해석을 하는 것은 금물이다라고 말해 주고 싶다. 재테크에서 실패하면 그 학습비용이 너무 크다. 심지어는 다시 일어서기 힘든 상황에까지 가기도 한다. 따라서 다른 사람들이 하는 방식을 보고 비교를 해 보라는 것이다. 다르다면 하지 말고, 내 상황과 비슷하다면 따라 하는 지혜가 필요하다.

　어디가 아프면 병원에 가서 진찰을 하고 처방을 받아 치료를 하듯 재테크도 마찬가지이다. 본인의 상황을 전문가를 통해 진단받고 거기에 맞는 재테크 방법을 찾아 진행해야 한다. 가벼운 감기는 치료하는 기간이 짧지만, 재테크에서 문제가 생기면 오랜 기간을 치료해야 한다. 따라서 치료 이전에 정확한 진단이 필요하므로 주변에서 전문가를 찾아보자. 친구도 있을 수 있고, 재테크에 성공한 이웃이 될 수도 있다.

　그리고 처방에 따라 진행하다가도 목표대로 잘 가고 있는지 아니면 방향이 조금 틀어졌는지도 주기적으로 점검해야 한다. 그러면 당신을 보다 빨리 재무적으로 성공한 부자의 대열에 합류시켜 줄 수 있을 것이다.

# 2부

 **집 마련 청약통장 10배 활용 방법**

청약통장. 목적에 따라 종류가 다르다. 처음 시작을 잘못하면 평생을 후회할 수 있다. 따라서 청약통장을 처음부터 잘 가입하는 방법을 알아야 한다.

**문**_결혼한 지 8개월된 33세의 주부입니다. 24.5평 아파트에 1억 6천500만 원에 전세로 살고 있습니다. 남편이 결혼 전까지 공부만 하느라 빚을 졌는데 마이너스 대출 9천만 원과 차 할부금을 합쳐 1억 원쯤 됩니다. 할부금으로 매월 47만 원 정도가 빠져나가고 있구요. 현재 남편은 전문직에 종사하는데 월급은 대략 500만 원쯤 됩니다. 저도 직장을 다녀서 모아둔 돈이 3천만 원쯤 됩니다. 저는 곧 직장을 그만두고 태어날 아이의 육아와 가사에 전념하기로 했습니다. 남편은 1억 원이나 되는 대출을 갚을 자신이 있다고 하지만 걱정이 됩니다. 청약 저축 등은 가입하지 않았습니다. 집도 늘리고 빠른 시일안에 대출금도 갚을 수 있는 방법을 알려 주세요.

**답**_ 대출금을 갚기 위한 철저한 계획과 실천은 부부 공동의 합의가 필요합니다. 대출은 잘 이용하면 훌륭한 재테크 수단이 될 수 있습니다. 가령 집을 마련할 때 모자라는 돈은 대출을 통해 조달하면 올라가는 집값을 고정시켜 갚는 시기와 규모를 조절할 수 있습니다.

상담자의 경우 결혼 전 남편이 진 빚이므로 많은 고민을 했을 것입니다. 현재의 대출 금액은 다소 많은 듯하니 대책을 빨리 세워야 합니다. 단순히 남편의 소득만 보면 쉽게 갚을 수 있을 것 같지만 현실적으로 돈은 뜻대로 움직여 주지 않습니다.

### ■ 소비 패턴에 문제가 없는지 점검하자

구입한 자동차의 경우를 볼 때 현재의 소비 패턴에 문제가 없는지 두 사람의 진지한 의논이 필요합니다. 빚을 줄이는 첫 번째 방법은 소비를 줄이는 것입니다. 그런데 한번 커진 소비 규모는 웬만큼 노력을 하지 않고서는 줄이기 힘듭니다. 따라서 부부가 공동의 합의를 통해 실천할 수 있는 계획을 진지하게 세워야 할 것입니다.

소비 리모델링을 통해 새어나가는 돈도 줄이고, 내집마련의 씨앗을 심도록 했으면 합니다.

### ■ 가계부 쓰는 것부터 출발

먼저 가계부를 한 달간 써 보세요. 유리병 방법 또는 봉투 방법도 권해 봅니다. 가령 여러 항목의 봉투 또는 유리병에 한

달간 수입을 골고루 나눠 넣고 사용시 기록은 물론 과부족 금액을 한 달 후 체크해 보는 것입니다. 어느 항목에서 더 줄일 수 있는지 한 달이 지나면 잘못된 소비 습관을 알 수 있을 것입니다. 혹시 "체면 때문에…"라는 생각을 한다면 상담자의 대출금 갚는 시기도 늦어질 뿐만 아니라, 재무 기반을 잡는 데도 많은 시간이 걸릴 것입니다.

### ■ 내집마련은 청약저축으로

그리고 내집마련 재테크 기반을 마련해야 합니다. 현재 무주택이므로 청약저축을 권합니다. 국민주택 분양과 임대는 물론 1순위가 되었을 때 청약예금으로 전환이 가능하기 때문입니다.〈해설 참조〉

국민, 우리은행, 농협에서만 취급합니다.

### ■ 전세를 줄여 빚부터 줄이자

대출금 1억 원을 상환하기 위해 현재 월 소득 500만 원의 절반을 빚 갚는 데 쓸 경우 약 3년 4개월이면 된다고 생각하기 쉬우나 과연 그럴까요? 이율을 8.5%라고 가정할 경우 월 64만 원의 이자와 차량 할부금 47만 원을 합치면 월 111만 원 정도가 이자로 나가므로 상환 기간은 더 길어집니다. 또한 자녀가 커 갈수록 여유가 생기기는 더욱 어려우므로 최대한 갚는 시기를 앞당겨야 합니다. 그러기 위해서는 현재의 전세 금액을 줄여 일부를 대출금 갚는 데 사용한다면 상환 시기는 절반으로 줄어들 수 있습니다. 결단이 필요한 때입니다.

〈서울경제신문 '실전 재테크' 게재 기사 2003. 10. 27〉

<<< 해설

〈 청약통장의 종류 및 선택 방법, 후분양제 실시할 경우를 대비한 전략 〉

| 구분 \ 종류 | 청약저축 | 청약예금 | 청약부금 |
|---|---|---|---|
| 가입 자격 | 무주택 세대주 | 20세 이상 개인<br>(20세 미만은 부양 가족<br>있는 세대주) | 20세 이상<br>(20세 미만은 부양 가족<br>있는 세대주) |
| 납입 금액 | 월 2~10만 원 | 200~1,500만 원 | 월 5~50만 원 |
| 청약 면적 | 전용 면적 25.7평 이하 | 금액에 따라 다름 | 전용 면적 25.7평 이하 |
| 평형 변경 | 1순위시 납입 금액에<br>해당하는 청약예금 | 작은 평수로:즉시 | 큰 평수로:1년 경과 |
| 청약 순위 | 6개월 : 2순위<br>24개월 :1순위 | 왼쪽과 같음 | 왼쪽과 같음 |
| 신청 주택 | 국민주택<br>전환시:민영주택 | 민영주택 및<br>중형국민주택 | 민영주택 및<br>중형국민주택 |

## 가. 청약저축

### ○○ 청약저축 예찬

주택공사 아파트나, 도시개발공사 아파트 및 민간 건설업체에서
분양하는 전용 면적 25.7평(85m²) 이하의 아파트를 분양받거나 임

대아파트 등 국민주택을 청약할 수 있는 통장으로 분양 평수로 환산하면 33평형 정도가 된다.

그러나 국민주택이라면 국민주택기금에서 자금을 지원받는 아파트인데 중요한 것은 지원을 하는 기준이 서울 등 대도시의 경우 대부분 25평형 아파트가 주를 이루고 있으므로 실제 청약하는 평수는 25평이 대부분이다. 지역에 따라서는 32평형을 분양하기도 한다.

국민주택기금을 지원받아 이들 아파트를 분양받으면 자동으로 3,000만 원 정도의 정부자금 대출이 포함되어 분양된다. 금리는 대개 7% 정도로 비교적 낮은 금리와 상환 기간은 20년으로 연말 정산시 이자액을 소득 공제 받을 수 있다. 소득 공제는 1,000만 원까지이다.

## ●● 임대아파트 임자는 따로 있다

정부가 2003년 10월 발표시 2007년까지 국민임대주택 50만 가구, 2012년까지 100만 호를 새로 짓는다고 발표했다. 임대주택은 크게 두 가지로 나눌 수 있는데, 30년간 임대료를 내는 국민임대주택과 10년간(과거에는 5년) 살다가 분양을 받을 수 있는 공공(장기)임대주택이 있다.

임대주택은 주변 지역의 전세값보다 무려 절반에 가까운 수준에서 살 수 있으므로 돈을 모으는 데는 안성맞춤이다. 전세금을 자주 올려달라고 하여 잦은 이사를 하지 않아도 되고, 일정기간 살다가 내집으로 전환할 수 있는 기회까지 있기 때문이다.

아울러 청약저축으로 국민임대주택에 당첨이 되어도 또 사용할 수 있다. 이것은 임대주택이 완전하게 내집으로 되는 것이 아니므로 또 한번의 기회를 주는 것이다.

그러나 국민임대주택은 무주택 세대주라고 하여 누구나 청약을 할 수 있는 것은 아니다. 전용 면적 18~25.7평(분양 면적 25~32평형)의 국민임대주택 입주 자격은 전년도 도시근로자 월평균 소득의 100% 이하인 청약저축 가입 무주택 세대주만 대상이 되므로 도시근로자 월평균 소득을 감안하여 생각해 보아야 한다. 참고로 2004년도에는 월수입 279만 원까지로 연봉 3천3백48만 원 이하이면 된다.

## ○○ 집이 없어야 집이 생긴다?

세대주 중에서도 집이 없는 세대주만 가입할 수 있다. 따라서 세대주를 확인할 수 있는 주민등록등본을 반드시 제출해야 한다. 단 세대주가 아니어도 60세 이상 또는 장애인 부모가 세대주로 되어 있고, 본인이 세대주가 아니며 호주승계 예정자(장남)로 되어 있는 세대원 중에 집이 없다면 가입할 수 있다. 또한 가입 후 중간에 집을 사서 잠시 유주택자가 되었어도 청약할 당시 무주택자이면 청약을 할 수 있는데, 다만 집이 있었던 기간을 제외하여 무주택 기간을 산정한다.

만일 부모와 같이 거주를 하는 세대원이라면 별도 세대를 구성하여 가입하도록 한다. 세대주가 되기 위해서는 동사무소에서 신청을 해야 하는데 부모님의 집에서 같이 거주하는 경우 주소를 다른 곳으로 옮겨야 하는 절차가 필요하다.

## ⚪⚪ 당첨순서

[전용 면적 40㎡ 초과 주택의 경우]

- 5년 이상의 기간 동안 무주택 세대주로서 매월 약정 납입일에 월납입금을 60회 이상 납입한 분 중 저축 총액이 많은 분
- 3년 이상의 기간 동안 무주택 세대주로서 저축 총액이 많은 분
- 저축 총액이 많은 분
- 납입 회수가 많은 분
- 부양 가족이 많은 분
- 당해 지역에 장기간 거주한 분

**해설**___ 납입액은 2~10만 원으로 되어 있지만 무조건 10만 원씩 넣는 것이 유리하다. 왜냐하면 금액이 많은 사람이 우선이기 때문이다.

[ 전용 면적 40㎡ 이하 주택의 경우 ]

- 5년 이상의 기간 동안 무주택 세대주로서 납입 회수가 많은 분
- 3년 이상의 기간 동안 무주택 세대주로서 납입 회수가 많은 분
- 납입 회수가 많은 분
- 부양 가족이 많은 분
- 당해 지역에 장기간 거주한 분

## ⚪⚪ 헛다리 짚어 아까운 세월 다 가네

청약저축은 국민은행, 농협, 우리은행 이상 3개 금융 기관에서만 취급하므로 다른 금융 기관에 가면 자칫 청약부금으로 가입할 수

도 있다. 일례로 청약저축 가입하러 왔다고 주민등록등본을 제출하여도 등본은 필요 없다면서 친절하게(?) 청약부금으로 가입해 준 사례도 있다. 이렇게 가입하고 자동 이체로 꼬박꼬박 납부한 이후 막상 1순위가 되는 시점인 2년이 되어서 국민주택이나 임대주택에 청약신청을 하려고 해도 이미 할 수 없는 상태가 되는 경우도 있다. 따라서 가입할 때에는 청약저축을 취급하는 해당 은행을 찾아야 한다.

## ○○ 공짜면 다 좋아(부가 서비스)

연간 납입액의 40%를 연말 정산시 소득 공제받을 수 있는데 만일 연봉이 1,000만 원에서 4,000만 원 사이의 직장인이라면 연간 납입액 120만 원의 40%인 48만 원을 소득 공제받으며, 세금으로 환산하면 19.8%를 돌려 받으므로 연간 95,040원이나 된다. 일반적으로 금리 높은 상품을 많이 찾는데 이 상품은 기본 이율 6% 외에 연말 정산으로 되돌려 받는 금액을 이율로 환산하면 9.5%이므로 총 15.5%짜리 적금을 가입하는 셈이 되므로 이자율 측면에서도 매우 유리하다.

또한 세금 우대로 가입이 되고 1순위가 되어 납입 인정 금액이 해당 청약예금 예치 금액 이상이 되면 청약예금으로 전환하여 민영주택을 청약할 수 있다.

## ○○ 지루하다구요? 청약예금으로 갈아타기

만일 가입 후 주공아파트와 같은 소형 아파트보다는 더 넓은 아파트를 청약하고자 한다면 청약예금(민영주택)으로 즉시 전환할 수 있다. 또한, 바로 1순위 자격을 부여받아 원하는 아파트에 청약을 할 수 있으므로 청약저축이 선택의 폭이 제일 넓다.

예를 들어 4년 2개월(50개월)을 매월 10만 원씩 납입하여 500만 원이 되었을 경우 50평형대의 아파트에 청약하기 위해서는 500만 원짜리 청약예금으로 전환을 하면 즉시 1순위로 적용받을 수 있다. 하지만 서울의 경우 청약예금의 금액이 300~1,500만 원까지로, 50평형대의 경우 1,500만 원을 가입해야 하는데 금액이 부족하면 전환이 불가능해진다. 만일 이렇게 서울에서 전환 가격 때문에 큰 평수로 활용하기 어렵다면 금액이 상대적으로 적은 수도권이나 지방으로 주소를 이전하여 전환하는 방법도 있다. 즉, 지방(수도권 포함)의 경우 청약예금 가입액은 200~500만 원까지로 500만 원이면 50평형대를 신청할 수 있다. 이후 다시 서울로 이주하여 아파트를 청약하기 전에 차액인 1,000만 원만 납입하면 즉시 1순위로 인정받을 수 있다.

## ●○ 과감하게 바꿔라

아직 청약통장에 가입하지 않은 초년생에게는 청약저축이 세 가지 예금 중 가장 유리하다. 따라서 1순위 발생 후 곧바로 큰 평수의 아파트를 청약하지 않을 것이라면 청약저축이 유리하다. 만일 다른 청약 관련 예금으로 가입한 기간이 얼마 되지 않았다면 과감히 해약하고 청약저축으로 옮겨가는 방법도 충분히 고려해 보아야 할 것이다.

참고로 청약 관련 상품은 세 가지 중 1개만 가입할 수 있다. 하지만 상품뿐만 아니라 은행간에도 중복해서 가입을 할 수 없다. 따라서 먼저 가입해 놓은 것 때문에 좋은 상품에 가입하지 못하는 경우도 있으므로 신중하게 선택해야 한다.

## 나. 청약예금

### ○○ 삼성, 현대, 대우, LG아파트와 같은 민영아파트

민간 건설업체에서 짓는 아파트를 분양받을 수 있는 예금으로 금액에 따라 청약할 수 있는 평형이 나뉘어 있다.

| 면적(전용) | 서울·부산 | 광역시 | 시·군 |
|---|---|---|---|
| 85㎡ 이하 | 300만 원 | 250만 원 | 200만 원 |
| 102㎡ 이하 | 600만 원 | 400만 원 | 300만 원 |
| 102㎡ ~ 135㎡ 이하 | 1,000만 원 | 700만 원 | 400만 원 |
| 135㎡ 초과 | 1,500만 원 | 1,000만 원 | 500만 원 |

### ○○ 세대주가 아니어도 20세 이상이면 가입 가능해

20세 이상의 성인이면 가입이 가능하다. 20세 이상인 배우자나 자녀 명의로도 가입이 가능하므로 가급적 모두 가입해 놓는 것이 유리하다. 제도가 바뀌면 언제든 활용할 수 있으며, 투기과열지구 내의 경우 세대주로 분리해 놓으면 1순위로 적용을 받을 수 있다.

아울러 20세 미만이라도 부양 가족이 있는 세대주일 경우 가입이 가능하다.

## ○○ 큰 것이 좋아

면적별로 신청하는 금액이 틀리므로 가입시 많은 고민이 된다.

그러나 원리를 이해하면 답은 명쾌해진다. 필자는 고객들에게 무조건 제일 큰 평형의 청약예금에 가입하길 권한다. 왜냐하면 1순위가 되었을 경우 평형 변경을 허용하고 있는데, 그 이유는 가입 후 몇 년이 지나다 보면 처음엔 32평형이면 될 것 같았지만 생활의 여유와 가족이 늘어남으로 48평형을 원하는 경우가 있다. 이럴 경우 300만 원에서 1,000만 원으로 올릴 수 있지만, 변경 후 1년 간 올린 평수로는 신청할 수 없어 정작 필요로 할 때 사용할 수 없다.

이와는 달리 큰 평수의 금액에서 작은 평수의 금액으로 감액 변경할 때는 즉시 1순위 자격이 부여된다.

그렇기 때문에 큰 금액을 당초부터 가입하는 것이 유리하다는 것을 쉽게 알 수 있다.

아울러 큰 평수의 금액은 서울의 경우 1,500만 원이고 경기도의 경우 500만 원으로 1,000만 원이나 차이가 난다. 그렇다면 경기도로 이주하는 경우에는 500만 원에 가입할 수 있고, 추후 서울로 다시 이주해도 청약시기까지만 1,000만 원을 증액하면 된다. 따라서 큰 평수를 원하지만 돈이 부족하다면 인근지역으로 주소를 옮기는 방법도 고려해볼만 하다.


## ○○ 무주택 5년 이상이면 300만 원짜리가 좋다.

1순위가 되면 무작위로 추첨을 하므로 운이 좋으면 1순위가 된

날 바로 당첨될 수 있다.

그러나 85㎡(약 32평형) 이하 아파트의 경우에는 분양 물량의 75%를 만 35세 이상, 5년 이상 무주택 세대주에게 우선 분양해 주므로 무주택 우선 공급 대상자에 해당된다면 300만 원짜리 청약예금에 가입하는 것이 유리하다.

## ○○ 어디에 살았는지 왜 물어봐?

서울과 경기도, 충청도 등 지역별로 청약하는 방법이 다 동일한가?

상담을 하다 보면 많은 사람들이 지역에 대해 잘 모르는 부분이 많다. 청약 지역 구분은 행정 구역으로 시, 군으로 나누어진다. 서울과 부산 등 광역시는 한 개의 지역이다. 그런데 경기도나 충청도 등 도 단위 지역을 같은 지역으로 생각하는 경우가 있는데, 물론 아니다. 수원시, 과천시, 고양시, 성남시, 천안시 등 그 지역에 거주하는 사람들에게 우선권을 준다. 예컨대 수원시 거주자 1순위에서 미분양이 나면 수도권(서울, 인천, 경기도 내 타 지역) 거주 1순위자에게 우선권을 준다. 2순위, 3순위도 이런 방식으로 이어진다.

그런데 재미 있는 점은 청약예금 가입 후 수원에서 2년을 거주하다 오늘 서울로 이주를 하면 오늘부로 서울 1순위 자격을 준다는 것이다. 물론 지방에서 서울로 이주를 해도 동일하다. 즉 지역간의 이동이 완전 자유화되어 있으므로 아파트 분양 공고 전(서울의 경우 매월 27일경 동시 분양 공고를 내고 익월 첫째주 월요일부터 접수를 함) 해당 지역으로 이주를 하였다면 당장이라도 아파트에 청약을 할 수 있는 것이다.

　많은 사람들이 관심을 갖고 있는 판교 신도시의 경우도 주소를 옮기면 바로 청약을 할 수 있을까?

　아니다. 판교 신도시는 2001년 12월 26일 이전에 주소가 성남시로 되어 있는 경우에만 판교에 우선 신청을 할 수 있는 자격을 준다. 따라서 위장 전입을 하는 경우도 있는데 그것은 헛수고이다.

　또한, 지역에 따라 1년 정도 거주한 주민에게 우선 분양 물량을 주는 경우도 있으므로 사전에 해당 지역을 파악하는 것도 중요하다.

## 다. 청약부금

### ○○ 매월 납입하는 청약예금

　청약예금의 85㎡(약 32평형) 이하 — 서울, 부산 : 300만 원, 광역시 : 250만 원, 기타 시군: 200만 원 — 에 해당하는 면적을 청약할 수 있는 매월 납입하는 청약 상품으로, 순위는 청약예금과 동일하여 2년이 경과하면 1순위 적용을 받지만, 2년이 되어도 해당 금액에 미달일 경우 순위가 부여되지 않는다. 따라서 서울의 경우 2년 동안 300만 원은 채워야 순위가 발생할 수 있고, 만일 2순위도 가능성이 있다면 6개월 내에 300만 원을 납입하면 된다.

### ○○ 평형 바꾸기

　변경은 올리는 경우에만 해당이 된다. 왜냐하면 제일 적은 평형에 가입을 했기 때문이다. 가령 아무리 1,000만 원을 납입했다고 해도 청약예금의 1,000만 원짜리에 해당하지 않는다. 반드시 평형 변경을 신청해야 하며 증액 후 1년 동안은 기존의 평형에 청약을 할 수 있다. 1년 후에는 변경된 평형에 신청을 해야 하므로 처음 변경 시 잘 선택을 해야 낭패를 보지 않는다.

## ○○ 계약금 저축

월 5만 원~50만 원까지 자유 납입이 가능하고 이율도 일반 적금보다 높거나 비슷하므로 굳이 따로 적금을 들 필요가 없다. 이러한 용도로 가입한다면 가급적 기간이 긴 5년제를 선택하는 것이 좋다. 이후 아파트에 당첨이 되면 가입한 통장으로 계약금을 치루고 중도금대출도 싼 금리로 유리하게 받을 수 있는 장점이 있다.

# 라. 후분양 제도

## ○○ 청약통장이 필요 없다고?

정부는 2004년 2월 3일 그동안 수십 년 동안 유지되었던 '부동산 선(先)분양' 제도에 대해 일대 변화를 시도하였다. 바로 '아파트 후분양 활성화 방안'을 내놓은 것이다.

그동안 아파트 건설회사들은 분양을 하면 계약자들이 내는 계약금, 중도금 등으로 납입된 돈으로 아파트를 짓는 공급자 위주의 정책에서 이젠 소비자 위주의 시장으로 전환되는 신호탄으로 해석할 수 있다.

당장 시행하는 것은 아니지만 이미 2003년 7월 이후부터 투기과열지구 내 재건축아파트에 대해서는 공정률 80%이후부터 분양하도록 관련법이 개정되었다. 또한 3,000㎡(907평) 이상의 상가나 오피스텔 등은 골조공사를 2/3 이상 진행한 후에 분양하도록 의무화될 예정이다. 이렇게 되면 아파트를 분양받을 때 다 지어놓은 집을 보고 신청할 수 있으므로 선택의 폭이 넓어지고 부도 등으로 인해 집이 끝까지 지어지지 못하지 않을까 하는 불안함은 덜어지게 될 것이다.

## ●● 시행 시기가 관건이다

후분양제는 2006년까지를 초기 단계로 2011년까지는 활성화 단계, 2012년 이후를 정착 단계로 나누고 있다. 그렇다면 2012년 이후에는 청약예금, 청약부금 가입자들의 통장이 어쩌면 제 기능을 발휘하지 못할 수도 있다. 따라서 2004년을 기준으로 향후 8년 후인 2012년에는 청약예금이 아예 없어질런지도 모른다.

그러나 정책이란 것이 언제 어떤 상황에서 변경될지 모르므로 통장을 아예 가입하지 않는 것은 잘못된 생각이다. 왜냐하면 통장에 가입했다고 해서 이자를 안 주는 것이 아니기 때문이다. 아무튼 시행되기 전까지는 차분하게 기존 통장을 이용해서 분양을 받는 것이 현명한 내집마련 방법이다.

## ●● 후분양은 오히려 주택 가격도 오르고 소비자는 자금준비가 급해질 수 있다

후분양제를 시행하면 투기 세력이 줄어 과열 현상은 줄어들 것이나 분양가는 오히려 오를 수 있다. 국토연구원이 내놓은 자료에 의하면 주택건설업체가 선분양 때와 같은 수익률을 유지한다고 할 때 50%공정 후 분양할 때에는 중형 아파트는 8.3%의 주택 가격 상승을 예상하였고, 완공 후에는 11.6%가 상승할 것으로 내다보았다.

이렇게 소비자 부담이 느는 것도 문제이지만 그동안 분양을 받아 차분하게 돈을 모아서 중도금 등을 납입하던 제도에 일대 변화가 일어날 수 있다. 즉 돈을 다 마련하고 입주를 해야 하므로 자금이 웬만큼 모아지지 않고서는 아파트를 살 수 없게 될 것이다.

## ○○ 청약저축은 여전히 인기

앞서 언급하였듯이 수요자들이 불리해질 수도 있다. 분양 시점에 값이 매겨지므로 분양가가 대폭 오른다면 자금 사정이 안 좋은 실수요자들은 집을 마련하는 시기가 더 길어질 수 있다. 왜냐하면 집값이 오르는 속도와 소득이 늘어나는 속도의 차이에 있어 늘 집값이 더 올랐기 때문이다. 또 한가지 우려되는 것은 정책의 변화이다. 이 정책은 아파트 시장을 수요자 위주로 재편을 하자는 의도인데 만일 건설 경기가 악화된다면 자금 사정이 좋지 않은 주택건설업체의 도산이 예견된다. 이때 정부는 시행 시기를 연기할 수도 있는데 이렇게 되면 집을 마련하는 서민들만 골탕을 먹게 될 수 있다. 따라서 8년 후의 대책을 생각하는 것도 중요하지만 현재 나에게 맞는 전략을 세워서 준비하는 것이 중요하다. 아울러 청약저축제도는 계속 유지될 방침으로 전하고 있어 청약저축의 인기는 계속될 것이다.

**문**_올 1월에 결혼한 35세, 32세의 맞벌이 부부입니다. 저(35세)는 서울에, 아내(32세)는 대전 친정집에서 거주하는 주말부부로 아직 아이는 없습니다. 회사원인 저는 월 350만 원, 교사인 아내는 월 200만 원의 고정 수입이 있습니다. 전세 보증금은 5,500만 원이며 근로자 우대저축과 비과세 가계신탁 등 예금으로 월 300만 원을 저축하고 있습니다. 그리고 개인연금에 18만 원 종신보험에 19만 원씩을 납입하고 있습니다. 올 9월 초에 적금이 만료되어 2,500만 원의 목돈이 생겼습니다. 내집마련은 2004년 말께 서울에서 할 생각입니다. 집값은 떨어지고 주식은 오르는데 2,500만 원을 투자할 마땅한 곳이 없을까요?

 은행권의 금리 인하는 이번 달도 계속되어 현재 정기예금 금리가 4%선에 불과합니다. 물가 상승율과 이자 소득세를 감안하면 실질 금리는 마이너스인 상황입니다. 그러나 비과세 상품과 주가 지수 연계 상품, 고수익을 추구하는 틈새 상품들을 찾아보면 비관적인 것만은 아닙니다.

### ■ '안전한 주식'은 없다

최근 주가 지수가 많이 올라 주식에 관심이 매우 높은 시기입니다. 그러나 '안전한 주식'이란 없습니다. 주식 자체가 항상 가격 위험에 노출되어 있기 때문입니다. 따라서 만기자금 2,500만 원은 주식에 직접 투자하는 것보다는 주가 지수 연계 증권(ELS) 펀드에 가입하길 권합니다. 이 상품은 대부분 원금을 보장되며 주가 지수가 오른 만큼 수익을 주는 유형과 주가 지수가 일정한 범위 내에서 등락해도 높은 수익(7%대)을 보장해 주는 상품 등 선택할 수 있는 유형이 다양합니다.

기간은 6개월, 1년 이상이 대부분입니다. 그러나 아파트를 사야 할까 망설이고 있다면 가급적 언제든지 인출이 가능한 머니마켓펀드(MMF)를 이용하는 것이 좋습니다. 현재 4% 안팎으로 금리도 비교적 높은 편입니다.

### ■ 절세형 상품에 관심을

당초 2003년 말까지 가입 기한을 정해 놓았던 장기주택마련 저축이 2006년 말까지로 연장되면서 가입 자격을 18세 이상의 무주택자나, 전용 면적 25.7평 이하 1주택 소유자에서 2004년부터는 무주택이나 국민주택규모 이하 1주택을 소유한 세대주로 변경되었습니다. 따라서 세대주 본인 명의로 꼭 가입해 놓기를 권합니다. 연말 정산시 연간 납입액의 40%(최고 300만 원)를 소득 공제받을 수 있어 매월 62만 5천 원씩 납입할 경우 1년에 약 60만 원의 세금을 돌려받습니다. 즉 1회분을 깎아준 것이나 다름없습니다. 또 하나는 연금신탁(보험)입니다. 이 상품은 노후대비 상품으로 납입액 전액(240만 원 한도)을 연말 정산시 소득 공제받을 수 있습니다. 가령 매월 20만 원씩 납입할 경우 약 48만 원의 세금을 돌려받을 수 있어 실제 이율은 연금신탁이자 + 소득공제액 19.8%를 하면 약 25%의 이자를 받는 셈입니다. 비과세신탁은 만기가 되어도 찾지 않고 계속 보유하는 게 좋습니다. 왜냐하면 언제든지 찾을 수 있는 상태에서 연 2회 복리로 계산해 주기 때문입니다.

### ■ 대출 활용해 내집마련을

조금은 내렸다고 하나 강남APT 가격은 이미 서민들이 접근하기에 너무 올라있습니다. 물론 특정 지역의 이야기이지만 집을 마련해야 하는 사람들에게는 가슴이 철렁 내려앉는 얘기일 것입니다. 귀하는 현재 1순위 자격을 갖고 있습니다. 특히 내년에는 만35세가 되어 32평형 이하 국민주택규모 아파트를 신청할 경우 무주택 우선 공급 자격으로 당첨확률이 높아집니다.〈해설 참조〉 대출 없이 월급만 모아서 집을 마련하기는 현실적으로 어렵습니다. 따라서 아파트를 분양받은 후 중도금은 근로자주택구입자금 등 장기 저리 대출을 받아 마련한다면 현재의 재무 상태로 감당이 가능할 것입니다.

〈서울경제신문 2003.9.15일자〉

<<< 해설

## ○○ 청약제도 변경을 읽어야 한다

주택청약제도는 주택 공급에 관한 규칙에 따라 변경을 거듭하였다. 청약제도는 과열되었다 싶으면 대폭 제도를 규제하는 방법으로 진행되고 주택 경기가 침체로 돌아서면 다시 완화 정책을 쓰는 것이다. 일례로 IMF 시절 아파트 미분양 물량이 대거 쏟아질 때 많은 가입자들이 청약통장이 필요 없다고 해약하는 사례가 많았다. 도무지 이해가 가지 않는 부분이다. 다른 예금보다 금리도 높고 덤으로 청약권을 주는 것으로 생각하면 되는데 말이다. 2003년 말 현재 청약 관련 예금 가입자 수는 600만 명에 이르고 있지만 생각보다 많은 것은 아니다. 은행에서 적금 가입한다고 하면 청약권이 있는 청약부금을 권하여 만기시 찾아가는 사례도 있고 가입만 해 놓고 전혀 활용할 생각도 하지 않는 사람들도 있기 때문이다.

필자가 상담하는 고객들 중에는 청약예금을 가입하지 않은 사람이 없을 정도이다. 그런데 가입한 년도를 보면 80년대 후반 또는 90년대 초반에 가입한 사람들이 의외로 많다. 그 분들 하시는 말씀은 언제 분양하는지 어떻게 신청하는지도 모른다고 하거나 몇 번 신청을 해 보았는데 도무지 당첨이 되지 않는다는 것이었다. 그래서 "몇 번이나 신청을 해 보았습니까?"라고 물으면 90년대 초반에 분양에 몇 번 넣었다가 떨어져서 거의 포기하고 있다고 했다. 대신 이자가 높아서 그냥 놔 두고 있다는 것이다.

가만히 놔 둔다고 아파트가 당첨되는 것이 아니다. 서울이나 광역시의 경우 매월 1회씩 동시분양을 하는데 보통 매월 말경에 공고를 하고 대부분 다음 달 첫째 주 월요일부터 가입 은행에서 접수를 한다. 공고를 보기 위해서는 신문을 잘 보아야 하는데 문제는 주요 일간지 모두에서 분양 공고를 게재하지 않는다는 것이다. 신문사의 형평을 고려하여 돌아가면서 공고를 하므로, 가급적 인터넷이나 가입한 은행에 매월 말경에 가서 커다란 공고가 붙어 있는 것을 보고 확인하거나 직원에게 수시로 문의해 보는 것이 좋다.

## ○○ 무주택 우선 공급제도 100배 활용하기

『무주택 우선 공급제도』란 투기과열지구 내에서 분양하는 85㎡(전용면적 25.7평)아파트의 경우 분양물량의 75%를 입주자 모집 공고일 현재 1순위자로서 만 35세 이상이고 5년 이상 무주택 세대주에게 우선 분양을 해주는 제도이다. 무주택 기간은 최근 5년 동안 중도에 주택을 갖았던 기간이 있으면 안 된다. 즉 무주택 기간을 합하는 것이 아니라 5년 동안 연속하여 집이 없어야 하는 것이다.

무주택 우선 공급대상자에 해당하는 사람은 투기과열지구에 해당될 때 당첨이 유리하다.

2004년 4월 현재 전국의 투기과열지구 지정 현황은 다음과 같다.

서울시 전 지역, 부산, 대구, 대전, 울산, 광주광역시 전 지역, 인천시 전 지역(일부 도서제외) , 경기도 전 지역(일부 수도권정비계획법상 자연보전 권역 중 가평군, 양평군, 여주군,연천군 일부 지역, 일부 도서지역 제외), 청주시, 청원군, 천안시, 아산시, 창원시, 양산시 등이다.

### ▶ 활용방법

투기과열지구(주택 가격 상승률이 현저히 높은 지역)는 해당 지방 자치단체장이 건교부와 협의를 통해 주택 분양시장이 침체가 될 우려가 있을 경우 해제를 할 수 있는데, 해제가 되면 무주택 우선 공급 제도는 자동으로 소멸된다. 그러므로 무주택 우선 공급 대상자에 해당되는 경우 많은 사람들이 관심을 갖고 있는 판교 신도시나 향후 경기도 내에 추진되는 인기 있는 신도시에서는 우선적인 자격을 얻을 수 있으므로, 큰 평형을 분양받을 수 있는 금액에 가입되어 있다면, 평형을 변경하여 보다 유리한 300만 원짜리 평형으로 바꾸어 놓는 것도 전략이다.

**첫째, 1순위 자격 제한이다.**

• 5년 이내 본인과 세대원 중 아파트를 분양받은 사실이 있는 경우 2순위에 적용된다.

따라서 미분양이 됐다고 하여 청약통장을 통해 청약하지 않고 3순위(통장과 무관하게 신청하는 것으로 선착순과는 다름)로 신청하는 것은 신중히 해야 한다. 이런 사항에 해당된다면 해결 방법은 당첨 후 5년이 경과하기를 기다리거나, 투기과열지구가 해제되거나 이외 지역에서 청약하는 방법이 있다.

• 입주자 모집 공고일 현재 2주택 이상을 소유하고 있는 경우 2순위 적용을 받는다.

해결 방법은 1가구를 양도하거나, 장성한 자녀가 있다면 증여를 통해 1가구로 줄인다.

• 2002년 9월 5일 이후 가입한 세대주가 아닌 사람은 1순위 기간이 되었어도 2순위로만 청약이 가능하다. 즉 부부가 같이 가입한 경우라면 세대주만 청약할 수 있다. 만일 부부가 아닌 부모나 자녀 명의로 되어 있다면 세대를 분리하여 세대주가 되면 된다.

**둘째, 분양권 전매 금지이다**

계약일로부터 소유권 이전 등기가 완료된 날까지 전매가 금지되었다.

이 제도를 보면 재미있는 현상을 발견할 수 있다. IMF 이후 아

126

파트 분양 시장이 꽁꽁 얼어 붙어 있을 때 정부가 분양권 전매를 전면 허용하면서 분양을 받은 사람들이 얼마든지 횟수에 제한없이 전매가 가능했다. 전매가 금지되었던 시절에도 양도 소득세 등을 매수자가 다 처리하는 조건으로 불법 전매가 성행했었는데, 사실상 양성화시켜 주었던 것이다. 분양권 전매가 자유로운 것의 이점은 금지 때와는 달리 분양 계약자 명의로 등기를 하지 않고 전매를 받은 사람 명의로 등기를 할 수 있어 등기 비용 등이 절감되는 효과와 자유로운 계약으로 주택 경기가 활성화된다는 것인데, 최근 과열 현상으로 인해 전매가 또다시 금지된 것이다. 그러나 단 2003년 6월 7일 이전에 분양받은 사람들은 중도금을 2회 이상 납입하고 계약일로부터 1년이 경과한 경우 1회에 한해 전매가 가능한데 최근 1년이 경과되어 분양권 전매가 가능한 아파트(입주는 2005~2006년 예정)들이 많이 나오고 있다. 이러한 아파트를 전매를 통해 구입한다면 이미 등기되어 있는 상태의 집을 구하는 것보다 적어도 등기 비용만큼의 이득을 볼 수 있다.

**셋째, 무주택자 우선 공급 제도이다.**
2004년 3월 이전에는 우선 공급 비율이 50%였으나, 이후 75%로 강화되었다.

**넷째, 주상복합아파트나 오피스텔의 선착순 분양이 금지된다.**
따라서 공개 모집해야 하며 분양권 전매도 금지된다.

**다섯째, 조합주택도 전매가 금지된다.**

지역, 직장 조합 조합원 지위 양도가 제한되고 재건축 아파트는 공정의 80%가 완료되어야 입주자를 모집할 수 있다.

## ○○ 전매 제한 예외사항 활용하기

분양권 전매가 무조건 금지되는 것은 아니다. 분양권 전매 금지는 투기과열지구에서만 규제되는 내용이다. 따라서 투기과열지구가 해제되거나, 이 지역 이외에서는 전매가 가능하다. 따라서 차익이 예상되는 지역에서 프리미엄이 확보될 수 있다면 과감한 청약도 필요하다.

또한 전매를 다음과 같은 사유에 해당될 때에는 예외로 인정하고 있어 잘만 활용하면 전매 차익도 기대할 수 있다.

- 아파트를 분양받은 이후 국외로 이주하는 경우
- 학업이나 직장 등으로 인해 어쩔 수 없이 타 지역으로 이주를 해야 하는 경우
- 질병 등으로 요양을 하기 위해 어쩔 수 없이 타 지역으로 이주를 해야 하는 경우

## ○○ 면적 계산 방법

일반적인 아파트 분양 공고를 보면 도무지 면적을 알 수 없다.

분양 면적이 우리가 쉽게 알 수 있는 '평형'으로 나오지 않기 때문이다. 항상 전용 면적으로 공고가 되는데 ㎡로 나오니 관심있는 사람 말고는 알 수가 없다. 하지만 아래와 같은 방법으로 쉽게 면적을 계산할 수 있다.

> ▶ m²를 평으로 환산하는 방법 = m² × 0.3025 = 평
>  〈사례 : 85m³ × 0.3025 = 25.7평〉
> ▶ 평(坪)을 m²로 환산하는 방법 = 평 × 3.3058 = m²
>  〈사례 : 25.7평 × 3.3058 = 85m²〉

## ○○ 전용 면적과 분양 면적 이해하기

전용 면적은 아파트 분양 공고를 할 때 및 실제 등기되는 면적이다.

반면, 분양 면적은 소위 몇 평형(타입)으로 전용 면적 + 공용 면적(엘리베이터 및 복도, 계단 면적 등 공동으로 사용하는 면적을 말하며 베란다는 포함되지 않는다)을 말하는데 일반적으로 중형 평형의 경우 전용 면적에 7~8평을 더하면 된다. 또한 평수가 커질수록 공용 면적도 늘어나므로 큰 평수의 경우 전용 면적에 10~12평을 더하면 된다. 그러나 분양하는 회사별로 차이가 많이 나는 경우가 있다. 가령 500세대를 분양하는데 분양 면적을 1평만 늘린다면 평당 800만 원이라고 할 때 500세대 × 8,000,000원=4,000,000,000원의 이득을 볼 수 있기 때문에 분양 회사 입장에서는 가급적 평수를 늘리려 할 것이다. 따라서 분양 면적만 크다고 하여 큰 평수가 아니며, 대개 31평형과 33평형은 같다라고 보면 된다. 그런데 나중에 매매할 때는 차이가 나는 경우가 발생하는데, 단순하게 내부 면적만 따지는 것보다 매매 가격이 어떻게 형성되는가도 고려해 보아야 할 것이다.

　20만 평 이상의 대규모 택지를 개발하는 경우 해당 지역 거주자에게 먼저 30%를 분양하고, 서울을 포함한 수도권 거주자에게 나머지 70%를 분양한다. 따라서 택지개발지구 내에 분양하는 아파트일 경우 70%의 당첨 확률이 있으므로, 청약하는 지역을 본인이 살고 있는 지역으로만 고집하지 말고, 택지 개발 지역도 살펴보는 지혜가 필요하다.

# 03 내집마련하는 또다른 방법들

내집은 심리적 안정감을 갖게 하고 후일 재테크의 튼튼한 버팀목이 된다. 집을 마련하는 방법은 스스로 지을 수도 있고, 돈 주고 사는 방법, 청약을 통해 분양을 받을 수도 있다. 이러한 것을 모르는 사람은 이 세상에 없다. 그러나 중요한 것은 돈이다. 현명하게 집을 마련하는 방법을 찾아보자.

재테크 전문가들이 공통적으로 제시하듯 '종자돈 만들기'는 10억 원 만들기의 첫걸음이다. 천릿길도 한걸음부터 시작해야 하듯이 종자돈이 있어야 투자 기회가 오고, 투자를 통해 큰 돈을 모을 수 있기 때문이다.

### ■ 집 마련, 종자돈부터 출발하자

이미 10억 원을 만든 사람들의 대표적인 투자 수단은 단연 부동산이었다. 집은 심리적 안정감을 주는 든든하고 훌륭한 투자 수단이다. 따라서 집을 마련하는 방법부터 출발하는 것이 10억 원을 향한 첫걸음일 것이다.

그러나 요즘 집을 장만하기가 더욱 어려워졌다. 불과 1년 전에 비해 집값이 너무 올라 서울의 경우 웬만한 32평형 아파트 가격이 3억 원을 훌쩍 넘어서고 있기 때문이다. 그러나 집을 장만할 지역과 자금 계획을 꼼꼼히 잘 따진다면 가능성은 충분하다.〈해설 참조〉

### ■ 절약하고 저축해야 종자돈이 모인다

그러면 종자돈은 얼마나 있어야 하나? 집을 마련하기 위한 최소의 자금은 계약금과 1~2차 중도금이다. 계약금은 분양가의 20% 정도이고 중도금은 1회차당 10~15%이다. 따라서 준비해야 하는 자금은 40%~50% 정도이다. 분양가 3억 원일 경우 약 1억 2,000만원~1억 5천만 원 정도는 준비해야 하는 셈이다. 불과 1년 전만 해도 1차 중도금부터 과감히 대출을 받거나, 프리미엄을 받고 팔 수 있었다.

그러나 이것은 전매가 가능했던 당시의 이야기이다. 2003년 6월 이후 투기과열지구 내에서는 등기 이후에만 매매가 가능하므로 상황이 1년 전과는 다르다는 것을 분명하게 인식하고 있어야 한다.

종자돈을 모으는 방법은 금융 상품을 이용하는 것이 좋다. 이미 어느 정도 돈이 모였고 1년 내에 아파트를 청약할 사람이라면 1년 이내의 주가지수 연계증권(ELS) 펀드, 머니마켓펀드(MMF) 등에 넣어두는 것이 좋다. 중요한 것은 소득 중 얼마를 저축하느냐에 따라 종자돈이 불어나는 속도가 다르다는 것이다. 최대한 절약하고 지출을 통제하는 방법을 통해 저축을 많이 하는 것이 해답이다.

그러나 10억 원을 혼자만 열심히 모으거나 가족에게 강요해서는 안 된다. 가정이 깨지면 10억 원 계획이 무너질 수 있기 때문이다. 10억 원을 만드는 행복한 과정을 가족과 함께 즐긴다는 자세가 무엇보다 중요하다.

### ■ 대출 이후 무조건 대출 원금을 갚자

종자돈이 마련되면 대출을 통해 집을 장만하는 것이 빠른 길이다. 생애 최초 주택자금 대출의 경우 소요 자금의 70%까지 최고 1억 원을 연 6%로 대출받을 수 있다(※ 현재 본 제도는 변경되어 '근로자 서민주택 대출' 제도로 개편되었으며 내용은 동일함). 아울러 내년에 실시 예정인 주택 모기지(Mortgage) 제도는 본인 자금 30%만 있으면 나머지는 장기 분할 대출을 통해 집을 마련할 수 있어 종자돈 모으기에 최선을 다한다면 10억 원 목표는 더 빨리 이뤄질 것이다. 대출 이후에는 무조건 대출 원금을 갚는 데 온힘을 기울여야 한다.

〈한국일보 '도전10억 만들기 2003. 10. 1 게재〉

## ○○ 집없는 서러움

"뭐니뭐니 해도 서러움 중에 집없는 서러움이 최고다"라고 하는 한 고객의 드라마 같은 사연을 들어 보면 참으로 눈물겹다. 당시 그분의 남편은 계급이 비교적 높은 장교였기 때문에 관사(부대에서 제공하는 집)가 제공되었고, 결혼 후 아이들이 중학교 가기 전까지 여러 차례의 발령에도 불구하고 집에 대한 아쉬움을 느끼지 못했다고 한다. 그러나 남편이 전역을 하게 된 이후부터 사정은 달라졌다. 당장 내집이 없다 보니 전세를 구해야만 했는데 다행히 모아 놓은 돈이 있어 비교적 원하는 지역에 아는 사람의 소개를 통해 전세를 얻을 수 있었다. 그런데 뜻하지 않게 그 집이 경매로 넘어가는 바람에 채 1/3도 안 되는 돈만 받고 거리에 나앉게 되었다고 한다. 중학교에 들어간 큰딸과 초등학교에 다니는 아이 두 아들을 포함해 식구는 다섯인데 당장 방 세 개가 딸린 집을 구할 돈이 없어 어쩔 수 없이 사글세를 살게 되었다. 그렇지만 불운은 계속되어 1년이 채 되기도 전에 집주인이 집을 지어야 한다면서 집을 비워달라고 하는가 하면 새로 옮긴 반지하 방에 연탄가스가 들어와 아들 둘을 병원 응급실로 데려간 적도 있었다. 이런 저런 이유로 이집 저집 전전하기를 7번이나 했다고 하면서 그때 절실히 느꼈던 것이 서러움 중에 제일 큰 것이 집없는 서러움이었다고 했다.

물론 현재 그 여사님은 강남에 아파트가 3채나 된다. 본인 명의와 아이들 둘 명의로 사 놓은 집이 지금은 10억 이상이나 가니 집

부자라고 할 수 있다. 그 분이 집을 마련하였던 과정을 여기서 얘기하자면 매우 간단하다. 때가 맞았다고 하면 될 것이다. 당시 이분 사정을 아는 사람이 딱지라는 것을 알려 주었는데 그것이 주효했고, 이후 안양에 작은 집을 하나 사서 다가구 주택을 지어 목돈을 마련해 오늘에 이르렀다고 한다.

그래도 이분이 겪었던 집없는 설움은 비교적 나은 편일 수도 있다. 때가 되면 전세금이나 월세를 올려달라고 하고, 돈이 모자라면 변두리로 계속 옮겨 다녀야 하는 집 없는 서러움과 돈을 모으기는 커녕 월세로 나가는 돈을 마련하느라 저축은 뒷전으로 밀리다 보니 돈이 모이지 않고 이로 인해 풍요로운 노후는 꿈도 못 꾸는 사람들이 허다하다.

따라서 집이 작더라도 또는 변두리에 있든지 내집은 하나 갖고 있어야 생활이 안정되고, 재테크도 시작할 수 있다. 아직 집이 없는 사람이라면 집을 마련하는 것을 최고의 목표로 삼고 이를 악물고 살아야 할 것이다.

## ○○ 부모님 부양하기

사회에 나오면 누구나 독립을 하고 싶어한다. 아는 후배가 회사에 입사를 하자마자 독립을 선언했다. 다니는 회사가 역삼동에 소재하고 있어 역삼역 근처에 있는 작은 오피스텔을 계약했다. 물론 부모님으로부터 받은 돈으로 보증금을 내고 본인이 받는 월급으로 오피스텔의 월세를 냈다. 혼자 벌고 혼자 쓰다 보니 생활하는 데 여유가 있었다. 부모로부터 독립을 한 기분이 얼마나 좋겠는가. 밤

늦게 돌아와도 잔소리 하는 사람도 없고, 식사는 지하식당에서 하거나 친구들을 만나 소주 한 잔을 곁들인 회식을 자주 하곤 했다고 한다.

그러나 그에게는 돈이 모이질 않았다. 매월 내야 하는 월세도 월세이지만 자급자족을 해야 했기 때문에 카드 현금 서비스도 받게 되면서부터 나중에는 생활이 엉망이 되었다.

이런 그에게도 멋진 여자 친구가 생겼고 곧 결혼을 하게 되었다. 그런데 마땅히 모아 놓은 돈이 없어 당장 신혼집을 구하기가 어려웠다. 하지만 지혜로운(?) 부인은 시댁에 들어가 살고 싶다고 했고, 어머니는 흔쾌히 승낙을 해 주셔서 총각시절 자신이 지내던 방에서 신혼살림을 차렸다. 지금은 4살난 아들을 두고 있는데 어머니가 아이도 봐 주신다. 부인과 같이 직장에 나가기 때문인데 두 사람의 통장을 보면 1억 원이 넘는 금액이 들어 있다.

총각시절 홍청망청 쓰던 때가 언제였던가 싶을 정도로 짠돌이 짠순이 부부가 되어 있었다.

얼마 전 아파트를 분양받기 위해 25평형 아파트를 청약 신청하였는데 당첨이 되었다고 했다. 대출 방법을 알려달라고 하여 만난 자리에서 "부모님 부양(?)하는 것이 훌륭한 재테크가 되었다"면서 능청을 떠는 후배를 보고 "빈대 붙어 사는 것이 부양이냐?"라고 웃은 적이 있다. '비빌 언덕이 있는 것이 얼마나 큰 재테크의 버팀목인가'라고 생각했다.

결혼 전 또는 결혼 이후라도 부모집에서 버틸 수 있을 만큼 버티는 것이 돈 되는 재테크임도 알아두자.

## ○○ 전세를 활용한 내집마련

집을 마련할 때 제일 많이 고려하는 것 중에 으뜸은 단연 아파트 청약이다. 그러나 새 아파트는 짓는 것도 한계가 있고, 값도 기존 주택보다 더 비싸게 분양하는 것이 대부분이다. 아파트를 분양받는 이유 중 하나가 3년 정도 걸리는 기간 동안 자금을 나눠서 낼 수 있다는 장점인데 3년 동안 억대의 자금을 마련하기는 여간 어려운 일이 아니다.

그렇다면 기존 아파트에 눈을 돌려 보면 집 마련은 의외로 가까운데 있음을 알 수 있다.

아파트 단지 인근에 있는 부동산 유리창을 보자.

A4용지에 써 놓은 문구를 보면 [ㅅ아파트 24평 매매 2억 원], [ㅅ아파트 전세끼고 8천만 원], [ㅎ아파트 32평 3억 원, 전세 1억 5천만 원]의 식으로 빼곡히 붙어 있다.

전세를 제외하고 8천만 원이면 집을 살 수 있다는 것이다. 물론 다 아는 상식이지만 앞서 말한 부모님 집에서 기거하거나 전세를 줄이고 일부는 대출을 이용하여 내집을 장만한다면 집값이 오르는 것은 충분히 커버를 할 수 있다는 것이다.

2003년 말부터 2004년도 들어서면서 집값이 다소 안정이 되었었다. 그러나 집값은 장기적으로 보면 물가 인상률보다 더 오르는 경향이 있다. 그리고 언제 무작정 올라갈지도 모른다.

따라서 먼저 집을 잡아 놓고 전세금만큼 돈을 모으면 온전히 내집으로 이사를 할 수 있는 것이다.

그러기 위해서는 늘 강조하던 자린고비 생활도 필요하다. 잠시의 체면과 불편함을 참는다면 집 마련은 멀지 않다.

## ○○ 대출도 받고 전세도 놓고

새로 지은 아파트를 분양받은 많은 사람들이 곧바로 입주를 하지 않는다. 왜냐하면 입주할 잔금을 치루기 어렵기 때문이다. 따라서 입주를 하지 않는 것이 아니라 사실상 못한다는 표현이 맞을 것이다. 이 사람들의 대부분은 잔금을 치루기 위해 전세를 놓는데 부동산 중개소에 전세 물건을 내어 놓을 때 꼭 물어보는 것이 있다. 대출 금액이 얼마인지이다.

가령 25평이 2억인데 전세금이 형성된 시세가 1억이고 대출금이 1억 정도 있다고 하면 전세가 나가지 않는다. 왜냐하면 집값은 2억이지만 대출금을 감안하면 전 세입자가 1억을 주고 들어오려 하지 않기 때문이다.

이때 궁여지책으로 전세를 낮게 내놓는 경우가 있는데, 이럴 때는 전세 금액을 낮출 것이 아니라 전세 금액으로 대출을 갚겠다고 하면 된다. 방법은 전세 계약서에 이러한 내용을 기재하고, 돈을 받은 즉시 등기부 등본에 설정되어 있는 근저당권(은행에서 대출해 줄 때 집에 설정하는 등기) 감액 등기 신청을 해 주면 세입자는 안심을 할 것이다.

이것은 만일 이 책을 읽는 독자가 전세로 들어가는데 집주인이 이런 방법을 쓴다고 하면 반드시 등기가 되는 것을 은행에 같이 가서 확인을 한 이후 전세금을 치루는 것이 좋다. 대출 통장에 일부 상환을 했어도 등기가 변경되지 않으면 설정되어 있는 범위까지 집주인이 원한다면 은행에서 또 대출을 해 주기 때문에 등기 신청하는 것을 보아야 한다. 이후 대법원 홈페이지에 가서 등기가 완료되었는지 여부도 꼭 체크해 보아야 한다.

대출금을 전세금으로 갚는 방법은 재테크 측면에서 매우 유리하다. 왜냐하면 나에게 들어오는 돈의 양은 동일하지만 전세금을 받아 대출을 상환하면 이자를 낼 필요가 없기 때문에 내야 할 이자만큼이 나의 소득이 되는 것이다.

그런데 신규로 분양된 대단지 아파트의 경우 이런 조건을 붙여 놓으면 세입자가 다른 집을 선택할 경우가 많다. 이유는 물량이 너무 많기 때문에 대출이 많은 집을 선택하지 않기 때문이다. 이럴 때는 주변의 도움을 얻어 전세가 나갈 때까지만 급전을 융통하는 방법을 쓰는 것이 좋다.

급한 마음에 전세를 3천만 원만 낮게 내어 놓으면 전세 계약 기간이 최소 2년이므로 이 기간 동안 나가는 이자 금액만 해도 5백만 원은 족히 되기 때문에 고스란히 손해를 보는 것이다.

## ●● 재개발 '딱지 딱지'

'딱지'라는 용어가 생소한 사람들도 있다. 부동산에 있어 딱지라는 것이 있는데 소위 입주권이라고 해석하면 된다. 청약통장을 가입한 사람들은 분양하는 아파트에 청약하여 당첨되면 분양권이라는 부동산 권리가 생기듯, 재개발 지역에 거주하는 사람들에게는 헌집을 철거하고 새로 짓는 아파트에 입주할 수 있는 부동산 권리인 입주권을 주는데, 이것을 속칭 '딱지'라고 한다. 이러한 딱지는 현재 사고 파는 전매가 가능하다.

이와는 달리 재건축 아파트(기존의 아파트나 연립주택 등을 헐고 더 높은 아파트를 지어서 일부는 원 소유자들이 입주하고 일부는 일반 분양하는 아파트)도 입주권이 있으나 입주시까지 전매가 되지 않는 점을 유의해야 한다.

집을 마련하려는 실수요자라면 재개발 조합원 지분에 관심을 갖는 것도 한 방법이다. 전매도 제한을 받지 않고 후일 로열층을 배정받을 수 있는 기회가 높은데 특히 청약통장과 무관하여 아직 청약통장에 가입하지 않았거나 1순위에 해당되지 않는 사람이라면 더 관심을 가질 필요가 있다.

서울의 경우 강북 뉴타운 지역(성북구 길음, 미아, 용산구 한남)과 영등포구 노량진 뉴타운 등 15개 뉴타운 건설을 발표한 지역을 관심있게 볼 필요성이 있다. 입주권을 주는 10평대 이상의 땅이 주 대상인데 평당 1,000만 원에서 1,500만 원까지도 거래되고 있어 잘만 고르면 후일 대단위 아파트가 들어선 이후에는 현재 투자한 돈보다 더 가치 있는 내집이 될 수 있다. 그런데 한 가지 주의해야 할 점은 미리 투자를 해 놓았다가 사업 시행이 많이 늦어질 경우 자금이 오랫동안 잠길 수 있으며, 추가로 분담하는 금액이 늘어날 수도 있다는 것이다. 그렇다고 곧 시행되는 재개발 지분을 매입하면 가격이 그만큼 높아져 있어 투자로서의 가치가 감소되는 단점이 있다. 그래도 일반아파트를 사려면 등기 이후에 사야 하므로 부수적으로 나가는 세금이 만만치 않지만, 여전히 매력이 있다고 볼 수 있다.

또한 개발되는 단지가 클수록 환금성이 좋은데 재개발 투자의 성패는 사업 추진 속도가 얼마나 빠른 지에 달려있다. 그렇기 때문에 조합원간 분쟁 발생이 있는지 시공사 등을 통해 알아보고 투자하는 것이 현명한 재테크일 것이다.

## ○○ 경매로 집 장만하기

IMF 이후 경매로 집이 넘어가는 일들이 비일비재해졌다. 이때 싼 가격으로 집을 장만한 사람들의 소문이 돌면서 많은 사람들이 경매에 참여하게 되었다. 그러나 잘 모르고 덤볐다가 오히려 더 비싸게 주고 집을 마련한 사례들이 많았다. 경매를 쉽게 보고 뒤에 숨어 있는 권리 관계를 제대로 파악하지 못한 대가라고 할 수 있다.

따라서 경매에 참여하려면 무엇보다 공부를 해야 한다. 요즘 시중에 나와 있는 경매에 관한 책만도 여러 개이며, 내용도 많아 여기서 다 소개하기에는 부족한 점이 많다. 그래서 간략히 흐름만 짚어 보고 자세한 내용은 경매 관련 사이트나 국민은행 홈페이지(www.kbstar.com)의 부동산 재테크 등 관련 사이트를 통해 지식을 얻기 바란다.

### ▶ 경매 절차의 간단한 소개

먼저 경매란 소유자가 은행 등 채무를 진 상태에서 대출 이자나 원금을 상환 못할 때 은행이 법원에 경매 신청을 하는 것이다. 그러면 집행 법원(부동산 소재지 법원)은 제반 절차를 완료하고 일반인들이 경매에 참여할 수 있도록 경매 1주일 전까지 경매 물건의 명세서와 현황 조사 보고서, 감정 평가서 사본을 일반인이 볼 수 있게끔

게시한다.

경매에 참여하는 일반인들은 이러한 게시물을 보고 경매에 참여하게 되는데 보통은 경매일보라고 하는 신문을 보고 정보를 쉽게 얻을 수 있다.

이러한 정보를 보고 경매에 참여할 물건을 확정한 다음 신분증과 도장, 입찰 보증금(보통의 경우 입찰 금액의 1/10 금액)을 준비하여 법원에 가면 되는데, 이때 반드시 확인해야 하는 것이 있다. 게시판에 게시된 입찰하고자 하는 물건과 사건 번호를 확인해야 하는데 경매 당일 경매가 취소되는 경우도 있기 때문에 취소된 물건에 시간을 빼앗겨 다른 좋은 물건을 놓치는 경우가 있기도 하다.

이후 자기 판단에 의해 금액을 마음속으로 결정하고, 10시가 되면 종소리와 함께 1시간 동안 물건에 대한 현황을 열람해야 한다. 열람을 하는 이유는 현황 조사서에는 없었던 복잡한 임차 관계나 세금 등의 체납 여부를 확인할 수 있기 때문에 경매에 있어 제일 중요한 대목이다.

가령 시가 2억 원인데 이 중 반드시 지급해야 할 임차인의 금액이 2천만 원이고 국세 등 체납액이 1천만 원이라면 시가로 환산해도 1억 7천만 원 이상을 쓰게 되면 손해를 보게 되므로 이 금액을 감안한 응찰 금액을 결정해야 한다. 이후 11시 10분까지 입찰봉투를 투입하게 되는데 여기에 준비해 온 입찰 보증금을 흰색 소봉투에 넣고 입찰표와 같이 큰봉투(황색 대봉투)에 또 넣어 집행관에게 신분증과 함께 제시하면 접수증을 준다.

결과의 확인은 11시 10분 입찰 마감이 된 후 30분 이내에 개찰이 시작되면서 최고 가격으로 입찰한 사람을 호명하는데, 그 사람이 낙찰(당첨)되는 것이다.

이것으로 경매는 사실상 종료되나 이것이 전부가 아니다. 또다른 절차로 낙찰 허가 결정 이후 대금을 1개월 이내 납부를 해야 하며, 소유권 이전 절차가 끝난 이후 그 집에 들어갈 수 있다. 하지만 돈을 못 받은 세입자나 소유자가 나가기를 거부하는 경우가 허다하다. 이때에는 인도 명령과 명도 소송이 있는데 이쯤되면 머리가 아파진다. 원만한 합의가 제일이다. 만일 전세금을 못 받아서 못 나가는 불쌍한 세입자가 있다면 얼마나 가슴 아픈 일인가! 따라서 법 이전에 사람이 하는 일인 만큼 원망을 사지 않는 범위 내에서 합의나 도움을 주면 좋은 집을 싸게 마련할 수 있는 것이다.

〈 경매 흐름도 및 소요 일수 〉

| 경매신청 | 개시결정 | 입찰공고 | 입찰낙찰 | 허가 | 대금납부 | 등기촉탁 |
|---|---|---|---|---|---|---|
| 2일 | 6일 | 14일 | 7일 | 30일 | 30일 | |

| 인도명령 | 입주 | 완전한 내집마련 |
|---|---|---|
| 10일 | 3일 | |

## 04 모기지론(Mortgage Loan)은 무주택 서러움 탈출구

내집을 마련하는 방법에 새로운 전환점이 생겼다. 바로 모기지론 (Mortgage Loan)이다. 집값의 70%를 대출해 준다고 하는데 과연 나의 재무구조에 적합한지를 따져봐야 한다. 잘만 활용하면 내집마 련을 5년은 앞당길 수 있다.

**문** 저는 건설회사에서 근무하는 아내와 두 딸을 둔 32세의 가장입니다. 건설현장을 따라 주거지를 옮기다 보니 이사가 잦은 편입니다. 현재는 목동 현장에 가까운 서울 독산동 주공 아파트 15평(전세 6,000만 원)에 살고 있습니다. 다음 공사 현장은 광명시 하안동으로 이사를 고려하고 있으며 아이들을 위해 33평형대로 집을 늘려가려 합니다. 내집마련은 큰 아이 (4세)가 초등학교에 입학하기 전에 청약통장으로 가능할 것 같습니다. 하지만 모아 둔 돈이 없어 부담스럽습니다. 원하는 지역은 고속전철역 주변이나 판교, 고양시 행신동 주변을 생 각하고 있습니다. 내집마련과 자산 증식을 위한 조언을 부탁 합니다.

참고로 저의 월 소득은 평균 275만 원으로 이 가운데 육아비·용돈 등을 합해 월 지출액이 130만 원 정도 됩니다. 은행부채는 1,100만 원 정도이며, 근로자 우대저축과 장기 주택마련저축에 매월 50만 원씩 적립하고 있습니다.

**답** _ 체면보다는 실리를 택해야 빨리 돈을 모을 수 있습니다. 상담인의 현재 재무 현황은 전세금을 포함해 약 6,000만 원의 순자산을 보유하고 있습니다. 그러나 이사를 원하는 지역의 20평형대 아파트 전세 가격은 대략 7,500~8,000만 원으로 약 2,000만 원이 부족합니다. 따라서 필요한 자금은 대출을 통해 마련해야 하는데 이미 1,100만 원 정도의 대출금이 있고, 앞으로 33평형의 아파트를 장만하기 위해서는 계약금 등 많은 여유 자금을 준비해야 하는 상황입니다. 따라서 조금 불편하더라도 현재의 전세금에 맞는 집에 거주한다면 불필요한 이자 비용을 줄일 수 있을 것입니다.

재테크의 기본은 절약과 저축입니다. 체면이나 약간의 편의를 위해 더 큰집에서 살고자 한다면 내집마련은 그만큼 늦춰질 수밖에 없습니다. 아이들이 아직 어리기 때문에 시기를 잘 활용해야 돈이 모이는 속도가 빨라집니다.

### ■ 내집마련 자금 계획은 필수

1순위가 되었다고 해서 섣불리 주택 청약을 했다가는 낭패를 볼 수 있습니다. 2003년 7월 이전만 해도 분양받은 자금이 부족하거나 프리미엄이 많이 붙으면 중도에 전매를 할 수 있었습니다. 그러나 현재 투기과열지구에서는 전매가 불가능하므로 계약금, 중도금, 잔금 계획을 구체적으로 세워야 하며 원하는 지역의 분양가를 충분히 고려해야 합니다. 평당 900만 원선으로 산정한다면 33평형의 분양가는 약 3억 원이 되며 최소 준비해야 할 금액은 계약금 20%와 1, 2차 중도금 각각 10%로 약 1억 2,000만 원입니다. 따라서 저축액 1,700만 원을 제외하면 추가로 준비해야 할 자금이 약 1억 300만 원이 됩니다.

상담인의 수입을 고려할 경우 4년 동안 1억 원을 모으는 것은 현실적으로 어렵습니다. 또 집값 상승 속도가 가파를 경우 낭패를 볼 수 있으므로 이때에는 본인이 부담할 수 있는 범위 내에서 대출을 적극 이용하는 것도 고려해 볼 필요가 있습니다.

아울러 2005년부터 분양 예정인 판교처럼 상담자가 계획한 시기보다 앞서 분양에 참여해야 할 경우 2004년 3월부터 정부가 도입할 예정인 모기지론(Mortgage Loan: 장기 주택 저당 대출) 제도를 눈여겨 보도록 합니다. 이 제도는 주택 금액의 70%를 장기로 빌려주므로 30%의 자금만 준비하면 되므로 생각보다 더 빨리 집을 장만할 수도 있습니다.〈해설 참조〉
그러나 제도의 성공적인 정착이 이루어져야 가능하므로 도입 여부를 확인하고 계획을 수정하시기 바랍니다.

**■ 대출금은 빨리 갚아야**

상담자의 저축을 보면 비과세 및 소득 공제 상품 등 좋은 상품으로 구성되어 있고 저축률도 높지만 가급적 여유 자금을 대출금 상환에 먼저 배정하시기를 바랍니다. 또한 장기 주택 마련 저축은 만기가 5년 이상 남았으므로 현 상태를 유지하거나 금액을 줄이고 아파트 계약금 납부 시기를 감안해 3~4년 정도 투자할 수 있는 적립식 주식형 펀드 가입을 권합니다. 주가가 연초에 비해 많이 올라 다소 부담스러우나 이 상품은 매월 일정 금액을 적립하면서 매입 가격을 평준화해 위험을 분산하므로 장기 투자에 적합합니다.

〈서울경제신문 '실전 재테크' 2003. 11. 15 게재〉

<<< 해설

## ○○ 상황에 맞는 대출 찾기

대출의 종류는 예금의 종류만큼이나 많다. 개인들이 이용할 수 있는 가계 대출, 기업들이 이용하는 기업 대출, 무역과 관련된 무역 대출 등 다양한 종류의 대출이 있다. 그 중 집 마련을 위한 대출이라고 하면 우선 지어진 집을 구입하는 주택구입 자금대출, 아파트를 분양받아 입주 전에 받는 중도금 대출, 전세를 얻을 때 필요한 전세 자금 대출 등 크게 세 종류로 나눌 수 있다.

　그리고, 꼭 확인해야 할 몇 가지가 내가 필요로 하는 자금의 목적에 맞는 대출을 찾아야 한다. 가령 아파트를 분양받아 중도금이 필요한데, 모기지론만 믿고 있으면 낭패를 보기 쉽다. 왜냐하면 모기지론은 지어진 집을 담보로 대출을 해 주는 것이므로 단순하게 분양 가격의 30%가 준비되었다고 하여 섣불리 분양을 받으면 자금 계획에 큰 차질이 생길 수 있다.

　둘째, 대출 상환 기간을 고려해야 한다. 집을 살 때 단기 대출 이율이 조금 싸다고 하여 단기 대출을 받아서 계속 연장하는 방식을 택할 경우 대출 만기 때 큰 차질을 빚을 수 있다. 왜냐하면 연장이 안 될 수 있기 때문이다. 특히 이러한 현상은 대출이 쉽게 되는 시기에 나타나는데 "뭐 대출은 얼마든지 되는데…"라고 생각할 수 있지만, 만일 금융권의 자금 사정상 대출 연장이 되지 않는다면 만기 때 허둥지둥 돈을 구해야 하므로 당초부터 장기 대출을 받은 것만 못하다. 이는 미래의 금융 상황을 정확히 예측하기 어렵기 때문이다. 뼈아픈 예로 IMF 위기를 겪은 것도 외국 자금이 단기 대출을 연장해 주지 않았기 때문이라는 것을 기억한다면 주택 구입 자금과 같은 장기 자금은 장기로 조달하는 것이 좋다.

　셋째, 안정적으로 금리를 적용하는 금융 기관에서 대출받는 것이 좋다. 대부분 대출을 해 주는 금융 기관들의 금리는 고정 금리가 아니라 변동 금리를 채택하고 있으므로 처음 금리가 나중에도 계속 유지된다는 생각은 금물이다.

　때로는 대출을 유치하기 위하여 처음에는 금리를 낮게 적용하다가 이후 금리를 많이 올리는 얌체 같은 경우가 있기 때문이다. IMF

시절 정부 자금인 국민주택 기금으로 대출받은 사람들의 금리는 얼마 오르지 않았지만, 시중 은행에서 대출을 받은 사람들의 금리는 20% 이상 높게 적용을 받았으며, 더군다나 제2금융권의 경우 금리가 30% 이상으로 이자만 갚는데도 허리가 휘청거릴 정도였다. 따라서 단순하게 처음 받는 금리만 따질 것이 아니라 금리 변동성을 보면서 장기적으로 안정된 금리를 적용하는 금융 기관을 선택하는 것이 현명한 방법이다.

넷째, 대출을 받는 자격 요건 등을 사전에 충분히 알아보고 준비해야 한다. 대출을 받기 위해서는 위에서 언급한 대출을 선택하는 방법은 알고 있지만, 정작 자신이 대출을 받을 수 있는 조건을 갖추고 있는지 정확히 파악하지 못하고 낭패를 보는 경우가 있기 때문이다.

특히 2004년 3월부터 시행한 모기지론(Mortgage loan) 제도에 대해 수요자들의 관심은 높지만 일부 잘못 알고 있는 부분이 있다. 모기지론은 무주택이거나 1주택 이하를 소유한 사람이 집을 살 때 장기로 대출해 주는 제도인데, 단순히 집값의 30%만 있으면 70%는 대출을 통해 내집을 장만할 수 있다고 생각하는 것은 계산 착오다.

왜냐하면 대출을 받는 사람은 70%에 해당하는 원리금을 갚을 수 있는 능력이 확인되어야 대출이 가능하기 때문이며, 소득이 부족하면 대출 금액도 줄어들 수밖에 없다.

이밖에 연령에 따라서도 상환 기간이 틀리므로 상환하는 금액도 차이가 날 수 있으며, 또한 아파트, 연립주택, 다세대주택, 단독주택 등 주택 형태에 따라 대출받을 수 있는 금액이 차이가 난다.

모기지론 제도는 부동산을 담보로 주택저당증권(MBS : Mortgage Backed Securities)을 발행해 장기주택자금을 대출해 주는 제도이다. 따라서 짓고 있는 아파트에 대해 대출해 주는 중도금 대출과는 거리가 있다.

지금까지 새로 분양받은 아파트의 경우 중도금 대출을 받으려면 분양받은 아파트가 등기된 후 설정하기로 하고 우선은 일종의 신용 대출인 주택금융 신용보증서를 이용해 대출을 받을 수 있었다.

그런데 모기지론도 이러한 주택금융 신용보증서 제도를 접목한다면 중도금 대출이 가능할 수 있다.

주택금융 신용보증서 제도란 담보가 없거나 신용이 부족한 부분을 정부출자 보증기관인 대한주택보증에서 보증서를 발급해 주고 은행이 이를 담보로 해서 대출을 해 주는 것이다. 아직 지어지지 않은 아파트나, 끝까지 다 지어질지 모르는 아파트는 은행이 담보로 인정해 주지 않기 때문에 정부출자기관의 공신력을 담보로 하는 것이다.

다행히도 정부에서는 중도금 대출도 주택금융 신용보증서를 적용하여 대출을 추진하고 있어 빠르면 2004년 9월경 도입될 것으로 보인다.

현행 1억 원까지 되어 있는 한도를 모기지론에서 정한 최고 2억 원 한도까지 올리고 담보는 아파트의 준공 이후 설정하는 것을 검토하고 있다고 하므로 추이를 더 지켜보아야 할 것이다.

아무튼 중도금 대출을 받기 위해서는 사전에 금융 기관이나 분양회사에서 알선해 주는 대출을 잘 알아보고 분양을 받아야 한다. 덥석 계약을 하고 자금을 조달하지 못한다면 어렵게 분양받은 집에 입주하는 길은 매우 험난해질 것이다.

## ㅇㅇ 모기지론 Q & A

Q : 신청 자격과 대출 만기는?

A : 만 20세부터 65세의 무주택이거나 1주택 소유자로서 소득이 있어야 한다. 세대주를 원칙으로 하며 부양 가족이 없어도 가능하고 결혼을 하지 않아도 가능하다. 만일 세대주 명의로 집을 샀는데 세대주가 소득을 입증하지 못하나 배우자에게 소득이 있다면 배우자가 연대 보증을 해서 소득으로 인정을 받아 대출을 받을 수 있다.

소득의 종류는 자영업자, 근로 소득자, 국민연금 소득자, 자유업 등 소득을 객관적으로 입증할 수 있으면 된다.

그러나 소득이 있어도 신용불량자와 신용평가기관의 CB등급이 10등급일 경우 신용상의 문제로 대출을 받을 수 없다.

기존 주택이 있는 경우에는 반드시 1년 이내에 처분하는 조건으로 대출을 해 주는데, 만일 기존 주택을 처분치 않으면 어떻게 될까?

이런 경우 주택금융공사는 정부 전산망을 통해 서약 위반자 명단을 해당 금융 기관에 통보하여 이행 요청을 하게 된다. 이때 대출을 받은 사람이 기존 주택을 처분치 않으면 대출 금리 1%를 자동 상향 조정하는 등 필요한 조치를 당하게 되는데,

만일 이러한 조치가 집을 계속 보유하는 것보다 경미하다면 기꺼이 감수하는 방법도 있다.

이와는 달리 모기지론 취급 이후 취득하는 주택에 대해서는 문제를 제기하지 않는다.

대출 만기는 20년으로 정하는데, 대출 만기시 연령이 만 75세 이내가 되도록 만기 조건을 정하므로, 만 61세부터 65세인 경우는 대출 만기가 10년이 되며, 20년제 이상을 받을 수 있는 연령은 만 55세 이하일 경우에만 가능하다.

이밖에 대출 신청인이 희망할 경우 15년 또는 10년 만기도 가능한데 이렇게 기간을 단축시킬 경우 DTI 요건(소득수준 대비 부채상환능력 비율)이 충족되어야 한다.

Q : 대출 대상 주택과 금리는?

A : 대출 대상 주택은 아파트, 연립, 다세대주택, 단독주택이다.

오피스텔, 상가주택, 다가구주택 등은 모기지론을 받을 수 없다. 주택의 규모에는 제한이 없으나, 집값이 6억 원을 초과하는 고가 주택은 대출받을 수 없다.

금리는 현재 연 6.45%로 고정 금리이며 매월 똑같은 원리금을 20년 동안 납부해야 한다.

금리는 대출받는 시점에 결정되어 20년 동안 고정이 되지만, 시행하는 금융 공사에서는 대략 3개월마다 금리를 변경 고시할 수 있다.

즉, 금리가 내려가는 기간에는 현재의 금리보다 더 낮은 금리를 적용받을 수 있지만 금리가 올라가 있는 경우 현재보다 더 높은 금리를 적용받을 수 있으므로 6.45%의 금리로 항상 받을 수 있다고 생각하면 안 된다.

아무튼 본인이 모기지론을 받을 때 결정된 이자율은 물가 인상이나 시중 금리 변동과 관계없이 일정하므로, 처음에는 부담스러울지 몰라도 소득이 매년 상승되는 점을 감안하면 10년 후에 느끼는 금액은 상대적으로 매우 적을 것이다.

금리를 할인해 주기도 하는데, 근저당권 설정 비용(대출 금액의 약 0.5%~1%)을 본인이 부담하는 경우 0.1%의 금리를 할인해 주며, 이자율 할인 옵션을 선택하면 0.1%의 금리를 추가로 할인해 준다. 이자율 할인 옵션이란 대출을 받을 때 동시에 대출 원금의 0.5%를 미리내는 것인데 이렇게 두 가지 옵션을 선택할 경우 6.25%로 금리가 낮아지게 된다.

그런데 단순하게 근저당권 설정비용 0.5%를 내면 대출 금리 0.1%를 할인해 준다고 하니까 단순하게 계산하여 5개월분의 이자 금액이면 240개월을 할인받는다고 생각하면 오산이다.

예를 들어 1억 원을 대출받을 때 설정 비용 0.5%이면 50만 원이 되는데, 매월 내는 대출 이자의 0.1%를 할인해 주는 금액은 매월 5,864원으로 약 85개월분에 해당되기 때문이다.

참고로 1억 원을 20년 동안 매월 6.45%로 납부할 경우 매월 원리금은 742,632원이다.

따라서 2억 원을 받는다면 이 금액의 두 배인 1,485,264원이다. 그러나 본인이 원한다고 모두 대출을 받을 수 있는 것이 아니라 상환능력(DTI)에 따라서 대출을 받을 수 있기 때문에, 가능 금액 산출 방법은 이후 설명하기로 한다.

아울러 5년 이내에 중도상환을 하게 되면 중도상환 수수료를 물어야 하는데, 상환원금 기준으로 1년 이내일 때는 2%, 3년 이내이면 1.5%, 5년 이내는 1%를 내야 한다. 예를 들어 1억 원의 모기지론을 받고 4년째에 가서 여유 자금 5천만 원이 생겨 일부 상환할 경우 5천만 원의 1%인 50만 원을 중도상환 수수료로 내야 한다.


Q : 반드시 주택을 구입할 때만 대출해 주고, 살고 있는 집을 담보로는 안 되나?

A : 할 수 있다. 대출을 받는 자금 용도는 세 가지가 있는데 첫째는 구입 용도로써 소유권 이전 등기일로부터 3개월 이내면 된다. 아울러 기존 대출이 있는 경우 채무를 인수받을 수 있으며 추가로도 가능하다.

둘째, 보전 용도로써 소유권 이전 등기일로부터 3년 이내에 신청이 가능하며, 특히 기존에 전세를 주었던 주택에 신청인이 전세금을 돌려주고 입주를 하는 경우에 대출이 가능하다.

이때 대출금은 세입자에게 직접 입금해 주게 된다.

셋째, 기존 담보 대출 상환을 위한 자금으로도 대출이 가능하다. 2004년 2월 29일 이전에 받은 기존 대출을 상환하는 경우 어떠한 용도로 대출을 받았는지 확인 없이는 대출을 받을 수 있다.

따라서 주택을 구입하는 용도나 세입자를 내보내고 자신이 입주를 하기 위한 용도, 기존의 금융권 대출을 상환하기 위한 용도 등 대출을 받을 수 있는 용도가 매우 넓어져 자금이 필요한 실수요자라면 한번쯤 장기 대출로의 전환을 고려해 보는 것도 괜찮을 듯싶다.


**Q :** 집값의 70%를 진짜 대출해 주는가?

**A :** 무조건 70%를 대출해 주지는 않는다. 소위 LTV 비율이라는 것이 있는데 이 비율에 의해 최고 대출 가능 범위가 결정된다. LTV는 주택 가격대비 담보 비율로 해석하면 되는데 주택의 종류와 기존 대출이 있는지의 여부, 전세를 주었는지의 여부에 따라서 대출을 받을 수 있는 비율이 각기 다르다.

임대차가 없을 경우 아파트는 집값의 70%, 연립·다세대주택은 65%, 단독주택은 60%를 대출해 준다. 만일 임대차가 있을 경우 아파트, 연립, 다세대주택은 60%를 적용하여 대출 최고액을 산정한다.

이렇게만 계산하면 다 되는 것이 아니다. 이 금액에서 소액 임차 보증금을 공제하는데 아파트의 경우 공제를 하지 않지만, 연립·다세대주택은 지역별 소액 임차 보증금(표 참조)에 해당하는 금액만큼을 방 개수와 곱한 다음, 50%에 해당하는 금액을 대출 가능 금액에서 차감하게 된다.

**〈지역별 소액 임차 보증금〉**

▶ 서울 수도권 : 임대차 금액이 4,000만 원 이하 – 1,600만 원
▶ 광　역　시 : 임대차 금액이 3,500만 원 이하 – 1,400만 원
▶ 기 타 지 역 : 임대차 금액이 3,000만 원 이하 – 1,200만 원

단, 2억 원 이하일 경우 방 개수가 3개 이하이면 1개만 공제하고, 4개 이하이면 2개를 공제한다.

예를 들어 대구광역시에 있는 방 3개짜리 연립주택을 1억 5천만 원을 구입한다고 할 경우 다음과 같은 방식으로 대출 금액을 산정한다.

[ 산출 방식 : (1억 5천만 원 × 65% ) – (방 1개 × 1,400만 원) = 83,500,000원 ]

따라서 단순하게 65%로 계산한 금액인 97,500,000원보다 방 1개의 금액만큼 줄어든 8천3백5십만 원만 대출이 된다.

반면 똑같은 방식으로 서울의 25평형 방 3개짜리 아파트를 2억 5천만 원에 구입하고 대출을 받을 경우 임대차가 없다면 단순하게 70%인 1억 7천5백만 원을 받을 수 있다고 보면 된다.

Q : 집값은 어떻게 인정하는가? 내가 산 가격이 집값인가?

A : 아니다. 내가 사는 가격을 그대로 인정하지 않고 한국감정원(부동산테크) 또는 국민은행(www.kbstar.com)의 아파트 시세 정보를 적용하여 평가한다. 아파트의 경우 최저층과 최고층은 하한가를 적용하고, 기타 층은 최저가와 최고가의 중간값을 적용하므로 아무래도 본인이 산 가격보다는 조금 낮게

책정된다고 볼 수 있다. 따라서 아파트를 2억 원에 샀으니 70%인 1억 4천만 원이 된다는 짐작만 하지 말고 이들 기관의 인터넷 홈페이지에서 가격을 확인한다면 사전에 모기지론을 받을 수 있는 최고액을 파악할 수 있을 것이다.

아울러 연립주택·다세대주택의 경우에는 외부 감정 평가를 원칙으로 하며, 한국감정원(부동산테크) 또는 국민은행의 시세 정보가 있는 경우에는 하한가를 적용할 수 있다.

이와는 달리 단독주택은 금융 기관 자체적으로 평가를 한다. 소위 복성식 평가를 하므로 금액이 매우 낮게 나오는데 이러한 현상은 땅에 대해서는 공시지가를 적용하고, 건물은 오늘 현재 이 집을 새로 짓는다면 신축 금액이 얼마이며, 이 금액에서 신축 후 경과 년수를 따져 감가상각을 하기 때문에 집값이 적게 평가될 수밖에 없다.

Q : 소득이 있으면 LTV 금액 그대로 대출해 주나?

A : 아니다. 소위 DTI 비율이라는 것이 있는데 이것은 대출 신청인의 월 소득대비 부채 상환액 비율이라고 하여 실제적으로 대출 가능 금액을 판단하는 기준이 된다. 즉 LTV가 주택 가격 대비 대출받을 수 있는 범위라고 한다면 DTI는 2차적으로 소득을 기준으로 하여 과연 이 대출을 갚을 수 있는 능력이 있는지를 평가하는 최종 단계라고 보면 된다.

DTI 요건 충족을 위한 기준 비율은 다음의 표와 같다.

| 소득 공제 요건 | DTI 1 비율 | DTI 2 비율 |
|---|---|---|
| 소득 공제 요건 불충족시 | 33% 이내 ——— ⓐ | 40% 이내 ——— ⓒ |
| 소득 공제 요건 충족시 | 37% 이내 ——— ⓑ | 44% 이내 ——— ⓓ |

　표를 보는 방법 중 「소득 공제 요건」이라 함은 세대주(채무자＝근로자＝소유자)가 받아야 하며, 대출을 받고자 하는 주택의 규모가 국민주택 규모인 85㎡이하여야 하며, 소유권 이전 등기일로부터 3개월 이내에 신청을 해야 하고, 대출 기간이 15년 이상이면 된다.

　이렇게 소득공제 요건이 되는 집을 모기지론으로 빌릴 경우 연말 정산시 최대 1,000만 원까지 소득 공제를 받을 수 있다.

　쉽게 설명하자면 적은 평수의 집을 새로 구입하는 경우 더 많은 금액을 대출받을 수 있는 것으로 이해하면 될 것이다.

　아울러 소득대비 부채 상환액 비율인 DTI는 'DTI 1'과 'DTI 2'로 구분이 되어 있는데, DTI 1은 다른 부채가 없는 경우 대출해 주는 비율이고, DTI 2의 경우는 기타 부채가 있는 경우 이자 상환액을 추정하여 계산하는 방법으로, 비율이 높을수록 대출을 더 많이 받을 수 있다고 보면 된다.

　구체적으로 설명하면 다음과 같다.

　먼저 ⓐ의 경우 (모기지론의 매월 원리금 상환액)/월소득이 33% 이내이면 대출이 된다.

　예를 들어 월소득 300만 원이라면 1/3인 100만 원 정도의 원리금 부담이 가능하므로 조견표에서 금액을 확인하면 약 1억 3천만 원의 모기지론을 받을 수 있다.

반면, ⓑ의 경우에는 소득 공제 요건이 충족되었기 때문에 조금 더 많은 금액을 받을 수 있다.

표를 확인하면 1억 4천만 원을 받을 수 있어 같은 연봉에도 불구하고 약 1천만 원의 대출을 더 받을 수 있다.

〈 소득액 대비 모기지론 금액 〉

| 모기지론 금액 | 월상환 원리금 (6.45%) | DTI 1 적용(33%) 소득 공제 요건 불충족 대출 가능 월소득 (연소득) | DTI 1 적용(37%) 소득 공제 요건 충족 대출 가능 월소득 (연소득) |
|---|---|---|---|
| 50,000,000 | 371,316 | 1,125,200 (약 1,350만 원) | 1,003,557 (약 1,200만 원) |
| 60,000,000 | 445,579 | 1,350,239 (약 1,620만 원) | 1,204,268 (약 1,440만 원) |
| 70,000,000 | 519,842 | 1,575,279 (약 1,890만 원) | 1,404,978 (약 1,680만 원) |
| 80,000,000 | 594,105 | 1,800,318 (약 2,160만 원) | 1,605,689 (약 1,920만 원) |
| 90,000,000 | 668,369 | 2,025,361(약 2,430만 원) | 1,806,403 (약 2,160만 원) |
| 100,000,000 | 742,632 | 2,250,400(약 2,700만 원) | 2,007,114(약 2,400만 원) |
| 110,000,000 | 816,895 | 2,475,439(약 2,970만 원) | 2,207,824(약 2,640만 원) |
| 120,000,000 | 891,158 | 2,700,479(약 3,240만 원) | 2,408,535(약 2,890만 원) |
| 130,000,000 | 965,422 | 2,925,521 (약 3,510만 원) | 2,609,249(약 3,130만 원) |
| 140,000,000 | 1,039,685 | 3,150,561(약 3,780만 원) | 2,809,959(약 3,370만 원) |
| 150,000,000 | 1,113,948 | 3,375,600(약 4,050만 원) | 3,010,670 (약 3,610만 원) |
| 160,000,000 | 1,188,211 | 3,600,639(약 4,320만 원) | 3,211,381(약 3,850만 원) |
| 170,000,000 | 1,262,475 | 3,825,682(약 4,590만 원) | 3,412,095(약 4,090만 원) |
| 180,000,000 | 1,336,735 | 4,050,712(약 4,860만 원) | 3,612,797(약 4,330만 원) |
| 190,000,000 | 1,411,001 | 4,275,761 (약 5,130만 원) | 3,813,516(약 4,570만 원) |
| 200,000,000 | 1,485,264 | 4,500,800(약 5,400만 원) | 4,014,227 (약 4,810만 원) |

그런데 일반적으로 대출이 조금씩은 있기 마련이므로 만일 마이너스 통장 등 다른 기타 부채가 있는 사람은 DTI 2를 적

용해야 한다. 산출 방식은 다음과 같다.

$$\text{DTI } 2 = \frac{(\text{당해 모기지론의 매월 원리금 상환액} + \text{기타 부채 이자 상환 추정액})}{\text{월소득}} \times 100$$

예를 들어 연봉 3,000만 원인 사람이 마이너스 통장 2천만 원을 연리 10%로 사용하고 있고 모기지론을 1억 원 대출받고자 할 경우 다음과 같은 결과를 얻을 수 있다.

$$\frac{(\text{1억 원의 매월 원리금} + \text{2천만 원 매월 10\%})}{\text{월소득}} = \frac{(742,632 + 166,667)}{2,500,000} \langle 37\% \text{이므로}$$

DTI 2에서 적용하는 40% 이하 요건을 충족시키므로 대출이 가능하다.

Q : 맞벌이는 소득을 다 인정해 주나?

A : 그렇다. 맞벌이일 경우 앞서 계산한 방식대로 배우자의 소득도 합산하는데, 이때 월소득뿐만 아니라 배우자의 부채 금액도 포함하여 산출하게 된다.

　이럴 경우 배우자는 반드시 연대 보증인으로 등록하여야 한다.

Q : 제3자와 공동 명의일 경우도 대출이 가능한가?

A : 아니다. 배우자 이외에 제3자 명의가 포함되어 있을 경우 모기지론을 받을 수 없다.

Q : 소득을 인정하는 방법은?

A : 근로 소득자의 경우 공공성이 강한 기관에서 발급된 근로소득 원천징수 영수증(전년도)을 제출하면 총소득을 1/12을 하여

월소득으로 인정하고, 기타 기관에서 발급한 근로소득 원천징수 영수증은 최근 3개월의 월급여 입금 통장을 확인하여 인정을 받는다. 아울러 세무서에서 발행한 소득금액 증명원(최근 1개월)을 통해서도 가능하다.

사업 소득의 경우도 사업소득 원천징수 영수증 등을 통하여 확인할 수 있으며, 연금 수령자의 경우는 연금 통장이 확인되면 된다.

최근 입사를 하여 1년분의 소득 자료가 없을 경우에는 최근 3개월 월급여 통장을 확인 후 3개월 평균 입금액의 150%를 한도로 월소득으로 인정받을 수 있다.


Q : 다른 주의해야 할 점은?

A : 집을 무조건 계약하지 말고, 사고자 하는 집의 등기부 등본을 발급받아 미리 은행을 방문하여 "이 집을 담보로 대출받으려고 하는데 얼마까지 모기지론을 통해 받을 수 있나요?"라고 물어 봐야 한다.

기본적인 것은 본인이 어느 정도 파악하였겠지만 금융 기관에서 실제 대출해 주는 금액을 확인하고, 서류에 있어서도 대략 이 정도라고만 하지 말고 정확한 계산을 위해 미리 준비하여 제시해 주어 금액에 착오가 없도록 하는 것이 좋다.

참고로 등기부 등본을 발급받으려고 등기소까지 가지 않아도 된다.

인터넷에서도 발급받을 수 있는데 검색어 '대법원'을 쳐서

'등기인터넷서비스'를 해도 되고, 직접 www.scourt.go.kr 으로 가서 발급받으면 700원으로 4통까지 발급받을 수 있어 시간과 비용도 절약할 수 있다.

## ●● 금액이 적다면 은행 대출

현재 은행들이 취급하는 부동산 담보 대출 한도는 정부의 부동산 안정 대책으로 매우 적다. 투기과열지구의 경우 대출 담보 비율이 40%로 낮아졌고 그 외의 지역들도 60% 이내로 낮아졌다. 따라서 많은 금액의 대출금을 받을 수가 없어졌다. 그러나 금액이 적지만 대출 이율은 대부분 모기지론보다 낮고 기간도 모기지론보다 10년 이상 더 긴 30년제 대출도 있어 그만큼 매월 부담하는 금액도 적어질 수 있다. 또한 연말 정산도 동일하게 매년 납입하는 이자액 전액에서 1,000만 원 한도로 소득 공제를 해 주고 있으므로 적은 금액의 대출이라면 기존의 은행 대출을 이용하는 것도 고려해 보아야 한다.

| 은행 주택 자금 대출 | 비　교 | 모기지론 |
|---|---|---|
| 주택 취득자, 제한없음 | 대출 대상자 | 무주택, 1가구 1주택 이하 이자 부담 능력 있는 소득자 |
| 50%(투기과열지구 40%) | 담보 비율 | 70% |
| 제한 없음 | 대출 금액 | 최고 2억 원 |
| 변동 금리 (5%후반~6%대) 금리가 상대적으로 낮음 | 이자율 | 6.45% (설정 비용 본인 부담, 이자율 할인 옵션 선택시 6.25%적용 가능) |
| 원리금 균등, 이자만 내다 원금 상환 등 선택폭 넓음 | 상환 방식 | 원금과 이자를 균등하게 매월 상환 |
| 다양(1년~35년) | 대출 기간 | 10~ 20년 이내 |

| 은행 주택 자금 대출 | 비　교 | 모기지론 |
| --- | --- | --- |
| 15년 이상일 경우<br>이자 상환액 → 연 1,000만 원<br>1% 이상 대출 금리 인하 효과 | 소득공제 | 15년제 이상일 경우<br>이자 상환액 → 연 1,000만 원<br>1%이상 대출 금리 인하 효과 |

## ○○ 금융환경 변화에 대비하라

현재의 대출 제도는 IMF 시절 이후인 1998년도 이후에 정착된 제도들이다. 이전까지만 해도 주택에 대한 장기 대출을 받기 위해서는 주택은행이나 국민은행의 주택부금에 가입해서 1년 납입하면 3년 상환, 2년 납입하면 10년 상환, 3년을 납입해야만 20년 상환 장기 대출이 가능했고, 대출액 또한 납입한 금액에 비례하여 20배 이내로 대출이 되었다. 한마디로 준비 없이는 대출을 받을 수 없는 상황이었다.

그러나 지금은 금융 환경이 많이 변하였다. 부동산만 있으면 언제든지 대출을 받을 수 있고, 중도금 또한 분양 업체에서 알선을 해 주고 더 나아가서 무이자로 해 주는 경우도 있다. 그러나 금융 환경은 또다시 변할 수도 있다. 금융 기관이 대출을 해 주겠다고 약속하고 대출을 해 주는 것이 아니기 때문이다. 언제 현재의 제도를 중단할지는 아무도 모른다.

따라서 이 예금을 가입하면 대출을 해 주겠다고 하는 상품이 있다면 한번쯤 관심을 가져보는 것도 현명한 판단일 것이다. 주택 자금 대출뿐만 아니라 일반 대출도 해당되는데 현재 이러한 상품으로는 장기주택마련저축과 상호부금 등이 있다.

## ●● 금리 예측은 주가 예측만큼 어려워

금리가 어떻게 변할 것인가도 예측해 보아야 한다. 당초 6.7%로 시작한 모기지 금리가 불과 5개월 반만에 0.25% 인하되었다.

모기지론은 20년 고정 금리 대출로써 현재 6.45%인 이자율은 주택금융공사가 자금을 조달하는 비용 등을 감안하여 책정한 것으로 향후 금리가 올라간다면 모기지론을 받은 사람은 유리하겠지만, 저 금리가 상당 기간 유지될 경우에는 기간이 비슷하다면 1% 이상 싼 은행 대출이 더 유리하다.

2억 원의 1%이면 연간 2백만 원이다. 2백만 원이면 원금을 상환할 경우 그만큼 이자로 지불되는 금액도 많이 줄어든다.

예를 들어 2백만 원을 갚으면 1억 9천8백만 원에 대한 이자만 내면 되기 때문이다. 빚은 빨리 갚을수록 유리하다. 대출을 받은 이후에는 무엇보다도 먼저 원금을 갚는 데 온힘을 기울여야 할 것이다.


## ●● 모기지론 통계

모기지론 시행 한달 후 주택금융공사에서 다음과 같은 흥미 있는 통계를 내놓았다.

- 연령대별 모기지론을 받는 비율
  - 31세 ~ 40세 : 56%
  - 41세 ~ 50세 : 27.2%
- 지역별 모기지론을 받는 비율

164

- 서울 · 경기지역 : 63%

• 주택 유형

  - 아파트 : 97%

• 주택 가격대별 모기지론 취급 비율

  - 1억 원 ~ 2억 원 미만 아파트 : 44%

  - 1억 원 이하 아파트 : 36%

• 대출 신청 금액

  - 5,000만 원 ~ 1억 원 : 43%

  - 1억 원 ~ 1억 5천만 원 : 23%

• 대출 사유

  - 주택 신규 취득 : 68%

• 주택 가격대비 담보 인정 비율(LTV)

  - LTV 61% ~ 70% : 45.4%

  - LTV 51% ~ 60% : 39.1%

# 05 세금을 알아야
## 부동산을 애기할 수 있다

부동산에 대한 세금을 모르고 묻지마 투자를 하였다가는 큰 낭패를 볼 수 있다. 부자들은 세금에 있어서도 박사급이다. 양도 소득세부터 취득세, 등록세 심지어는 부동산을 증여할 때와 상속할 때의 세금에 대해서는 기본이다. 세금을 가장 무서워하는 사람들은 부자들이며 아울러 제일 잘 이용하는 사람들 또한 부자들이다.
이 장에서는 세금에 대해 제대로 알고 부동산에 투자하는 방법을 연구해 보자.

최근 분양한 주상복합아파트인 「시티파크」와 「위브 더 스테이트」에 수조 원의 청약 자금이 접수되었다고 한다. 수백 대 일의 경쟁률을 보인 이유는 전매를 통해 많게는 수억 원의 프리미엄을 받을 수 있기 때문이며, 더군다나 계약을 하지 않아도 손해를 보지 않는 소위 '밑져야 본전' 식의 청약 제도가 허용된 까닭일 것이다. 종자돈을 모으면 투자의 길로 들어설 수 있고, 투자의 성공은 부자가 될 수 있는 기반을 마련해 준다.

바로 이러한 부동산에 청약하는 것도 투자라고 할 수 있으며, 2~3천만 원의 청약금은 종자돈이 될 수 있다.

준비된 사람에게 기회가 오듯 이러한 청약 제도와 최근의 규제 제도 그리고 세법을 조화있게 잘 이해한다면 부동산을 보는 안목이 넓어지고, 돈을 벌 수 있는 기회가 더 많아질 것이다. 아울러 정책 및 제도가 어느 때보다 빠르게 변화하고 있어 정보 습득에 게으르지 않아야 10억 원의 목표는 더 빨리 이루어질 것이다.

### ■ 제도 변화에 민감해져야 한다

청약 제도는 흐름을 이해하는 것이 중요하다. 과열이 되면 규제를 하고, 반대로 침체가 되면 부양책을 쓰는데 현재는 2003년 10월 29일 부동산 종합대책의 일환으로 규제의 시기에 속하며, 특히 투기과열지구라는 제도를 두어 아파트 및 주상복합아파트의 전매 제한 등 강도 높은 규제를 하고 있다.

반면 이러한 규제를 피해 새로운 형태의 부동산이 나오고 있는데, 그 대표적인 것으로 전매가 자유로운 주거형 오피스텔인 아파텔을 들 수 있다. 하지만 이러한 아파텔도 최근 청약 현장에서 과열 현상이 빚어졌고, 이에 따라 정부에서는 오피스텔을 주거용으로 짓지 못하도록 하는 규제를 할 예정에 있어 아파텔에 투자하여 수익을 올릴 수 있는 기간은 상대적으로 줄어들 전망이다.

아울러 최근의 부동산 규제 정책으로는 「주택거래 신고제」가 3월부터 실시되었는데 해당 지역으로 지정되면 주택을 거래할 때 15일 이내에 거래 사실을 관할 구청에 신고해야 하며 취득, 등록세를 실거래가 기준으로 내야 하기 때문에 세금 부담이 3~5배 정도 높아진다. 현재 실시된 지역은 강남, 강동,

송파구와 성남 분당구가 해당된다. 또한 재건축 아파트에 대해 정부는 「재건축 개발이익 환수제」라는 고강도의 규제 정책을 하반기 중 실시할 예정에 있다고 한다.

이렇게 될 경우 재건축 아파트 가격이 하락하는 요인이 될 수도 있어 이러한 아파트를 사려고 계획했던 사람은 신중하게 거래해야 할 것이다.

변화의 시대에는 남들보다 제도 변화에 민감해야 한다. 빠르게 움직여야 돈을 벌 수 있고, 신중하게 결정해야 손해를 보지 않기 때문이다.


### ■ 기초적인 세무 지식이 있어야 한다

대부분의 부동산 규제 정책을 보면 세금과 밀접하게 연관되어 있어 세금에 대한 지식 없이 투자하다가는 낭패를 보기 쉽다.

이 중 특히 양도 소득세는 반드시 알아두어야 할 기초 지식에 속한다. 양도 소득세는 부동산을 팔 때 가격이 살 때보다 높으면 양도 차익이 발생하는데, 여기에 일정한 세율을 곱해 납부하는 세금이다. 이때 양도 차익이 없거나 적다면 크게 걱정하지 않아도 되며, 1주택일 경우 3년 이상 보유(서울, 과천, 분당, 산본, 일산, 중동, 평촌 지역은 3년 보유 및 2년 이상의 거주)하면 양도 소득세는 없다.

특히 특정 기간 중에 분양받은 경우 다른 주택이 있어도 5년간 양도 소득세를 전액 감면해 주고 있어, 본인이 분양받은 아파트가 이러한 조건에 해당된다면 이를 잘 활용하여 부동산 투자에서 세금을 절세할 수 있다.

가령 감면 주택이 있는 상태에서 추가로 주택을 구입하여도 1가구 2주택에 해당되지 않아 나중에 산 주택을 3년 보유한 후 판다면 세금을 내지 않아도 된다.

그 밖에 취득시 납부하는 취득, 등록세와 보유세인 재산세에 대한 이해도 필요하다.

왜냐하면 최근에는 세금 등 비용을 감안하지 않고 섣불리 투자를 하였다가 오히려 손해를 보는 경우가 있어 세금에 대한 이해가 무엇보다 필요한 시기인 듯하다.

참고로 국세청 홈페이지(www.nts.co.kr)를 이용하면 세금에 대해 정확하고 폭넓게 내용을 확인할 수 있으며 아울러 세액 계산도 가능하다.

〈한국일보 '도전 10억 만들기' 시리즈  2004. 4 게재〉

<<< 해설

## ○○ 세금에 대해 제대로 알기 위해서는 공부를 해야

부동산을 제대로 알려면 세법에 대한 지식이 어느 정도 있어야 한다.

그런데 세법을 처음부터 공부한다는 것은 만만치가 않은 일이

다. 매일 세법만 공부하는 사람도 막상 응용을 하려면 책을 찾아보
거나 인터넷을 검색해 보아야 할 정도로 복잡하다.

세금의 종류는 국세와 지방세가 약 30여 종이 있는데 이 많은
세금을 다 공부한다는 것은 여간 어려운 일이 아니다.

따라서 부동산과 관련된 세금만 따로 뽑아 이곳에서 소개하기로
하며, 평면적으로 다루는 것보다는 절세를 할 수 있는 방법으로 접
근해 보도록 하자.

우선 부동산과 관련된 세금을 정리하면 다음과 같다.

부동산을 취득할 때 내는 세금으로는 취득세와 등록세가 있고,
보유할 때 내는 재산세, 종합토지세가 있으며, 부동산을 팔 때 내는
양도 소득세가 있다.

이 중에서 절세에 있어 가장 관심 있는 세금이 양도 소득세이며,
최근에는 주택거래 신고제가 도입됨에 따라 취득·등록세가 중과
세 되는 지역도 있어 취득 비용에 대한 관심이 높다.

그리고 각종 규제 제도를 이해하면 부동산 재테크와 쉽게 연관
지어 볼 수 있다. 현재까지 가장 약발(?)이 잘 듣는 제도 개편은
2003년 10월 29일에 발표한 '10·29 부동산 종합대책' 이다. 이러
한 기본적인 것을 바탕으로 부동산에 대한 눈을 떠 보도록 하자.

그전에 꼭 기억해야 할 것은 세법은 적어도 1년에 한 번씩 바뀌므
로 어쩌면 이 책을 다 읽고 난 후에도 일부 내용이 바뀌어 있을지도
모른다. '무식하면 용감하다' 고 바뀐 것도 모르고 예전에 알고 있던
내용만을 바탕으로 재테크를 한다고 하면 큰 실수를 범할 수 있다.

따라서 세무에 관해서는 몇 번이고 확인하고 임해야 하는데, 국

세청(www.nts.go.kr) 사이트에 들어가 보면 최근 개정된 내용까지 알기 쉽게 정리를 해 두었다. 시중의 웬만한 세금책보다 잘 정리되어 있고 무료로 이용할 수 있으니 이것도 어찌 보면 생활 재테크인 셈이다.

그리고 1588-0060으로 전화를 하여도 친절하게 알려준다. 주민등록번호를 입력해야 하는데 괜히 걱정되어서 망설일 필요는 없다.

세법은 경제 생활을 하는 데 있어 가장 밀접한 법률이다. 잘 모르면 독이 될 수 있으나, 잘 알고 활용하면 보약이 된다는 점을 명심하자. 특히 돈이 된다는 사실을 잊지 말자.

## ○○ 부동산 취득할 때 내는 세금

〈 매매할 때 〉

| 등록세 | 취득가액의 3% | 교육세 | 등록세액의 20% → (0.6%) | 3.6% |
|---|---|---|---|---|
| 취득세 | 취득가액의 2% | 농특세 | 취득세액의 10% → (0.2%) | 2.2% |
| 합계 | | | | 5.8% |

〈 신축, 상속할 때 〉

| 등록세 | 취득가액의 0.8% | 교육세 | 등록세액의 20% → (0.16%) | 0.96% |
|---|---|---|---|---|
| 취득세 | 취득가액의 2% | 농특세 | 취득세액의 10% → (0.2%) | 2.2% |
| 합계 | | | | 3.16% |

〈 증여할 때 〉

| 등록세 | 취득가액의 1.5% | 교육세 | 등록세액의 20% → (0.3%) | 1.8% |
|---|---|---|---|---|
| 취득세 | 취득가액의 2% | 농특세 | 취득세액의 10% → (0.2%) | 2.2% |
| 합계 | | | | 4.0% |

만일 새 아파트를 2억 원에 분양을 받으면 등기할 때 5.8%인 1,160만 원을 세금으로 납부해야 한다. 이와는 별도로 국민주택채권을 구입하게 되는데 국민주택 규모(85㎥) 이하일 경우에는 해당이 되지 않으며, 취득세의 납부 기한은 취득한 날로부터 30일 이내에 납부해야 한다. 만일 이 기간을 경과하게 되면 낼 세금의 20%를 신고불성실 가산세로 납부하여야 하며, 납부불성실 가산세는 하루당 3만분의 1을 추가로 납부해야 한다.

여기서 중요한 것은 과세표준인데 부동산을 1억 원에 취득을 하면 580만 원을 세금으로 내지만, 만일 같은 부동산을 7천만 원으로 신고한다면 세금은 406만 원으로 174만 원을 절세할 수 있다.

취득세와 등록세는 검인 계약서에 기록되어 있는 매매 금액을 기준으로 세금을 계산한다. 그러나 신고한 금액이 시가 표준액에 미달하는 경우 시가 표준액에 의해 계산을 하게 되는데, 아파트의 경우 시가 표준액은 기준시가로 보면 된다. 따라서 실제 매매 금액이 아닌 기준시가 금액까지 신고 납부하게 되면 30~40%까지도 절약할 수 있다.

그러나 새 아파트의 경우는 분양 가격이 과세 표준이므로 절약할 수 있는 방법은 없다.

참고로 아파트의 기준시가는 국세청 홈페이지에서 쉽게 확인할 수 있으므로 사기 전 세금을 고려해 보아야 한다. 아울러 2004년 3월 30일부터 실시된 「주택거래 신고제」에 해당되는 지역인 경우 매매 가격인 실거래 가격이 과세표준이 된다. 만일 허위로 신고하게 되면 많은 불이익이 있다.

2004년 3월 말부터 시행한 주택거래 신고제도는 주택가격 상승률이 월간 1.5% 이상 급등하거나, 3개월간 3% 이상 지속적으로 상승할 경우 주택거래 신고지역으로 지정할 수 있는데, 신고대상 주택은 전용 면적 60㎡(18평 → 분양 면적으로 약 25평형) 이상의 아파트가 대상이 된다.

2004년 5월, 현재 서울시 강남구, 강동구, 송파구, 용산구, 성남 분당구, 과천시 이상 6곳이 지정되어 있다.

신고 내용은 거래 당사자의 인적 사항과 거래 일자, 실거래가액, 소유권 이전 예정일, 주택구입자금 조달계획 등으로 이들 주택을 거래할 경우 15일 이내에 관할 시청, 군청, 구청에 신고해야 한다.

지역으로 지정되면 지정되기 전보다 취득세와 등록세가 3~5배 정도 더 늘어나는데 왜냐하면 실거래 가격이 당초 지방세 과세표준액(세금을 낼 때 기준이 되는 금액)보다 훨씬 높기 때문이다.

주의해야 할 점은 15일 이상 경과하여 늦게 신고하면 기간별로 취득세의 최고 5배까지 과태료가 부과되므로 빨리 신고해야 한다.

가령 2억 원짜리 아파트를 사거나 팔면서 시, 군, 구청에 신고를 하지 않은 경우 매도자·매수자 모두 최고 2천만 원의 과태료를 내게 되는데, 취득세가 거래가액의 2%이므로 4백만 원이며 이 금액의 5배는 2천만 원이 되는 것이다.

또한 거짓 신고를 할 경우에도 실거래 가격과 신고 가격과의 차액에 따라 취득세의 최고 5배가 과태료로 부과되므로 이들 지역에 해당되는 주택을 취득할 경우 다운 계약서(금액을 낮춰 기록하는 계약서)를 매도자에게 써주게 되면 후일 집을 팔 때 양도 소득세를 더 내는 결과를 가져 오게 된다. 그러므로 매도자가 요청하더라도 정확한 금액으로 신고하는 것이 이득이 될 것이다.

그러나 실무적으로는 주택가격 파악은 국민은행(www.kbstar.com)과 한국감정원(www.kab.co.kr)에서 고시하는 가격으로 하며, 이들 기관의 시세표 금액의 90% 이상을 신고 가격으로 하면 과태료를 물지 않게 된다. 아울러 건교부는 국민은행과 감정원의 시세표를 근거로 「주택거래가격 검증 시스템」을 만들어 일선 시, 군, 구청에서 검증을 하도록 하였는데, 이 금액 밑으로만 신고하지 않고 신고 적정가를 사전에 알아 볼 수 있다면 실거래가보다 세금을 적게 부담할 수 있을 것이다.

## ○○ 집을 팔 때도 기술이 필요하다

새 집으로 또는 더 큰 집으로 이사가기 위해 보유 기간을 감안하지 않고 무작정 집을 내놓으면 후회할 일들이 생길 수 있다. 왜냐하면 집을 팔 때 양도 소득세라는 것이 있는데 보유 기간별로 세금이 달라지기 때문이다.

집을 3년 이상 보유하면 양도 소득세를 내지 않는다. 그러나 서울, 과천, 5대 신도시(평촌,산본,분당,일산,중동) 이상 7개 지역의 경우에는 3년을 보유한다고 세금을 내지 않는 것이 아니라 2년 이상 거주한 사실이 증명되어야 양도 소득세를 내지 않는다.

또한 보유 기간이 1년 미만일 경우에는 양도 차익(팔 때 가격 - 살 때 가격)의 55%를 세금으로 내야 하므로 집을 팔 때는 보유 기간

174

을 감안해 신중하게 결정해야 한다.

〈 2004년 1월 1일 이후 양도할 경우 양도 소득세율 : 부동산, 부동산에 관한 권리, 기타 자산 〉

| 보유 기간 | 과세 표준 | 세율(주민세 포함) | 비고(누진공제) |
|---|---|---|---|
| 2년 이상 | 1천만 원 이하 | 9.9% | |
| | 4천만 원 이하 | 19.8% | - 90만 원 |
| | 8천만 원 이하 | 29.7% | - 450만 원 |
| | 8천만 원 초과 | 39.6% | - 1,170만 원 |
| 1년 이상 2년 미만 | 44% | | |
| 1년 미만 | 55% | | |
| 1세대 3주택 이상 소유 | 66%<br>(2004. 12. 31 이전 양도하는 주택은 일반 세율 적용) | | |
| 미등기 양도 | 77% | | |

만일 남편 명의로 한 채, 부인 명의로 한 채의 주택을 보유하고 있을 때 부득이 한 채를 팔아야 하는 경우에는 세금이 싸게 나오는 집을 먼저 파는 것이 유리하다.

가령 남편 명의의 집은 3년을 거주하였고, 부인 명의는 2년을 보유하였다면 먼저 부인 명의의 집을 팔면 비록 세금은 납부하겠지만, 후일 남편 명의의 집을 팔 때에는 3년 이상 보유 요건에 해당되어 비과세 적용을 받을 수 있기 때문에 더 유리하다.

파는 시기를 조절하는 방법도 있다. 가령 보유 기간이 1년 10개월이 되었을 때는 2개월을 더 기다리면 2년 이상의 세율인 9.9%~39.6%가 되어 누진 적용된다. 하지만 만일 2년 이내에 팔 경우 44%를 무조건 세금으로 내야 하므로 시기를 잘 조절하는 것도 기술이다.

예를 들어 양도 차익이 1억 원일 때 2년 미만일 경우에는 44%인 4,400만 원의 양도 소득세를 내야 하지만 2개월을 더 기다린 후에는 위의 표를 참조하면 39.6%-1,170만 원을 공제해 주므로 2,790만 원으로 1,610만 원이나 덜 낼 수 있다.

아울러 1세대 1주택으로 비과세 적용을 받을 수 있는 사람이 집을 팔아야 하는데 2년 9개월을 보유한 후 집을 팔 일이 발생할 경우 매우 난감할 것이다. 왜냐하면 3개월만 기다리면 3년 이상으로 세금을 안 내도 되기 때문이다. 이때 부득이 팔아야 할 경우에는 매수인에게 협조를 구해서 등기를 3년이 지난 시점으로 할 수 있게 하는 방법이 있다. 물론 이 문제는 쉽지 않다. 왜냐하면 매수한 사람은 본인 집으로 빨리 등기를 해야 모자라는 돈이 있다면 대출을 받을 수 있기 때문이다.

이럴 경우에는 모자라는 금액만큼을 잔금으로 늦게 받는 방법이 있다. 만일 매수자가 집을 담보로 대출을 받을 수 있도록 한다면, 소유권 이전 후에는 자동으로 매수인이 채무자 겸 소유자가 되어 법률적으로 아무런 문제가 없다.

또한 부모님과 별도로 거주하고 있지만 주민등록에는 부모님과 동일한 세대를 구성하고 있으며 부모님 집이 따로 있다면 1세대 2주택이 된다. 이럴 경우 집을 팔 때는 반드시 세대를 분리해 놓아야 한다. 이렇게 하지 않으면 1세대 2주택으로 인정되어 양도 소득세를 내야 하기 때문이다.

## ○○ '장기보유 특별공제'를 적절히 이용하면 양도세를 줄일 수 있다

주택의 경우 1세대 1주택으로 3년 이상이면 비과세이지만, 1세대 2주택자나 토지를 보유한 경우 '장기보유 특별공제' 라는 제도가 있어 오랫동안 보유한 경우 할인 혜택을 주고 있다. 그런데 무작정 오랫동안 보유한 경우가 아니라 단위 기간별로도 할인 혜택을 주므로 이러한 기간을 적절히 이용한다면 양도 소득세를 줄일 수 있다.

| 보유 기간 | 공제율 |
| --- | --- |
| 3년 이상~5년 미만 | 양도 차익의 10% |
| 5년 이상~10년 미만 | 양도 차익의 15% (1세대 1주택이지만 고가 주택일 경우 : 25%) |
| 10년 이상 | 양도 차익의 30% (1세대 1주택이지만 고가 주택일 경우 : 50%) |

예를 들어 토지를 4년 11개월을 보유하다 팔 때보다 5년을 갓 넘기고 판다면 양도 차익의 5%를 절약할 수 있다.

가령 양도 차익이 1억 원일 경우 5년 미만은 양도 차익을 9천만 원으로 인정하므로 2,394만 원을 세금으로 내야 하지만, 5년 이상은 양도 차익을 8천5백만 원으로 인정하므로 2,196만 원으로 약 2백만 원의 세금을 절약할 수 있다.

## ○○ 상가건물, 농가주택은 건축물 관리대장에 신경을 써야 한다

건축물 관리대장에는 주택으로 되어 있는 상점을 임대 수입을 목적으로 사서 임대를 한다면 처음부터 상점으로 용도를 변경하는 것이 좋다. 왜냐하면 후일 본인이 살고 있는 집을 팔 때 1가구 2주택이 되어 양도 소득세를 내야 하기 때문이다.

그러나 실제 용도는 주택이지만 사실상 상점이나 상업용으로 사용했다면 양도 소득세를 내지 않을 수도 있다. 주택이냐 상점이냐를 판단하는 것은 건축물 관리대장으로 확인하지만 사실상 상점으로 사용했다는 증빙을 한다면 인정을 받을 수 있다.

하지만 이럴 경우 임대차 관련서류, 임차인이 사업을 했다는 관련서류, 인근 상인이나 주민들의 확인서 등을 제출하여 인정을 받아야 하는데 간단한 일이 아니다. 따라서 주택으로 등재되는 것이 본인에게 유리하다고 판단된다면 처음부터 용도를 변경할 수 있는지 여부를 확인한 후 매입하는 것이 좋다.

임대 수입 조금 더 받으려다가 그동안 올라간 아파트값을 양도 소득세로 다 반납할 수 있기 때문이다.

시골에 조그만 집이 있는 땅을 전원주택을 짓기 위해 샀을 경우 집을 허물 것인지 그냥 놔둘 것인지는 고민을 해 볼 문제이다.

현재 거주하고 있는 집을 판다면 1가구 2주택이 되어 양도 소득세를 내야 하므로 시골집을 허물고 멸실 등기를 하면 양도 소득세를 내지 않아도 된다. 하지만 만일 시골 집터가 가격이 많이 오르고 있다면 집을 그대로 놔두는 것이 유리할 수 있다.

왜냐하면 대부분 시골 집터는 대지가 넓어서 집 면적의 10배를 집터로 인정을 받아 후일 양도 소득세를 내지 않아도 되기 때문이다.

가령 시골집 면적이 50평인 경우 500평을 대지로 인정을 받는데, 도시에 있던 집의 양도 차익이 그다지 많지 않고 시골 땅이 갑자기 개발 등의 호재로 오르고 있다면 도시에 있는 집을 먼저 정리하는 게 유리하다. 그 이후 시골집의 보유 기간을 3년 이상 맞춰 놓고 양도한다면 1세대 1주택 비과세 적용을 받아 양도 소득세를 많이 절약할 수 있게 된다.

아울러 양도 소득세는 양도 차익에 따라 세금을 납부하므로 최근에 구입한 주택 가격이 높다고 해서 살 때 당시의 가격과 별 차이가 없거나 동일하다면 양도 소득세는 내지 않는다는 것을 알고 있다면 양도 소득세에 대한 두려움을 가질 필요는 없다.

## ○○ 농지를 다른 용도로 사용하면 후일 양도세를 낼 수 있다

요즘 수도권의 웬만한 땅은 모두 투자 대상에 올라 있다. 또한 정부나 지방 자치단체가 땅을 개발하기 위해 수용을 할 경우에는 8년 이상 자경농지에 대해서는 양도세를 부과하지 않는다.

그런데 이 땅을 잠시 다른 용도로 사용한다면 양도 소득세를 내야 한다.

따라서 수용될 농지는 다른 사람에게 비닐하우스나 창고 등의 용도로 임대해 주어 받는 임대 수익보다 양도 소득세를 더 많이 내는 사례가 있으므로 곧 수용될 농지는 임대를 하지 않는 것이 유리하다. 만일 시골에 계신 부모님 명의로 된 땅이 이런 경우에 해당된다면 가까운 세무사 사무소나 국세청에 문의를 하여 자경 농지로 양도세를 감면받는 경우를 문의하는 것이 좋다.

만일 도시 지역 내에 전(田)으로 되어 있는 땅이 있는데 정부에 수용이 된다거나, 팔 계획이 있다면 꾸준히 농작물을 경작하여 8년 이상 자경한 농지로 인정을 받을 수 있도록 사진 등의 근거를 남겨 놓으면 양도세를 감면받을 수 있다.

집을 팔 때 가격과 살 때 가격의 차액이 양도 차익이다. 따라서 양도 차익이 적다면 세금이 그만큼 줄어드는데, 만일 팔 때 신고 가격이 지역에 따라 다르다면 쉽게 이해할 수 있을까?

그리고 양도 가격을 신고하는 사람 마음대로 하라고 한다면 누구나 낮은 가격으로 신고를 하고 싶은 마음이 있지 않을까?

그래서 이러한 양도 가격을 결정해 주는 기준이 정해져 있는데, 지역에 따라서 실거래 가격으로 신고 납부를 하는 지역과 기준시가로 신고 납부를 하는 지역으로 나누어져 있다.

실거래 가격으로 계산을 하는 지역은 대표적으로 투기 지역에 해당된다. 투기 지역은 다시 주택투기 지역과 토지투기 지역으로 나누는데 2004년 3월 현재 주택투기 지역은 서울 강남구, 경기도 수원을 포함 54개 지역이고, 토지투기 지역은 서울 용산구, 충북 청원군을 포함 25개 지역에 이른다.

이들 지역에서는 부동산을 매매할 경우 실거래 가격으로 신고 납부하게 되어 있어 기준시가로 신고 납부하는 것보다 훨씬 많은 양도 소득세를 내야 한다.

그래서 이러한 지역이 발표된다는 뉴스가 있으면 부동산을 거래하려고 했던 사람들이 서둘러 등기까지 마치려고 매우 분주하게 움직이는 것을 쉽게 볼 수 있다.

이러한 지역의 선정과 해제는 상황에 따라 변동될 수 있다. 대부분 언론에 먼저 보도가 되는 경우가 많은데 이러한 보도가 나오거나 한다면 국세청에 먼저 문의를 해봐야 한다. 더욱이 투기 지역에서 해제된다는 정보가 있다면 해제 후 거래하는 것이 양도 소득세를 많이 줄일 수 있는 길이다.

만일 투기 지역에서 해제되었다면 국세청에서 고시한 가격으로 세금을 납부할 수 있어 그만큼 절약할 수 있다. 물론 1가구 1주택이면서 3년 이상 보유하였을 경우(7개 지역은 2년 이상의 거주 요건이 추가됨. 또한 시가 6억 원 이상 고가 주택은 실거래가)에는 세금을 내지 않는다.

참고로 투기 지역이라고 하여 주택을 거래할 경우 취득세와 등록세도 실거래 가격으로 납부하는 것은 아니다. 이것은 앞서 설명한 「주택거래 신고제」 지역일 경우에 해당된다.

## ●● 자금출처 조사라는 것이 있는데…

부모들이 자녀에게 집을 사줄 때 제일 걱정하는 것이 있는데 바로 자금출처 조사이다.

미성년자가 집을 사거나, 직업이나 연령과 소득에 비해 과다한 금액의 집을 살 경우 국세청은 그 집을 산 자금이 어디에서 났는지를 묻는 소위 자금출처 조사를 할 수 있다.

이러한 자금의 출처를 묻는 기준은 아래 표에 해당되는 금액 이상일 경우이다. 그러나 현실은 조금 너그러울 수 있다. 왜냐하면 요즘 30평형대 아파트를 분양가가 거의 3억 원 이상이므로 이러한 집을 분양받은 사람들에게 모두 자금출처 조사를 할 수 없기 때문이다.

아무튼 자금출처 조사를 받으면 세무서에서 안내문이 오는데 이

때 소명자료를 제시하지 못하면 증여세를 내게 된다.

본인이 만든 자금이 아니라면 누군가가 돈을 주었다고 보기 때문이다. 그런데 여기서 착각을 하는 사람들이 종종 있다. "걸리면 그때 내면 되겠지"라고 하는 사람들인데 이것은 위험천만한 생각이다.

왜냐하면 증여 당시 신고를 하지 않았으므로 신고불성실 가산세 20%, 납부를 하지 않았으므로 납부불성실 가산세 등 당초 내야 할 증여세액의 약 30%를 가산세로 납부해야 한다.

취득 자금의 소명은 10년 동안 본인이 번 돈, 부동산을 매각한 자금 등 집값의 80% 이상을 소명하면 된다.

급여 생활자라면 10년 동안 총급여액에서 원천 징수된 세금을 차감한 금액이 자금 출처가 된다. 가령 10년 동안 3억을 벌었고 세금은 2천만 원을 냈다면 2억 8천만 원이 증빙할 수 있는 금액이 되며, 특히 금융 기관에서 대출받은 돈이나 기타 본인이 번 것으로 인정되는 증빙서류를 갖추면 된다.

자녀가 직장을 들어간 지 얼마 되지 않았는데 집을 사주는 경우가 있다. 이럴 경우에는 일정한 금액만큼을 대출을 받아서 사는 경우가 많은데, 만일 부모가 돈을 갚아 준다면 다 갚은 때에 국세청에서 돈을 어디서 나서 갚았는지를 물어보는 경우가 있으므로 이에 대한 자료도 꼼꼼히 준비를 해두어야 엉뚱한 세금을 내지 않는다.

〈 자금출처 조사 대상 금액 〉

| 구분 | 취득한 재산 | | 채무 상환 |
|---|---|---|---|
| | 주택 | 기타 자산 | |
| 세대주인 경우<br>-30세 이상인 자<br>-40세 이상인 자 | 2억 원<br>4억 원 | 5천만 원<br>1억 원 | 5천만 원 |
| 세대주가 아닌 경우<br>-30세 이상인 자<br>-40세 이상인 자 | 1억 원<br>2억 원 | 5천만 원<br>1억 원 | 5천만 원 |
| -30세 미만인 자 | 5천만 원 | 3천만 원 | 3천만 원 |

## ○○ 일시적으로 1가구 2주택이 되는 경우 비과세가 되기 위한 조건

집을 늘리기 위해 아파트를 분양받았는데 이럴 경우 1가구 2주택이 될까? 물론 아니다. 분양받은 아파트는 아직 등기가 되지 않았기 때문에 주택으로 인정을 받지 않으므로 2주택에 해당되지 않는다.

그러나 입주 시점이 되면 등기가 되는데 이때는 1가구 2주택에 해당이 된다. 따라서 기존 집을 팔 때 양도 소득세를 걱정하는 경우가 있는데, 이럴 경우 일시적 2주택으로 기존 주택이 3년 이상 보유 요건을 갖췄다면 양도 소득세를 내지 않아도 된다.

세법에서는 일정 기간 내에 양도하는 주택에 대해서는 비과세 규정을 두고 있기 때문이다.

이러한 요건에 대해 알아보기로 하자.

- 새 집을 사고 이사를 가기 전에 일시적으로 2주택이 되는데, 종전 주택을 1년 이내에 팔 경우, 기존 주택을 3년 이상 보유 요건(서울, 과천, 5대 신도시의 경우 3년 보유, 2년 거주)을 갖

쳤다면, 비과세 규정을 두고 있다.

- 60세 이상의 부모님을 모시기 위해(어머니의 경우 55세 이상) 세대를 합쳐 일시적으로 2주택이 되는 경우에는 2년 이내에 둘 중 먼저 양도하는 주택에 대해서는 비과세를 적용받을 수 있다.

- 주택을 소유한 자녀가 상속으로 일시적으로 2주택이 된 경우 상속받은 주택을 양도할 때 양도 당시 일반 주택과 같이 3년의 보유 요건을 갖춰야 비과세 적용을 받을 수 있다. 즉 상속받은 주택을 3년 보유 요건을 갖추지 않고 곧바로 처분하면 양도 소득세를 내게 된다. 다만 2003년 이전에 상속을 받아 2주택이 된 경우 2004년 12월 말까지 상속받은 주택을 양도하면 보유 기간과 관계없이 비과세를 적용시켜 주고 있다.

그렇다면 기존에 본인이 살고 있던 주택을 팔 때에는 상속받은 집으로 인해 1가구 2주택에 해당되는 것은 아닐까? 물론 아니다. 현재 상속받은 집은 보유 기간과 관계없이 기존 주택을 3년 이상 보유한 후 판다면 비과세 적용을 받을 수 있다.

따라서 기존 집을 산 지 1년밖에 되지 않았고, 상속으로 2주택이 된 경우 기존 주택을 양도 소득세 없이 팔기 위해서는 2년을 더 보유하여 3년 비과세 요건을 갖춘 후 파는 것이 좋다. 이후 상속받은 집은 다시 1주택이 되므로 후일 비과세 요건을 갖추면 또 양도 소득세 비과세 적용을 받을 수 있는 것이다.

- 기존에 집이 있었는데 결혼으로 2주택이 되는 경우는 어떨까?

이때에도 일시적 2주택으로 인정을 받으므로 2년 이내에 먼저 파는 주택에 대해서는 양도 소득세 비과세 적용을 받을 수 있다. 단 양도하는 주택을 3년 이상 보유하여 비과세 요건을 갖춘 경우라야 할 것이다.

## ○○ 양도 소득세를 내지 않아도 되는 아파트

양도 소득세를 내지 않아도 되는 아파트가 있는데, 이러한 조항을 몰라 양도 소득세를 걱정하는 사람들이 있다.

정부에서는 IMF 이후 건설 경기 부양의 일환으로 양도 소득세를 받지 않는 기간을 설정한 적이 있다. 따라서 이 시기에 취득한 아파트는 양도 소득세 특혜가 있으며 양도 소득세 감면 신청을 하면 된다.

- 1998. 5. 22 ~1999. 6. 30까지 계약한(취득한) 주택 : 1999. 7. 1부터 5년간 양도 소득세 면제

- 2000. 11. 1~2001. 12. 31까지 계약한(취득한) 수도권 이외의 지역에서 계약한 주택 : 2001. 1. 1 이후 양도분부터 5년간 양도 소득세를 전액 감면

- 2001. 5. 23~2003. 6. 30까지 계약한(취득한) 주택 : 2001. 8. 14부터 5년간 양도 소득세 면제 (다만, 서울시, 과천시, 5대 신도시의 경우 주택 경기 과열 현상으로 인해 2003. 1. 1 이후 취득한 주택은 감면에서 배제된다. 이 조항은 이미 2003년도에 고시를 한 사항으로 몰랐다고 주장하기 어렵다.)

예를 들어 본인이 2002년 12월 20일에 광진구에 있는 아파트를 분양받아 2005년 3월에 입주를 한다고 할 경우, 곧바로 등기가 된 이후에 팔아도 양도 소득세를 한푼도 내지 않아도 된다.

그리고 설령 기존에 주택이 있다고 하여도 여기에 해당되는 주택은 양도 소득세 적용에 있어 자유롭다는 것이다. 단 한가지 기억해야 할 점은 5년 이내에 양도할 경우 양도 소득세를 면제하여 주는 것이고, 만일 6년이 된 시점에 양도를 할 때 다른 주택이 있다면 추가된 1년에 대해서는 양도 소득세를 내야 한다는 점이다.

따라서 이 시기에 분양을 받은 아파트는 5년 이내에 팔 경우 양도 소득세 감면 혜택을 받을 수 있다는 점을 감안하여 부동산 재테크를 한다면 큰 이익을 얻을 수 있을 것이다.

## ●● 부동산을 파는 때가 있다

땅을 팔 때 양도 소득세의 기준이 되는 공시지가는 매년 6월 말까지 고시한다. 따라서 6월경에 매매를 할 경우에는 사전에 공람 기간을 주므로 공시 지가가 많이 오르는 것이 확인된다면 고시 전에 팔아야 양도 소득세가 절약될 것이다.

마찬가지로 아파트의 경우 국세청에서 기준시가를 수시로 고시하고 있다. 2003년 이전에는 매년 7월 1일에 고시를 하였으나, 2003년의 경우에는 4월, 12월 두 차례 고시하였다. 아울러 투기가 우려되는 지역은 별도로 고시를 할 수 있으므로 아파트를 판다고 생각을 하였다면 기준시가가 올라가기 전에 양도를 해야 양도 소득세를 절세할 수 있다.

186

아울러 2004년 3월 도입된 「주택거래 신고제」와 같은 메가톤급 뉴스가 나온다면 시행 전에 서둘러 파는 것도 세금을 절약할 수 있는 방법이다.

## ○○ 증여 후 3개월, 상속 후 6개월 내에 처분하거나 대출받으면 세금 더 낸다

부동산을 증여받을 때 증여세를 기준시가로 납부하였지만 만일 3개월 내에 양도를 하거나 은행에서 대출을 받기 위해 감정 등을 받으면 실거래가로 다시 적용을 받아 증여세를 더 내게 된다.

예를 들어 부모로부터 3억 원짜리 아파트를 증여받을 때 기준시가가 약 70%로 2억 1천만 원에 대해 증여세를 납부하고 종료하였지만, 3개월 내에 3억 2천만 원에 양도를 하였다면 양도 소득세와는 별도로 3억 2천만 원과 증여 신고했던 가격인 2억 1천만 원의 차액 1억 1천만 원에 대한 증여세를 추가로 납부하여야 한다.

이와는 별도로 조세포괄주의 도입에 따라 동일한 재산과 면적, 종류, 용도 등이 같은 재산이 매매가 되면 시가로 인정을 받을 수도 있다는 것도 유의해야 할 점이다. 즉 아파트의 경우 증여받은 집이 1005호인데, 옆집인 1006호가 양도되는 경우 동일한 물건으로 인정을 받아 세금을 더 내야 하는 경우도 발생할 수 있다는 것이다.

마찬가지로 상속받은 주택에 대한 상속세도 마찬가지이다. 다른 것은 증여의 경우 3개월 이내이지만 6개월 이내에 매매, 담보, 감정, 수용, 경매 등이 있는 경우 그 가액으로 상속재산가액이 다시 결정되어진다는 것이다.

따라서 증여받은 이후 3개월 이내, 상속받은 다음 6개월 이내에
는 부동산에 대해서는 아무것도 하지 않는 것이 세금을 절약하는 길
이다.

부동산 부자들은 절대 지하철을 타지 않는다. 약속 시간을 정확히 맞춰주는 지하철은 교통 수단으로써는 제격이지만 컴컴한 땅속만 기어가는 지하 세계에서는 지상의 변화하는 모습을 전혀 볼 수 없기 때문이다.

필자가 가끔 신문사나 잡지사의 경제 전망 및 부동산 전망 등을 묻는 기사에 답변할 때 제일 곤혹스러운 것이 '부동산 전망' 이다.

특히 꼭 집어 한줄로 말해야 하므로 더욱 곤란한 것이다. 땅에 투자하라고 하면 마치 투기를 조장하는 발언 같고, "이곳이다"라고 했는데 그곳에 투자했다가 손해를 본 사람이 나오면 그 책임감 때문에 죄송스러울 것이고, 반면 그곳이 투기화되면 투기를 조장한 사람 같아서 여간 불편한 것이 아니다.

사실 부동산에 대해서는 부동산 전문가가 더 정확한 자료와 안목이 있을 것이다. 여러 항의 질문을 받으면 매일 접하는 경제 분야 쪽은 쉽게 답변을 하지만 부동산에 있어서는 여러가지

자료를 수집하여 답변할 수밖에 없었다. 따라서 많은 주변 지식들을 찾기 위해 전문가를 찾아 면담도 하고 강의도 듣고 도서관이나 컴퓨터 앞에서 밤을 지새우곤 했다.

이 중 필자가 이 책을 읽는 독자 분에게 해 줄 수 있는 말은 발품을 팔지 않고는 좋은 부동산을 얻을 수 없다는 것이다. '백문이불여일견(百聞以不如一見)이다' 라고 했다. 눈으로 확인하는 부동산이야말로 최고의 부동산을 선택하는 기준이다.

〈 월간 신용경제 : 2003년 2월호 게재 기사 중 부동산 전략 〉

→ 9호선 역세권 아파트 투자 유리

〈 매일경제신문 : 2003년 6월 9일 설문〉

→ 강원도 지역 펜션 용지, 파주 지역 토지

〈 부동산 경제신문 : 2003년 8월 5일 설문〉

→ 아파트보다는 토지에 관심을 가져야 할 시기, 지역별 부동
  산값 격차 커짐

〈 서울경제신문 : 2004년 1월 6일 설문〉

→ 내집마련 시기 – 2004년도 모기지론 도입되는 시점

〈 한국경제신문 : 2004년 3월 25일 설문〉

→ 토지보상 자금 대체 토지로 이동

## ○○ 지하철에서 헤매지 말자

출퇴근 시간에 지하철만큼 제 시각에 도착할 수 있는 교통 수단은 없을 것이다. 서울에 8개 라인, 인천, 수원, 성남, 의정부, 일산, 안산, 천안까지 연계되는 지하철과 부산, 대구, 인천, 대전, 광주 등 광역시에서 운행되고 있는 지하철은 여객 수송량에 있어서도 단연 제1의 교통 수단이 되었다.

그러나 지하철만 이용하는 사람들의 이야기를 들어 보면 "매일 지하로만 다니다 보니 어디서 만나자고 하면 알 수가 없다" 그 지역의 랜드마크(그 지역의 대표적인 표시로 인식될 만한 건물이나 지형)를 알려줘도 "도무지 어디가 어딘지 모르겠다" "만나는 곳도 지하철역을 기준으로 하여 만난다"는 등 지하생활에 익숙해지다 보니 지상에서 일어나는 일들에 대해 알지 못하는 사람들이 날로 늘어나고 있다.

그래서 교통의 이기인 지하철을 타고 다니면 도무지 부동산이 어떻게 변하는지에 대해 TV나 신문으로만 알게 될 뿐이다. 이렇다 보니 아파트 청약을 할 때도 실제로 현장에 직접 가 보는 경우가 드물며, 오로지 신문에 있는 정보나 모델하우스에 있는 모형만 보고 청약을 하는 사람들이 의외로 많다.

그러나 투자할 때 또는 분양받을 때에는 대상인 부동산을 기준으로 하여 지하철역과의 거리며, 주변 환경, 교통, 상권, 낮과 밤의 차이 등을 실제로 발품을 팔아가면서 보아야 나중에 후회하지 않는다.

비단 투자할 때만 보라는 것이 아니다. 평소 지하철만 타고 다니지 말고, 지상에서 일어나는 움직임을 꼼꼼하게 눈여겨 본다면 부동산을 보는 안목이 높아질 뿐만 아니라, 돈을 벌 수 있는 투자의 기회가 더 빨리 다가올 것이다.

## ○○ 일요일엔 버스를 한번쯤 타 보자

지하철만 타지 말고 가끔은 출퇴근 때 버스도 한번 타 보자. 더욱이 주말에는 한번쯤 시간을 내어 버스를 타 보자. 버스는 노선을 따라 구석구석을 다닌다. 더군다나 높은 위치에서 부동산을 바라볼 수 있어서 자가용으로 돌아다니는 것과는 비교할 수 없다. 같은 지상을 다닌다고 해도 자가용은 운전을 하면서 가기 때문에 그저 경주용 말같이 앞만 보면서 대충 눈으로 보는 것이 고작이다. 반면 "버스는 이곳 저곳을 둘러보면서 어느 정류장에서 사람들이 많이 타고 내리는지도 알 수 있으며, 심지어는 아줌마들이 무심코 흘리는 부동산 정보도 들을 수 있다"라고 필자가 관리해 주고 있는 부동산 부자 고객이 전해준 말이다. 물론 그 분은 고급 외제차에 기사를 대동하여 주변을 몇 번이고 돌기도 한단다. 그렇게 철저하게 분석을 한 후 투자를 하는데, 일반인들은 아파트 청약시 한번도 가 본적 없는 동네에 분양 공고만 달랑 보고서 거의 '묻지마' 식의 청약을 한다. 발품을 팔지 않고 좋은 부동산을 고른다는 것은 요행이나 다름없다는 것을 말해주고 싶다.

## ◉◉ 운동하고 부동산 안목 넓히고…

필자에게 부동산에 대한 문의를 하는 부동산 부자들이 꽤나 있다. 사실 나는 부동산에 대해서는 깊은 정보는 없지만, 여기서 들은 애기를 자산 삼아서 다른 고객에게 전하면 새로운 정보가 만들어지고, 정보가 전달되는 과정에서 또다른 새로운 정보가 합쳐져서 새롭고 유익한 정보가 생긴다.

그 분들 중에서 의외로 산을 좋아하시는 분이 있다. 많은 고객들 대부분이 주말이면 골프를 즐기는데 그 분은 높은 산보다는 동네 뒷산, 시내가 내려다 보이는 산들만 골라서 산행을 한다. 왜냐하면 높은 지대에서 바라보는 부동산은 큰 그림을 그리는데 제격이기 때문이다. 그리고 곧바로 내려온 이후 그곳을 몇 번이고 걸어서 가본다고 한다. 앞쪽에서도 가 보고 뒤쪽에서 가 보기도 하는 등 여러 방향에서 접근을 해 보면 답이 나온다고 한다.

서울에는 15개의 뉴타운이 건설된다고 한다. 뉴타운을 지도에서만 볼 것이 아니라 한번쯤 북한산이나 남산타워에 올라가서 둘러보거나 한번쯤 버스를 타고 가 보는 것은 어떨까? 또한 이렇게 부지런히 산도 오르고 걷기도 하다 보면 자연스럽게 건강해질 것이다. 부동산 감각도 익히고 건강도 살피는 일석이조를 따라해 보는 것은 어떨까?

## ◉◉ 지하철과 부동산과의 관계

서울에는 현재 8개의 지하철 라인이 있다. 각 지하철 역사가 생겨나는 지역을 보면 어김없이 부동산 가격이 지하철역 발표 때 한번 오르고, 착공할 때 또 오르고, 준공할 때 다시 또 오르는 과정을 거쳐 시세가 형성되어 왔다. 광역시의 경우 또한 마찬가지이다.

현재 서울의 경우에는 김포공항~당산동~여의도~노량진~고속버스터미널~코엑스(ASEM)~종합운동장~올림픽공원~방이동까지 계획된 9호선 라인이 2001년에 착공되어 현재 건설 중에 있다.

이 중 김포공항~반포까지는 계획대로 착공했지만, 이후 구간은 추후 착공으로 앞으로 10년은 더 있어야 될 듯싶다. 어쩌면 서울의 마지막 지하철이 될지도 모른다. 그렇다면 지하철 노선의 마지막인 9호선에 대해서 심도있게 관찰할 필요성이 있지 않을까? 특히 가양, 염창, 흑석, 반포 지역의 교통난이 완화되므로 이들 지역의 이익과 가치가 커질 수 있을 것으로 판단된다. 9호선은 2007년에 완공될 예정에 있는데 더욱 관심을 갖게 하는 것은 지하철공사가 내건 역세권 개발을 적극 추진하겠다는 문구이다. 지하철공사 홈페이지에도 실려 있는 내용을 보면 생활편의시설, 지하쇼핑몰, 종합환승센터 등을 유치하여 정거장 중심의 생활권을 구축하겠다는 내용과 정거장 인접토지 복합개발과 낙후된 주변 지역 개발도 유도하겠다는 야심찬(?) 내용을 보면 관심을 갖지 않을 수 없다.

## ○○ 길을 보면 돈이 보인다.

최근 역사적인 KTX(고속철도)가 개통이 되었다. 물류의 혁명임과 동시에 생활권의 변경이 예고된 실로 엄청난 사건이다.

그런데 이 고속열차의 역을 기점으로 주변의 토지들이 이미 한차

레 심하게 요동을 친 사실을 안다면 지금 엉덩이가 들석이는 사람들이 있을 것이다. 이미 오래전 고속열차 시대를 맞은 일본, 프랑스 등을 보면 역세권의 땅들이 투자 가치가 있는 지역으로 빠르게 변모되었다. 이러한 사실은 우리나라라고 예외는 아닐 것이다.

아울러 서울의 경우 외곽순환 고속도로가 개통이 된 후 주변의 땅값이 오른 사실도 주목해야 하는데, 아직 미개통 구간이 있음도 염두에 두어야 한다. 또한 제2외곽 고속도로의 발표에 있어서 이 지역에 대한 투자도 생각할 필요성이 있다. 길이 생기는 곳에 돈이 몰려든다면 길이 생길 만한 골목을 미리 지키고 있으면 한수위의 재테크가 되지 않을까 싶다.

 연말 정산 잘 활용하면 1년에
수백만 원 수입이 늘어난다

직장인의 소득을 유리지갑이라고 한다. 소득이 전부 노출되어 있기 때문이다. 일반 사업자에 비해 어쩌면 세금을 더 많이 내는 경우도 있다. 그러나 불평만 할 필요는 없다. 연말 정산 제도를 잘 활용하면 낸 세금을 전부 돌려받을 수 있기 때문이다. 연말에 허둥대지 말고 연초부터 준비하도록 하자.

많은 사람들이 부자를 꿈꾼다. 그러나 10억 원은커녕 당장 다음 달에 돌아오는 카드 대금을 어떻게 막나 하는 고민에 빠져 있는 사람들이 의외로 많다.

### ■ 카드 현금 서비스 빚부터 갚아야

경제 활동 인구 약 2,300만 명의 16%에 이르는 370만 명이 신용불량자라고 한다. 이들은 거의 모든 금융 거래가 불가능하기 때문에 신용불량자가 부자되기란 낙타가 바늘구멍 통과하기보다 어렵다.

신용불량자가 되는 이유는 한마디로 빚을 갚지 못했기 때문이다. 빚을 진 이유로 대표적인 것이 카드사의 현금 서비스이다. 연 25%가 넘는 높은 금리는 조금만 지나도 눈덩이처럼 불어난다. 더욱이 최근에는 카드사가 현금 서비스 한도를 대폭 줄임에 따라 개인은 빚을 갚기 위해 다른 카드로 돌려막아야 하는 악순환이 계속되고 있다. 사용 금액의 3~5%만을 갚는 리볼빙 서비스라는 것도 있지만, 이는 빚을 할부로 돌려놓는 임시 방편에 불과하다.

부자가 되려면 우선 현금 서비스 빚부터 갚아야 한다. 적금을 들고 있다면 당장 적금을 해약하든지 줄여서 이 빚부터 갚아야 한다. 적금을 깨는 것이 어렵다면 상대적으로 금리가 싸고 상환 기간이 긴 일반 대출을 받아서 현금 서비스 빚부터 갚는 것이 10억 원 만들기의 첫 출발점이다.


## ■ 작은 것부터 빨리 시작해야

사회에 처음 나와 자동차부터 사는 사람들이 있다. 연봉 3,000만 원이면 반 년치의 월급으로 충분하겠지 하는 생각에 할부로 구입하지만 그것은 계산 착오다. 자동차값과 보험료, 유지비 등을 감안하면 3년 동안 적어도 3,000만 원은 사용해야 한다.

연말 정산도 결코 우습게 볼 것이 아니다. 직장 생활자는 연말 정산을 잘 활용하면 연간 300만 원의 세금을 돌려받을 수 있다. 세금 환급액을 최대한 늘리기 위해서는 주위의 조그만 금융 상품이나 소위 세(稅)테크에 관심을 가져야 한다.〈해설 참조〉 한가지 예로 내 통장 잔고에서 바로 결제되는 체크카드는

20%의 소득 공제를 받을 수 있다.

연금저축이나 연금보험은 10년 이상 납입해서 55세 이후에 연금을 받는 노후 상품으로 240만 원까지 납입액 전액을 소득 공제해 주고 있어 예금이자 말고도 적게는 9.9%에서 많게는 39.6%까지 세금으로 돌려받는다. 따져 보면 현재 정기예금 이자의 10배가 넘는다고 할 수 있다. 이렇듯 작은 것부터 빨리 시작하는 지혜가 당신을 10억 원의 자산가로 인도할 것이다.

〈추천 세테크 상품〉

| 소득 공제 주요 상품 | 체크카드 | 연금신탁 연금보험 | 장기주택마련저축 |
|---|---|---|---|
| 소득 공제율 | 연봉의 10% 초과 사용액의 20% | 연간 납입액 전액 240만 원 한도 (월 20만 원 납입시 최대 효과) | 연간 납입액의 40% 300만 원 한도 (월 625,000원 납입시 최대 효과) |
| 주요 내용 | 본인 통장에서 직접 결제됨. 신용카드 가맹점 사용 | 10년 이상 납입, 55세 이후 연금받음. 연금 수령시 세금 납부함 | 7년 이상 납입, 비과세 상품 18세이상 세대주로서 25.7평 이하 1주택 소유자 가입이 가능. |
| 절약 포인트 | 잔고 부족시 사용 불가. 절제된 소비 생활 각종 포인트 제도 많음 | 전액 공제에 따라 본인의 소득 세율에 따라 (9.9%~39.6%) + 이자를 받아 실제 20%가 넘음 | 부양 가족이 있는 세대주로서 25.7평 이하 1주택 이하 소유자일 경우 소득 공제 혜택이 있음 |
| 환급액 (연봉 4,000만 원 가정) | 1,200만 원 사용시 475,200원 | 475,200원 | 594,000원 |

〈한국일보 '도전 10억 만들기' 연재 시리즈 2003. 12. 10 게재〉

　연말 정산은 매년 소득세법이 개정되므로 세율이나 공제 폭은 매년 다를 수 있다. 그러나 기본적인 개념을 이해한다면 과도하게 납부하는 본인의 세금을 돌려받을 수 있으므로 직장인은 언제나 연말 정산을 염두한 소비나 저축을 생활화하는 것이 직장인 재테크의 기본임을 명심하자. 착실한 시작이 연말에 보너스를 준다. 연말이 다 되어 후회하지 말고 지금 시작하도록 하자.

　연말 정산은 국세청 홈페이지(www.nts.go.kr)에 가면 자세히 알아볼 수 있으며 직접 계산할 수 있는 프로그램도 있으니 가급적 한번 이상 계산해 보도록 한다. 계산을 하다 보면 "아하! 이래서 이 정도를 받을 수 있구나"하고 알 수 있다. 아울러 한국납세자연맹 홈페이지(www.koreatax.org)나 각 은행의 홈페이지에서도 비슷한 서비스를 제공하고 있다.

## ○○ 세율을 알아야 돌려받을 수 있는 금액을 알 수 있다

　연말 정산할 때 본인의 일 년간 총소득에서 소득 공제 및 세액 공제 등 최종적으로 뺄 것은 빼고 난 최종 금액에 대하여 소득 구간별 금액에 세율을 곱하면 된다.

**〈 소득세율 〉**

| (소득 구간) | (세율) | (주민세는 소득세의 10%) |
|---|---|---|
| ▶ 1,000만 원 이하 : | 9.9% | (소득세  9% + 주민세 0.9%) |
| | | ·········································· ①번 구간 |
| ▶ 1,000만 원 초과 : | 19.8% | (소득세 18% + 주민세 1.8%) |
| ~4,000만 원 이하 | | ·········································· ②번 구간 |
| ▶ 4,000만 원 초과 : | 29.7% | (소득세 27% + 주민세 2.7%) |
| ~8,000만 원 이하 | | ·········································· ③번 구간 |
| ▶ 8,000만 원 초과 : | 39.6% | (소득세 36% + 주민세 3.6%) |
| | | ·········································· ④번 구간 |

**계산 사례___** 연봉이 5,800만 원인 김대충 씨는 장기주택마련저축으로 소득 공제를 받을 수 있음에도 불구하고 잘 몰라서 근로 소득 공제 1,450만 원(1,350만 원+4,500만 원 초과 금액의 5%)과 본인 및 배우자 공제 200만 원을 합한 1,650만 원만 공제를 받았다. 따라서 연봉 5800만 원에서 1,650만 원을 차감한 금액인 4,150만 원이 최종 과세 기준이 되었다. 납부할 세금은 얼마일까?

**답___** 4,150만 원에 해당하는 구간은 ③구간이므로 29.7%로 41,500,000×29.7% = 12,325,500원일까? 아니다. 소득세는 누진세이므로 구간별로 계산하여야 한다.

**풀이___** 10,000,000×9.9%　 = 990,000원 ········ ①번 구간

　　　　　　 +

　　　 30,000,000×19.8%　 = 5,940,000원 ······ ②번 구간

　　　　　　 +　　　 (1천만 원을 제외한 4천만 원까지)

$$1,500,000 \times 29.7\% = 445,500원 \cdots\cdots ③번 구간$$

(4천만 원을 초과한 금액)

합계          7,375,500원

**해설**___ 이렇듯 4,150만 원을 구간별로 쪼개서 계산하므로 맨 끝 부분인 ③번 구간의 150만 원을 장기주택마련저축으로 공제 받았다면 김대충 씨는 무려 29.7%의 이자에 해당하는 장기주택마련저축을 가입한 것과 다름없다.

즉 본인의 맨끝 구간부터 적용되는 세율만큼을 절약한다고 가정하고 연말 정산을 염두에 둔 소득 공제를 받도록 하는 것이다. 예를 들어 위와 같은 세율에 적용을 받을 경우 부모님 중 한 분을 부양 가족으로 올릴 경우 자그마치 100만 원을 공제받을 수 있으므로 29.7%를 세금으로 돌려받는다고 하면 297,000원이나 된다. 이 돈으로 부모님께 따뜻한 점퍼 한 벌 사 드린다면 따뜻한 마음이 담긴 효도의 선물이 될 것이다.

## ◯◯ 소비해서 공제받는 것은 오히려 손해다

학원비나 교육비, 의료비 등은 단지 소비한 것에 대한 소득 공제를 받는 것이므로 덜 쓰는 것이 오히려 남는 것이다.

특히 의료비는 병원에 가지 않을수록 돈을 버는 것이다. 굳이 조언을 한다면 신용카드나 체크(직불)카드를 이용할 경우 의료비 공제 및 신용카드 공제를 동시에 받을 수 있는 장점은 있다. 그러나 의료비는 본인 소득의 3%를 초과한 금액에 대해서만 공제받을 수 있기 때문에 웬만큼 아프지 않고서야 3% 초과 의료비 공제를 받기 어렵다. 큰 돈이 들어가는 사람들이야 혜택을 받을 수 있지만 예를 들어, 연봉 4,000만 원일 경우 3%에 해당되는 120만 원이 넘는 금액만 공제를 받을 수 있어 가급적 아프지 않는 것이 최고이다. 운동해서 건강해진다면 아파서 드는 돈을 줄일 수 있고, 생활도 활기차고 생산적이 될 테니 의료비 공제는 아예 받지 말도록 하자.

[공제율 : 본인의료비전액 + (가족의료비 − 연봉의 3%)]

## ○○ 부모님, 할머니, 할아버지, 장인 장모를 부양 가족으로

부양 가족은 1인당 자그마치 100만 원의 소득 공제를 받을 수 있다. 만일 차남이지만 장남인 형이 개인사업을 하고 있어 연말 정산을 받을 수 없다면 주민등록상 같이 등재가 되어 있지 않더라도 부모님을 부양 가족으로 등록할 수 있다. 더군다나 65세 이상인 경우 추가로 100만 원을 더 받을 수 있다. 따라서 할머니, 할아버지, 장인, 장모, 처 할아버지, 할머니까지 본인의 직계존속, 배우자의 직계존속까지도 공제 대상에 해당된다.

평소 용돈도 제대로 드리지 않으면서 부양 가족으로만 올리는 것에 체면만 내세울 것이 아니라 연말 정산받아 마음이 담긴 선물을 해 드린다면 재테크는 물론이고 효도도 할 수 있지 않을까 싶다.

여기서 주의해야 할 부분은 부양 가족 중에 연간 100만 원 이상의 소득이 있는 경우는 해당되지 않는다고 회사 총무부서에서 말하는 경우가 있는데, 여기서 100만 원이라는 것은 근로소득 공제를 차감한 소득이므로 일반적으로 소득이 약 700만 원 이하이면 공제 대상이 된다. 특히 연금을 지급받는 부모님도 해당되는데, 보통 공무원연금, 교원연금, 군인연금 등을 지급받는 부모님은 비과세 소득이 대부분이다. 이러한 비과세 소득은 소득으로 인정하지 않으므로 부양가족으로 신고하여도 소득 공제를 받을 수 있다.

## ●● 신용카드 NO!, 체크(직불)카드 OK!

신용카드 소득 공제, 알고 보면 별 혜택이 없다. 신용카드는 건전한 소비 생활에 지장을 초래하는 경우가 많음은 앞서 언급을 하였으므로 이 부분은 생략하도록 하겠다. 다만 반드시 신용카드로 구입해야 할 물건이라면 소득 공제를 염두에 둔 소비가 이뤄져야 할 것이다. 그래도 가급적 신용카드보다는 체크카드를 이용할 것을 권한다. 이유는 체크카드와 신용카드는 동일한 소득 공제를 받을 수 있기 때문이다. 신용카드는 말 그대로 외상카드이고, 체크카드는 직불(즉시 내 계좌에서 인출)카드로, 사용하기에 앞서 잔고를 생각하게 하므로 소비 절약에 많은 도움을 주는 카드이다.

〈 신용카드 / 체크카드 소득 공제율 〉

사용한 금액에서 본인 연봉의 10%를 뺀 금액의 20%만 공제를 해 준다.
가령 연간 1,200만 원을 사용하였고 연봉이 4,000만 원일 경우
▶ (1,200만 원-400만 원)×20% = 160만 원
▶ 소득세율 구간의 ②번 구간인 19.8%를 돌려받는다고 할 경우
316,000원의 세금을 돌려받는다.

## ●● 예금 상품 중 제일 먼저 가입해야 할 것은 소득 공제 상품

예금 상품을 고를 때 직장인이 제일 먼저 가입해야 할 상품은 소득

공제 상품이다. 그 다음으로 비과세 상품을 선택하는 것이 순서이다.

연말 정산 금융 상품은 그다지 많지는 않으므로 직장인이라면 모두 가입하는 것을 원칙으로 한다.

### ▶ 연금신탁 또는 연금보험은 이율이 자그마치 25%나 된다

연금신탁이나 연금보험은 납입액 전액을 연말 정산시 소득 공제 받을 수 있어 본인 세율 구간만큼 세금을 돌려받는다. 매월 20만 원씩 납부하는 것이 제일 효과적인데, 왜냐하면 납입액 전액이라고 해도 연간 240만 원까지만 공제받을 수 있기 때문이다.

계산을 하면 다음과 같다.

> [ 매월 200,000원 × 12개월 = 2,400,000원 ]
> ▶ 연말 정산시 소득세율 구간이 ②번 구간이라면 240만 원의 19.8%를 돌려받게 된다. 따라서 기본적인 이율 약 5%에 20% 정도를 더 받으니 25% 이율의 적금이라고 할 수 있다.

주의해야 할 점은 이 상품은 원금 보장은 되지만 납입 기간이 최소 10년 이상 55세까지 납입을 해야 하는데 만기 때 기준가가 낮으면 큰 소득을 보지 못할 수도 있다. 또한 연금을 지급받을 때도 세금을 일부 내야 한다. 하지만 초기에 세금으로 돌려받는 것이 더 크므로 직장인이라면 필수적으로 가입하길 권한다. 나중에 노후자금으로도 제격이기 때문이다.

### ▶ 장기주택마련저축은 7년 후 내집마련하는 사람에게는 '딱'이다

7년에서 30년까지 기간도 다양하다. 은행마다 적용하는 이율도 다른데 3년간 고정 금리를 지급하고 매년 복리로 지급을 약속하는 은행도 있으므로 꼼꼼히 따져보고 가입하는 것이 좋다.

가입 후 7년이 지나면 이자에 대해 세금도 없고, 매년 연말 정산 시 소득 공제를 받을 수 있는데 매월 625,000원씩 납입하는 것이 제일 효과적이다.

왜냐하면 소득 공제 한도가 300만 원까지로 1년간 납입 금액의 40%만 해 주기 때문이다.

계산을 하면 다음과 같다.

> [ 매월 625,000원 납입 × 12개월 = 7,500,000원 ]
> ▶ [ 7,500,000원 × 40% = 3,000,000원 ]
>
> ▶ 연말 정산시 소득세율 구간이 ②번 구간이라면 300만 원의 19.8%를 돌려받게 된다. 환산하면 594,000원을 돌려 받으므로 기본 이율을 합치면 약 13%짜리 적금이라고 할 수 있다.

## ○○ 대출 잘 받으면 99만 원에서 390만 원까지 세금으로 돌려 받아 (이자 1,000만 원시)

집을 살 때 대출을 받는 방법은 다양하다. 한창 금리가 낮을 때는 3개월 연동 대출 금리는 5%대였다. 이에 비해 10년 이상 장기 대출은 7%대로 약 1.5% 정도 차이가 있었다. 따라서 대출을 받는 사람 입장에서야 금리가 낮은 것이 절대 유리하다고 할 수 있지만, 이젠 이런 생각도 바꾸어야 할 것 같다.

바로 2004년 3월부터 '모기지론'이 도입되었기 때문이다. 모기지론의 대출 기간은 보통 20년 정도 하는데 금리는 6.7%로 일반 담보 대출보다 높지만 연말 정산시 1,000만 원까지 이자액 전액을 소득 공제받을 수 있는 장점이 있다.

만일 1억 원을 빌렸을 경우 연간 내는 이자 차이를 보면 다음과 같다.

▶ 일반 대출 : 5.5%  ·········5,500,000원  ← 1,200,000원 유리
▶ 모기지론 : 6.7% ·············6,700,000원

그런데 연말 정산을 감안하여 보면 어떨까?

▶ 일반 대출 : 연말 정산 없음
▶ 모기지론 : 이자액 6,700,000 × 19.8% ········약 1,326,000원 환급

[ 결론 ]

주택을 담보로 한 일반 대출 금리가 5.5%로 낮아도, 연말 정산을 받을 경우 모기지론이 오히려 이익임을 알 수 있다. 따라서 집을 살 때 받는 대출은 단기 대출보다는 가급적 연말 정산을 받을 수 있는 15년제 이상의 모기지론 등 주택자금 대출을 이용하는 것이 유리할 수 있다. 그러나, 연말 정산을 받을 수 없는 개인 사업자나 소득이 적어서 연말 정산 효과가 없는 경우에는 현재의 금리가 낮은 대출을 선택하는 것이 좋다. 적어도 금리가 6.7%까지 오르기 전까지는 모기지론보다 유리하기 때문이다.

# 08 부자 따라가면 부자될 수 있다
## 부자 따라하는 재테크 방법

부자들이 투자하는 방식을 그대로 따라한다면 부자가 될 수 있다. 문제는 부자들이 투자하는 금액만큼 일반인들이 따라할 수 없는 분야가 너무 많다. 가령 부동산을 투자하려면 일단 부자만큼 돈이 있어야 하는데 그렇지 못한 것이 일반 서민들이다. 그런데, 금융 부분에 있어서 만큼은 부자들의 상품을 따라할 수 있다. 그들이 가입하는 금융 상품을 따라하는 방법을 엿보도록 하자.

금융권의 틈새 상품과 퓨전 상품이 강세를 이어가고 있다. 금리가 너무 낮기 때문에 가입할 마땅한 금융 상품이 없다고 하지만 부지런하면 높은 금리의 틈새 상품을 이용할 수가 있다. 예를 들어 유동성 문제로 위기에 몰렸던 신용카드 회사, 캐피탈 회사들이 자구책의 일환으로 발행하는 후순위 채권과 우량자산을 담보로 발행한 ABS 금융 상품 등이 이러한 틈새 상품이다.

삼성카드는 후순위 전환사채(CB)를 연 9%의 금리로 발행했다. 이는 은행 정기예금의 2배에 가까운 수익률로 삼성카드의 경우 8천억 원 공모에 2조 4천억 원이 몰릴 정도로 인기가 있었다. 이렇듯 높은 금리를 제시한 이유는 이들 회사가 급히

자금을 조달해야 하는 문제가 발생했기 때문이다.

또한 ABS(자산유동화증권)상품은 신용카드사 등이 앞으로 회수하는 현금 흐름(현금 서비스,대출, 자동차 할부금 등)을 담보로 발행하는 상품으로 대개 은행들이 지급 보증하는 형태로 발행하므로 사실상 은행이 망하지 않는 한 안전성이 보장된다. 회사의 신용도에 따라 약간의 차이는 있으나 보통 6개월에 5~6% 정도까지 확정 금리를 지급한다.

현재 이 상품은 은행권에서 수시로 나오고 있으나 대부분 선착순 판매나 사모(私募)방식 판매(한정 판매)를 하므로 기회를 잘 포착해야 하며 미리 상담 및 예약을 해 둔다면 정기예금보다 비교적 높은 수익을 얻을 수 있다.

### ■ 주가 지수 연동 정기예금 등 퓨전 상품도 유력

아울러 2002년 말부터 주요 상품으로 자리매김한 퓨전(복합) 상품에 적극적인 관심을 갖는다면 초저금리 시대를 현명하게 돌파할 수 있다.

퓨전(Fusion)이란 '교차', '융화' 라는 뜻으로 서로 상이한 장점들을 모아 새로운 것을 만들어 시너지(상승) 효과를 내는 것으로 정의할 수 있다. 퓨전 음식, 퓨전 댄스 등 다양한 것들의 장점을 접목하여 새로운 것을 만들어 내는 시도에 있어 금융 상품도 예외는 아니다.

퓨전 상품의 출현 배경은 기존 상품으로는 현재의 초저금리 시대에서 예금자의 욕구를 충족시킬 수 없다는 것이다. 따라서 수익률이 높은 상품을 만들기 위해 기존의 정기예금, 채권에 옵션(Option)과 같은 파생 상품을 접목하는 방법으로 수익률을 올리는 상품을 말한다. 요즘 대표적인 퓨전 상품으로 ELS(주가지수 연계증권) 채권 투자신탁과 주가지수 연동정기예금(ELD) , 리츠(REIT's), 부동산 투자신탁 등을 꼽을 수 있다. 특히 ELS, ELD의 경우는 주식 시장과 관련된 상품으로 은행, 증권사, 투신사에서 매우 인기가 있다. 이같은 인기는 세후 원금보전이라는 안전성과 주식 시장이 오른 만큼 추가 수익을 확보할 수 있는 매력이 있기 때문이다.

리츠는 부동산을 이용한 뮤츄얼펀드로 이해하는 것이 제일 쉽다. 부동산 이외에 파생 상품에도 투자할 수 있는 상품으로 주주의 지위로서 배당금과 주가가 오를 경우 차익을 실현하는 퓨전 상품이다. 현재 7개의 CR리츠(구조 조정 리츠) 상품이 나와 있으며 배당률을 보면 8%~11%로 정기예금에 비해 2배 가량 높다.〈해설 참조〉

부동산 투자신탁은 선착순 판매로 판매 개시 10분 이내에 마감될 정도로 인기가 있다. 이 상품은 리츠와는 달리 사전에 확정 금리를 제시하고 있는 것이 특징이며 기간도 6개월~3년 정도까지 다양하다. 이 역시 선착순 모집 방식으로 부지런해야만 가입할 수 있는 상품이다.

〈중앙일보 '머니테크' 2003년 7월 15일 게재〉

## ●● 더 부자되게 해 줍니다

은행, 증권사 등은 현재 PB사업이 한창인데 PB란 Private Banking의 약자로 거액 자산가들만 상대하는 웰스마케팅(Wealth Marketing;부자를 대상으로 하는 영업)을 말한다.

일부 사람들은 부자들을 더 부자로 만들어 주는 PB센터에 대해 곱지 않은 시선을 보내기도 하지만 20%의 부자가 80%의 수익을 내 주는 20:80 법칙을 감안하면 은행 입장에서는 적극적이지 않을 수 없다.

필자가 근무하는 곳이 바로 PB센터인데 많은 부자들을 매일 접하면서 느끼는 것은 역시 부자들이 가입하는 금융 상품과 부자들이 사물을 보는 안목은 일반 서민들과 다르다는 것이다.

가령 일반인들은 금리가 0.1%만 더 높은 A은행을 거래하다가도 금리가 조금 더 높으면 B은행으로 옮기는 뜨내기 손님인 경우가 종종 있지만, 부자들은 관계 중심으로 금융 상품을 고른다는 것이다. 그동안 잘 상담해 주었던 금융 기관 담당자는 자신의 성향을 잘 알고 단기 상품, 장기 상품, 자산 규모에 맞는 상품 등을 적절히 감안하여 상품을 권하며, 특히 물량이 한정되어 있는 확정 이율의 고수익 상품이 나오면 바로 부자 고객에게 소개해 준다. 당연히 평소 관계중심으로 거래해 온 부자에게 상품을 떼어 줄 수밖에 없다. 일반 고객이 4%의 상품을 찾아서 이리저리 방황할 때 부자는 그 두 배나 되는 고율의 좋은 상품을 가입하는 것이다.

금융 기관은 관계 마케팅을 매우 중시한다. 따라서 금융 상품도 인간 관계가 작용하기 때문에 금융 기관의 직원을 잘 알아둔다면 좋은 상품을 소개받을 수 있고 부자들이 가입하는 상품을 따라 가입할 수 있다.

## ○○ 부자들이 가입하는 상품 따라하기 - Ⅰ : 리츠(REIT's)

물론 서민들에게는 크게 거래할 돈이 없기 때문에 은행의 PB와 접촉할 기회가 많지 않다.

그러나 굳이 금융 상품으로 가입을 하지 못한다고 해도 걱정할 필요가 없다. 부자가 가입하는 상품의 내용을 파악하면 부자 상품에 가입할 수 있다.

실제 사례를 들어 보면 국민은행 PB센터에서는 CR리츠 펀드(CR REIT's ; Corporate Restructuring Real Estate Investment Trust ; 구조 조정 부동산 투자 신탁)를 판매하였다.

이 상품은 수익률이 약 7% 이상 될 수 있도록 설계한 상품인데 내용을 들여다 보면 일반인도 비슷한 상품을 만들 수 있다.

CR리츠는 회사들이 구조 조정의 일환으로 내어 놓은 회사 건물, 연수원, 사원 아파트 등 좋은 부동산을 구입하여 임대 수익 등을 가입자에게 배당하는 상품이다. 위험도 거의 없다고 볼 수 있다. 펀드 만기 때(5년 정도) 시장에서 제값을 받지 못하면 매각한 회사가 다시 사기로 하는 풋백옵션을 걸어 놓은 것이 대부분이기 때문에 부동산 가격이 하락해도 리츠에서 사 놓은 부동산은 안전하다. 다만 다시 사주기로 한 회사에 문제가 생기면 싼값에 팔릴 수도 있으나, 대부분 좋은 부동산을 매입하고, 싼 가격에 구입을 해 놓았기 때문에 큰 걱정을 하지 않아도 되는 상품이다. 이들 상품의 매년 배당률은 8%~12%로 매우 높으며 6개월에 한 번씩 배당을 해 준다. 더군다나 5년 후 시장에서 건물을 매각할 때 구입 가격보다 높은 가격으로 매각하면 추가 수익이 발생한다.

아울러 배당 수익 이외에 펀드를 청산할 때까지 보유할 경우 건물을 매각할 때 비싼 값으로 팔린다면 매각 차익도 고스란히 나의 수익이 될 수 있다.

현재 증권시장에 상장된 CR리츠를 보면 7개가 있다. 신문의 증권 시세표 중 부동산 투자회사 면을 보면 교보메리츠, 리얼티1호, 멕쿼리, 코크렙 1호, 2호, 3호 등 7개가 매일 거래되는데 이 중 금융기관에서 만든 상품을 찾아 직접 증권 시장에서 사는 것이다. 일반 주식을 사고 파는 것 같이 거래도 쉽다.

이렇게 시장에서 상품을 쉽게 살 수 있기 때문에 부자들만 가입할 수 있었던 펀드와 동일하게 가입한 효과를 볼 수 있을 것이다.

## ○○ 부자들이 가입하는 상품 따라하기 - Ⅱ : 선물환차익 비과세

부자들은 세금을 무서워한다. 거래되는 액수가 커지면 내야 하는 세금도 만만치 않기 때문이다. 세금을 절약하는 방법은 여러 가지이다.

금융종합과세(이자 등 금융 소득이 4,000만 원을 넘으면 넘는

212

금액은 다른 소득과 합산하여 세금을 내는 제도)가 다시 실시된 2001년 이후 부자들이 가입하는 상품들 중에 외화 정기예금이 있다. 특히 엔화(¥) 정기예금의 경우 금리는 0.01% 정도 밖에는 되지 않는다. 금리가 워낙 낮으니 내야 하는 세금은 0.016% 정도 밖에 되지 않는다. 그런데 이렇게 낮은 금리의 엔화 정기예금을 왜 가입할까?

은행에서 선물환 거래의 이점을 이용할 수 있기 때문이다.

선물환 거래를 쉽게 설명하면 현대자동차를 미국에 1대당 1만 달로 수출할 때, 오늘 환율이 1달러당 1,200원이면 한국돈으로 환산하면 1,200만 원을 받을 수 있다. 그런데 6개월 후 미국에서 자동차 값을 받는 시점에 1달러에 1,150원이었다면 1대당 50만 원을 고스란히 손해 보게 되는 것이다. 이것을 환차손이라고 하는데, 반대로 달러가 올라가면 예상된 수입보다 더 많은 돈을 받을 수도 있다.

환율을 정확하게 예측할 수 있다면 좋으련만 정확한 예측은 거의 불가능하다. 따라서 환율이 내려가는 위험을 없애고자 기업들은 은행과 선물환 거래 약정을 한다.

"6개월 후 우리 회사에 달러가 들어오니 오늘 환율이 1,200원이지만 6개월 후 1,250원에 팔 수 있는 권리를 달라"고 요청을 한다. 이자가 감안된 금액으로 은행은 일정한 수수료를 받고 이에 응한다.

바로 이러한 것을 개인이 사용하는 것이다. 달러의 경우 오늘 환율보다 1년 후의 환율은 2% 정도의 이자율을 감안하여 거래되고 있으며, 엔화의 경우 6개월 후의 환율이 약 4% 정도가 붙는다. 여기서 거래되는 외환 차익에 대해서는 세금이 없기 때문에 거래는 엔화 정기예금을 하지만 선물환 계약을 통해 세금 없이 거래를 하고 수익은 정기예금보다 높게 거래할 수 있는 것이다. 현행 세법상 선물환 차익이나 옵션 프리미엄은 과세 대상에서 제외되어 있기 때문에 합법적으로 거래를 할 수 있는 것이다.

이러한 상품은 누구나 가입을 할 수 있다. 시간이 많이 걸리다 보니 일반 창구에서 이러한 구조를 맞추기가 어렵기는 하지만 외환 담당자와 친해 놓으면 PB센터가 아니더라도 쉽게 가입할 수 있다.

때로는 외화 예금만 거래하고 선물환 약정은 체결하지 않는 사람들도 있다. 환율이 오를 것을 기대할 경우 예상이 맞는다면 높은 외환 차익을 실현할 수 있기 때문이다. 비교적 정확한 예측이 필요한 경우로 투기에 가깝다고 할 수 있으므로 이런 거래는 가급적 피하는 것이 좋다.

## ○○ 부자들이 가입하는 상품 따라하기 - Ⅲ : ABS, 부동산 투자 신탁, 후순위 채권

이외에도 거의 7%대 이상의 확정 금리형의 『부동산 투자신탁』이 있는데 보통 선착순 모집을 한다. 또 한가지는 ABS상품(자산담보부채권)으로 일반인들에게는 조금 생소하지만, 비교적 높은 금리를 주는 회사채를 금융 기관이 보증을 하여 발행한다. 그런데 물량이 많지 않아서 평소 친분을 이용하여 상품이 나올 때를 대비하여 MMF에 입금해 놓고 가입 예약을 미리 해 둔다면 높은 이자 수익을 확보할 수 있다.

후순위 채권에도 관심을 갖어야 한다. 은행은 정기예금 등 예금이 많이 들어올수록 고객에게 내줘야 할 부채(빚)가 증가하게 되고 이로 인해 BIS 비율(국제결제은행 기준 자기 자본 충실도를 측정하는 비율)은 떨어지게 된다. 그래서 후순위채를 발행하면 자본금으로 인정이 되어 BIS 비율이 올라가므로 은행은 궁여지책으로 높은 금리의 후순위 채권을 발행하게 된다.

재미있는 사실은 후순위채를 발행할 때 몇천억 원씩 공모를 하고 신문에도 크게 기사화되지만 실제로 가입하는 사람들은 대개 부자들만 가입한다. 매월 또는 3개월마다 이자를 지급하거나, 3개월 단위로 복리로 이자의 이자가 붙는 고율의 상품이다. 하지만 일반인들은 기간이 5년 이상이기 때문에 길다고 생각하고 가입하기를 꺼린다. 그러나 5년은 금방 돌아오며 부자들은 만기에 높은 수익을 얻는다. 더군다나 이 상품은 만기 전에 해약되지는 않지만 매매를 할 수 있으므로 현금화가 가능하다. 저축 상품을 3년 가입하는 것은 길다고 생각하지 않는 반면 2년 더 거래하는 것은 과연 긴 것일까? 오히려 복리의 경우 장기일수록 더 많은 수익이 난다는 것을 인식한다면 5년보다 더 긴 후순위 채권에도 도전해 볼 만하다. 맨하튼을 판 인디언 얘기를 다시 한 번 떠올려 보자.

## ○○ 부자들이 가입하는 상품 따라하기 – Ⅵ : 해외 펀드

주식형 펀드 등 간접 투자 상품에 가입하는 사람들의 대부분은 역시 상대적으로 돈이 많은 사람들이다. 최근 브릭스(BRIC's:브라질, 러시아, 인도, 중국) 국가 등에 투자하는 해외 펀드를 가입하는 사람들의 대부분은 서민들이 아니다. 수익이 1년에 많게는 100%씩

나니 오히려 부동산 투기보다 수익률이 월등히 높다. 브릭스 등 특정 해외 펀드는 주로 은행 PB센터나 증권사 중에서도 일부 취급점에서만 취급하므로 일반인이 접근하기가 쉽지 않은 것이 현실이다. 따라서 평소 친분이 있는 직원을 통해 상품에 대한 안내와 가입을 부탁하는 것이 가장 쉬운 방법이며, 펀드 상품은 대부분 한정 판매가 아니라 매출을 많이 할수록 금융 기관은 그만큼의 수수료 수익을 올릴 수 있으므로 굳이 거절하지 않을 것이다.

## ○○ 부자들이 가입하는 상품 따라하기 - Ⅴ : 해외 부동산 투자

부자들의 선택은 남다를 때가 많다. 특히 부동산 분야에 있어서는 동물적인 감각을 지닌 사람들이 많다. 최근 중국 상해나 북경 등 중국 내에서도 개방이 많이 된 도시에 투자하는 사람들이 부쩍 늘었다. 한국에 투자할 곳도 많은데 불확실한 중국에까지 가서 부동산에 투자를 한다는 것은 어찌 보면 모험이지만 한국에 투자하는 외국인들의 생각은 어떨까? 우리 한국인들이야 우리나라가 안전하다고 믿고 있지만 그들의 시각도 우리가 중국을 보는 것과 똑같지 않을까 생각된다. 마찬가지로 일찍 중국에 들어가 투자한 사람들은 이미 달콤한 열매를 따먹고 있다. 여기서 주의해야 할 점은 중국에 투자하는 부동산 펀드가 매우 조직적이고 비밀스럽게 진행되고 있다는 것이다. 따라서 투자 원금을 고스란히 떼일 수가 있다는 데 문제점이 있다. 만일 투자를 한다면 꼼꼼하게 살펴보고 위험부담을 감당할 수 있을 만큼만 투자하는 것이 현명한 방법이다.

216

# 09 주식 투자! 쪽박과 대박

2002. 2월 주가 지수 520포인트, 2004년 2월 주가 지수 870포인트… 무려 350포인트가 올라 70%에 가까운 지수 상승이었다. 그런데 정작 주식 투자한 개인이 70% 정도의 수익을 올렸을까? 답은 "아니다!"이다. 주가 지수를 견인한 종목은 외국인들이 투자한 삼성전자 등 일반인들이 비싸서 투자하지 못하는 종목들 뿐…

### 돈이 돈을 버는 구조

'트라펠리스' '스타시티' '베네시티' '트럼프월드'를 기억하는가? 돈이 돈을 버는 구조를 극명하게 보여줬던 이들 주상복합아파트는 당첨만 되면 높은 프리미엄으로 큰 수익을 올릴 수 있는 구조를 갖고 있었다. 이유는 일반 아파트와는 달리 재당첨 금지가 적용되지 않았고 전매 또한 자유로웠기 때문이다.

당첨이 되면 많게는 1억 원 이상의 프리미엄을 받을 수 있었는데, 중요한 것은 청약을 하기 위해서는 2,000~3,000만 원 정도의 신청금이 필요하다는 것이다. 이렇다 보니 현장에는 밤을 새는 사람들로 인산인해를 이뤘고 급기야 정부는 2003년 7월 이후 사업 승인을 받은 20세대 이상의 주상복합아파트를 일반 아파트와 같이 전매 금지 조치를 내렸다. 3,000만 원을 내고 일주일 후 무려 1억 원을 벌 수 있다면 이것이 돈이 돈을 버는 구조인 것이다.

------

### ■ 유동성 확보는 마이너스 통장 등을 이용

기회는 준비하고 잡으려 노력하는 사람에게만 오듯 언제든지 종자돈을 사용할 수 있는 상태로 유지시켜 놓아야 한다. 돈이 필요할 때 굳이 예금을 해약하지 않고도 쉽게 활용할 수 있는 방법이 있는데 첫째가 가입해 놓은 예금이나 적금을 담보로 마이너스 통장을 개설해 놓는 것이다.

예금담보 대출을 받으면 고정적으로 이자가 나가지만, 마이너스 통장은 개설해 놓고 사용하지 않으면 이자를 내지 않아도 된다. 따라서 필요할 때만 쓰면 되기 때문에 준비된 종자돈으로는 제격이다.

두 번째는 머니마켓펀드(MMF) 통장으로 연 4%대의 정기예금 이율과 별 차이가 없다. 현재 이율이 약 3.5% 정도로 비교적 높은 금리를 받으면서도 언제든지 입출금이 자유로워 기회가 있을 때 쉽게 사용할 수 있다.

주식에 투자하는 상품도 언제든지 현금화할 수 있다. 직접 투자하는 경우 주가가 오를 것 같아서, 또는 너무 잃었을 때 막상 필요할 때 돈을 빼기 힘들지만, 은행에 예치한 주식형 펀드는 담보 대출이 가능하다. 따라서 좀 더 공격적으로 저축과 투자를 병행하고자 하는 사람이라면 매월 적금을 붓듯 일정 금액을 적립식 펀드에 가입하는 것이 좋다. 소액이라도 가까운 은행이나 증권사에서 쉽게 가입할 수 있는 적립식 주식 상품을 이용한다면 높은 투자 수익과 함께 돈이 필요할 때 담보 대출을 통해 좋은 투자 기회에 참여할 수 있다. 〈해설 참조〉

이와 함께 신문이나 인터넷 등을 통해 재테크 정보를 꾸준히 업데이트 해야 한다.

〈한국일보 '도전 10억 만들기' 시리즈 2004. 1. 14 게재〉

<<< **해설**

## ○○ 주가 지수 올라도 개인 투자자들은 행복하지 않다

"주가 지수가 오르면 뭐하나. 내가 투자한 종목이 올라야 신이나지" 필자가 아는 고객은 은퇴 이후 주식에 투자하여 짭짤한 수익을 거뒀다고 한다. 그러나 그것은 IMF 시절 누구나 투자하면 돈을 벌 수 있었던 좋은 시절의 이야기였다. 하지만 요즘은 영 재미가 없다고 한다. 2003년 2월 삼성전자 주식이 26만 원일 때 설마하고 사지 않았는데 불과 일 년도 안 돼서 56만 원으로 115%가 오른 것을 보면 배만 아프다고 한다. 왜냐하면 본인이 투자한 종목은 아직도 제자리에 머물러 있기 때문이다.

주식 시장에서도 부익부 빈익빈 현상은 있나 보다. 주가 지수만 보면 많은 돈을 벌었을 것 같지만 이 같은 현상은 우리나라 거래소 주식 시장 시가 총액의 20% 이상을 점유하는 삼성전자를 비롯 업종 대표주들이 주로 올랐기 때문에 기타 중소형 주에 투자한 개인 투자자들의 재미는 상대적으로 적을 수밖에 없었을 것이다.

그러나 간접 투자 상품인 펀드는 달랐다. 대부분 올라간 지수를 따라 올랐다. 이것은 펀드를 운용하는 펀드 매니저들이 시장 지수보다 수익이 덜 나면 고용에 문제가 발생할 수도 있으므로 열심히 운용하기 때문이며, 많은 종목에 분산 투자를 하여 오히려 시장 수익률보다 높은 수익을 올리는 펀드들을 쉽게 볼 수 있다.

## ○○ 밥먹고 주식 투자만 전문으로 하는 펀드 매니저 비서를 두자

주식 투자를 개인적으로 하면 투자하는 종목 수도 다양하지 못하고 분석 능력도 전문가에 비해 대부분 떨어질 수밖에 없다. 어디 이뿐이랴, 증권사 조사 결과에 따르면 개인 투자가들이 1년에 평균적으로 매매하는 횟수는 평균 15회 내외라고 한다. 이렇게 잦은 거래를 할 경우 거래할 때마다 내는 수수료와 거래세를 감안하면 일년이면 5% 정도는 족히 나갈 것이다. 정기예금 이자가 4%대임을 볼 때 연간 10% 이상을 벌어야 본전이 되는 셈이다.

더군다나 직장인의 경우 몰래 숨어서 인터넷 등 시세표를 들여다 보면서 거래해야 하는 불편함과, 오르면 기분 좋아하고 내리면 풀이 죽어 업무 능률이 떨어지는 현상을 감안한다면 직접 주식 투자하는 것보다는 밥먹고 주식 투자만 전문으로 하는 펀드 매니저를 개인비서로 고용해 보는 것은 어떨까?

편하게 돈을 벌 수 있는 방법을 놔 두고 사서 고생을 할 필요는 없지 않는가! 기껏 해 봐야 1.5% 이내의 수수료를 내고 전문가들로 구성된 비서가 운영하도록 하고 나는 인생에 투자하는 여유로움을 갖는 것은 어떨까?

미국의 예를 보더라도 주식 투자를 직접하는 경우보다는 간접 투자하는 인구가 훨씬 많다. 그러한 예는 선진국일수록 더 많은 비중을 차지한다. 그러나 우리나라 투자자는 모두 박사이다.

모르는 것이 없다. 기본적 분석은 물론이거니와 기술적 분석을 뛰어 넘어 실황중계까지 한다.

그렇게 하여 많은 돈을 번다면 몰라도 그렇지 않음은 이미 현실로 드러나 있으니 여러분은 직접 투자를 하고 있다면 그 비중은 줄이고 일부를 간접 투자로 옮겨 놓기를 권한다.

## ◉◉ 랩 어카운트(Wrap Account)에 대해서도 관심을 갖자

2003년 10월 이후 들어 증권 시장에 새로운 바람이 불었다. 또한 건설교통부에서는 기금 중 2조 원을 5개 증권사의 랩 어카운트에 맡기겠다는 발표가 있은 이후 정부에서도 맡기는 상품인데 괜찮겠지 하고 묻지마식으로 따라하다가는 낭패를 볼 수 있으므로 바로 알고 투자하여야 할 것이다.

랩 어카운트는 증권사의 전문가인 FP(파이낸셜 플래너)에게 자신의 자산을 맡기는 것으로 선진국에서는 최근 몇 년 사이 인기가 높아지고 있는데 증권사의 자산관리 전문가들이 자신의 개인 계좌를 직접 투명하게 관리해 준다는 장점이 있어 기존의 간접 상품인 펀드나 수익 증권 시장을 잠식해 들어가고 있는 실정이다.

랩은 여러 종류의 자산운용 서비스를 하나로 싸서(Wrap) 고객의 기호에 맞게 제공한다는 뜻으로 종합자산운용 서비스 또는 자산종합관리계좌라고 한다. 따라서 주식이나 채권, 수익 증권, 펀드 등 여러 가지 상품을 한꺼번에 가입하는 효과가 있어 투자 위험이 분산되는 장점이 있다. 보편적으로 소액은 취급하지 않고 3,000만 원 이상일 때 가입할 수 있는데, 투자 자문만 하는 경우(컨설턴트 랩)는 고객의 투자 성향에 맞춰 회사를 소개하고 회사는 고객의 책임하에 투자할 수 있는 포트폴리오를 구성하도록 도와주며 수수료를 받는 업무만 한다.

반면 완전히 본인의 자산을 맡기고 알아서 운용하게 하는 일임형 랩 어카운트는 본인이 감수할 수 있는 범위 내의 손실 한계선, 목표 수익률을 설정하여 투자에 임하여야 한다. 손실을 보아도 자산을 관리하는 증권사의 책임이 아니므로 결국 증권사나 FP의 능력에 따라 투자 성과가 크게 달라질 수 있다. 그러므로 그동안의 랩 어카운트 운용 실적이나 리서치(분석) 능력을 꼼꼼히 따져 비교하여 선택하는 것이 좋다.

또 한가지는 수수료 체계를 살펴보아야 한다. 증권사별로 수수료 차이가 많이 나지는 않지만 전체 금액 대비하여 내야 하는 만큼 꼼꼼히 따져봐야 한다. 아무튼 상품을 스스로 선택하는 것이 아니라 '내 돈을 알아서 잘 해달라' 라는 것이므로 하려거든 신중에 신중을 기해야 한다.

## ○○ 주가 낮을 때 가입하라는 소린 누군 못하나

직접 투자를 하든, 간접 투자를 하든지 투자 시기가 중요하다. 아무래도 주가 지수가 낮을 때 투자하는 것이 유리하겠지만 현재의 주가 지수가 낮은지를 어떻게 알겠는가? 우리나라 주식 시장은 지난 15년 동안 매번 500포인트에서 1,000포인트 고지를 수차례 왔다갔다 반복하였다. 그렇다면 900포인트는 과거 지수를 감안할 경우 고점이라고 할 수 있다.

그러나 언제나 그렇다고 할 수는 없다. 1,000포인트를 과감하게 넘어 2,000포인트에서 3,000포인트를 향해 가지 말라는 법이 없기 때문이다.

또는 다시 내려갈 수도 있다. 그러나 이런 때를 무작정 기다리기보다는 상황에 맞는 펀드를 선택하여 남들보다 한발 앞서 투자해야 한다. 또한 투자를 한다면 여유 자금으로 장기 투자를 원칙으로 하여야 한다. 이러한 투자에 적합한 펀드로는 적립식 펀드, 시스템 펀드, 절대 수익형 펀드가 유리하다.

**적립식 펀드** : 달러코스트 에버리징이라고 하여 매월 일정한 금액을 투자하여 주가가 높으면 주식 수가 적게 투자되고, 주가가 낮으면 주식 수가 상대적으로 늘어나 비교적 꾸준한 수익을 추구할 수 있는 펀드이다. 목돈을 일시에 넣지 않고 매월 적금을 붓듯 납입하는 상품으로 아이들 학자금으로도 권할 만하다. 직장인들의 저축+투자 수단으로 제격인 상품이다.

**시스템 펀드** : 예전에는 펀드 매니저 이름만으로도 수천억 원의 펀드가 조성되기도 하였으나 시스템 펀드는 컴퓨터 프로그램의 정

교한 신호에 의해 투자하는 펀드이다. 내리는 신호가 포착될 경우 매도를 취하게 하고, 바닥에서 오르는 신호가 포착될 경우 매수 신호를 보내 최적의 상황에서 투자하도록 움직이는 펀드로 상승장에서는 오히려 공격적인 펀드에 비해 조금 느리지만 하락장에서는 손실률을 최소로 낮출 수 있어 어느 정도 시장이 오른 상황에서 가입하기에 알맞은 펀드이다.

절대 수익 추구 펀드 : 주식 시장이 오르내림에 상관없이 정기예금+α를 제시하는 펀드로써 시스템 펀드와 비슷하나, 선물과 옵션 등 파생 상품을 이용하여 절대적으로 수익이 나오게 하는 헷지 펀드이다. 2004년도의 경우 대략 7~8%를 제시하고 있는데 특히 주식 시장이 고점에 다다랐을 때 내리고 오르는 상황이 반복될 때 최고의 효과를 얻을 수 있는 펀드이다.

# 10 간접 투자 상품 똑똑하게 고르는 방법

간접 투자 상품이 좋다고 하지만 어느 금융 기관을 선택할 것이며, 어떤 상품을 골라야 제대로 가입할까 고민스럽다. 기본에 충실해야 돈을 떼이지 않는다.

IMF 이후 금융 상품이 매우 다양해졌다. 전통적인 금융 상품인 정기예금, 정기적금, 신탁형 상품에다 뮤추얼펀드 및 수익증권 등 간접 투자 상품이 출시됐다. 이렇게 상품이 너무 많다보니 무엇을 선택해야 할지 쉽지 않다. 뮤추얼펀드, 수익 증권, 채권, 부동산신탁 등은 개인보다 많은 정보를 접하는 금융 기관에 위임하여 운용하는 간접 투자 상품이다. 지금과 같은 저금리 시대에 조금이라도 높은 수익을 올리려면 이런 간접 투자 상품에 눈을 돌려볼 필요가 있다.

## ○○ 자신의 투자 성향을 파악하라

간접 투자 상품은 투자자가 책임을 지는 상품이라는 것을 알아야 한다. 자신의 투자 성향과 목적을 고려해 선택해야 하는 것이다. 친구따라 강남 갔다간 큰코 다칠 가능성이 많다. 안정적인 투자를 원한다면 주식형 펀드에 30%, 정기예금이나 채권형 펀드에 70%로 가입하는 게 좋다. 주식형 펀드는 안정형, 성장형, 인덱스형 등 투자자 자신의 성향에 맞게 가입해야 한다. 적극적인 투자를 원한다면 주식형 펀드에 50%, 정기예금이나 채권형 펀드에 50%로 가입하도록 한다. 적극적인 투자자라도 50대 50의 원칙을 유지하는 것이 좋다.

## ○○ 시장 전망에 따른 펀드의 선택이 중요

주식 시장의 대세 상승기에는 주식 비율을 높이고 채권 비율을 낮춰 운용하는 것이 유리하지만 경기 전망이 불투명한 시기에는 주식 비율을 낮춰 가는 것이 바람직하다.

펀드에 가입할 때에는 투자 설명서, 운용 계획서, 약관 등을 검토한 후 가입해야 한다. 또한 투자 기간, 주식 편입 비율, 편입채권 신용 등급, 펀드 성향 등도 반드시 고려해야 한다. 거의 모든 펀드가 투자 기간 내 중도 환매시 환매 수수료가 부과되므로 주의해야 한다.

펀드의 규모가 너무 크면 효과적으로 대응하기 힘들고 너무 작아도 효율적인 자산 운용이 힘들다. 따라서 자신의 성향에 맞춰 주식 편입 비율을 고려해야 한다.

신상품 1호 펀드를 가입하는 것도 상대적으로 안전하고 수익률이 높다. 운용 전문가들이 신상품에 최선을 다해 1호 펀드를 간판스타를 만드는 경우가 적지 않기 때문이다.

## ○○ 펀드의 과거 운용 실적이 중요하다

투자신탁 운용회사의 특성에 따라 주식형 펀드가 강한 회사가 있는가 하면 채권형 펀드가 강한 회사도 있다. 따라서 가입하고자 하는 펀드 운용 회사의 실적을 검토하는 것이 중요하다.

비과세 펀드와 세금 우대 펀드에 우선 가입한 뒤 신탁 보수 및 운용 수수료가 낮은 펀드를 느긋하게 선택하는 것도 한 방법이다.

하지만 개인이 간접 상품을 직접 선택하기는 쉽지 않다. 각 금융 창구에 있는 전문가와 상담 후 선택하는 것이 좋다.

## ○○ 변화에 익숙해져야 한다

지금의 금융 환경은 이전에 경험해 보지 못한 상황이 아닌가 싶다. 초저금리 시대를 살아가는 우리에겐 시장의 변화는 더욱 혼란스럽게만 느껴진다. 여기에 익숙하지 않은 금융 고객은 올바른 기준을 세우지 못한 채 갈팡질팡하기도 하고 때로는 애써 변화를 인정하지 않으려고 눈을 감아 버리기도 한다. 그러나 그럴수록 변화의 수레바퀴는 굴러가고 그만큼 자신은 변화한 환경에서 멀어지게 된다.

이젠 적어도 정확한 상황 인식과 나만의 선택 기준을 세워야 할 시기이다. 그렇다면 어떻게 해야 홍수처럼 넘쳐나는 상품의 바다에서 그 파도에 휩쓸리지 않고 올바른 항해를 할 수

있을 것인가. 특정 상품이 특정 금융 기관의 전유물이던 시대
는 이미 지났다. 또한 상호 이익만 일치한다면 금융 기관간에
무한한 업무 제휴가 일어나고 있고 이에 따른 다양한 간접 상
품이 쏟아져 나오고 있다. 확정 금리 상품이 주종을 이뤘던 은
행에서도 다양한 간접 상품이 판매되고 있다. 어디에서 판매하
는가가 아니라 상품 자체의 내용에 선택의 기준과 초점을 맞춰
야 하는 것이다.

### ■ 수익이 있는 곳에는 반드시 상응하는 위험이 있어

어떠한 상품도 위험에서 자유로울 수 없다. 심지어는 금융
기관 선택도 하나의 큰 위험 요소이다. 확정 금리 정기예금도
위험이 있다. 단지 그 위험이 적다는 것일 뿐이다. 신탁이나 주
식형 상품이라면 내용에 관계없이 무조건 가입하는 것은 참으
로 무책임한 결정이 아닐 수 없다. 위험은 상품의 종류만큼이
나 다양하게 존재한다.

따라서 '나는 얼마만큼의 위험을 받아들일 수 있는 사람인
가' 라는 자기 진단이 필요하다. 투자성향 분석프로그램을 통
해 자신의 투자 성향을 파악하는 것도 위험을 줄이는 방법 중
하나다. 의외로 자신이 생각하는 투자 성향과는 다르게 자가
진단 결과가 나올 수도 있다. 한번쯤은 진단해 볼 필요가 있
다.〈해설 참조〉

■ 여유 자금으로 투자를 해야

　　상품을 선택할 때는 이른바 금융 재테크의 3요소라고 하는
안정성, 수익성, 유동성(환금성)을 모두 고려해야 한다. 여기에
한가지 더, 투자 자금의 성격도 중요하다. 퇴직금이나 생활에
필요한 긴급 자금이라면 이는 어떠한 요소보다도 안정성이 가
장 큰 고려 사항이 되어야 한다. 반면 여유 자금이라면 스스로
부담할 수 있는 위험과 수익성을 고려한 투자적 차원에서 선택
이 이루어질 수 있다.

〈경향신문사 뉴스메이커 2002. 12. 26 게재〉

<<< 해설

## ○○ 인터넷으로 하는 투자 성향 파악

　　투자 성향을 파악하고 가입한다는 것은 '지피지기면 백전불퇴'
라는 고사성어와 같이 자신의 성향을 먼저 파악하고 자신이 부담할
수 있는 범위가 얼마가 되는지를 파악할 수 있다. 더 나아가서는 인
터넷으로 투자 성향을 파악할 경우 적정 자산배분(포트폴리오)까지
추천을 해 준다. 대표적으로 펀드닥터(www. funddocter. co.kr)
나 각 금융 기관에서 제공하는 투자 성향 프로그램을 이용하면 쉽게
접할 수 있다.

아래의 표로 당신의 성향을 한번 체크해 보길 바란다. 그러면 당신의 투자 성향을 체크할 수 있다. 반드시 일치하는 것은 아니나 이러한 분석표는 많은 사람들을 평가하고 분석한 결과 보편적으로 나온 확률을 바탕으로 표를 만든 것이기 때문에 어느 정도 객관적이라고 할 수 있다. 그러나 이 표대로 투자를 하라는 것은 아니며 본인의 성향을 참고한 이후 다음 장에서 다루는 「고수익 포트폴리오 스스로 짜는 방법」에 적용하면 많은 도움이 될 것이다.

이러한 표는 금융 기관의 전문 상담인이 사용하는 것이지만 독자들도 살펴보면 아주 쉽게 접근할 수 있을 것이다.

## 고객 투자 성향 분석표

아래의 질문 사항은 고객님의 투자 성향을 분석하기 위한 자료로 활용할 예정이며 고객님께서 투자하시기에 적합한 투자 상품을 선정하는데 도움을 드리기 위해 제작되었습니다. 다음 질문에 대하여 생각하시기에 가장 적절하다고 생각되는 답을 택하여 주십시오.

〈자료:국민은행〉

| 1. 귀하께서는 재테크 수단으로써 수익 증권 투자에 익숙하십니까? | |
|---|---|
| ① 수익 증권에 투자한 경험과 관련 지식이 전혀 없다. | 5 |
| ② 수익 증권의 종류와 성격에 대해 대충은 알고는 있지만 투자한 경험은 아직 없다. | 10 |
| ③ 수익 증권 투자 경험이 있으며 이에 대한 기본적인 지식은 가지고 있다. | 15 |
| ④ 수익 증권 투자시 수익의 등락이나 원금손실이 있을 수 있다는 것을 경험했거나 잘 이해하고 있다. | 20 |

| 2. 현재 투자 기간을 어느 정도 생각하고 계십니까? | |
| --- | --- |
| ① 3개월 미만 – 목돈지출 전이나 투자처 물색 중인 자금의 단기 운용 | 10 |
| ② 3개월~1년 – 지수나 이자율 수준을 고려하여 투자 타이밍을 잡은 경우 | 20 |
| ③ 1~3년 – 은행 상품보다 일반적으로 높은 수익을 보고 1년 이상 투자할 경우 | 30 |
| ④ 3년 이상 – 주택마련, 노후준비, 세제혜택을 목적으로 하는 장기투자 | 40 |

| 3. 귀하의 고객님의 연령대와 가족 사항은 어떻게 되십니까? | |
| --- | --- |
| ① 35세 미만이며 미혼이거나 결혼해서 어린 자녀가 있다. | 60 |
| ② 30대 후반에서 40대며, 미혼이거나 결혼하여 초등학교나 중학교를 다니는 자녀가 있다. | 45 |
| ③ 40대이며, 결혼해서 고등학생 이상의 자녀가 있다. | 30 |
| ④ 50대이며 퇴직했거나 퇴직을 준비하고 있다. | 15 |

| 4. 귀하께서 투자하고자 하는 금액이 전체 소유자산에서 차지하는 비율은? (대출하여 소유한 자산은 제외) | |
| --- | --- |
| ① 전체 소유자산의 25% 미만 | 28 |
| ② 전체 소유자산의 25~50% 미만 | 21 |
| ③ 전체 소유자산의 50~75% 미만 | 14 |
| ④ 전체 소유자산의 75% 이상 | 7 |

| 5. 귀하께서는 장기적인 수익을 위해 단기적 손실을 감수하시겠습니까? | |
| --- | --- |
| ① 단기적인 원금손실이라도 피하고 싶으며 은행예금보다 약간 높은 수준의 수익을 원합니다. | 13 |
| ② 정기예금 이상의 수익을 올릴 수 있다면 일시적인 원금손실은 발생하더라도 감수할 수 있습니다. | 26 |
| ③ 상당한 원금손실에도 장기적으로 더 많은 수익이 기대된다면 감수할 수 있습니다. | 39 |
| ④ 상당한 원금손실이 발생하더라도 이를 저가매수를 통한 추가 투자의 기회로 활용하겠습니다. | 52 |

〈 점수 계산하기 〉

| 문항 | 1 | 2 | 3 | 4 | 5 | 합계 |
|---|---|---|---|---|---|---|
| 점수 | | | | | | |

〈 유형별 펀드 〉

| Score | 60 미만<br>~120 미만 | 60 이상<br>~150 미만 | 120 이상<br>~180 미만 | 150 이상 | 180 미만 |
|---|---|---|---|---|---|
| 투자 유형 | 안전추구형<br>Risk Averse | 보수투자형<br>Conservative | 안정투자형<br>Moderate | 적극투자형<br>Moderate Aggressive | 고수익고위험<br>투자형<br>Aggresive |
| 자산 배분<br>추천 전략<br>■ 주식<br>■ 채권<br>■ 그외 | 고객님은 어떤 경우에도 원금 손실없이 보유 자산을 관리하는 데 관심이 많습니다. 따라서 투자신탁 상품 가입에 적합하지 않습니다. | 고객님은 원금 손실을 최소화 하면서 은행예금보다 약간 높은 수준의 수익을 추구하는 타입입니다. 고객님 투자 성향에 적합한 투자 상품으로 채권형 펀드를 추천합니다. | 고객님은 안정적인 투자 성향으로 채권 수익률에 추가 수익(+a)을 원하며 일정기간 동안 일시적인 원금의 손실이 생기더라도 감수할 수 있는 타입입니다. | 고객님은 채권 수익률에 만족하지 못하고 주식 투자를 적극 활용하여 원금 손실이 발생하더라도 장기적인 안목으로 더 많은 수익을 기대하는 타입입니다. | 고객님은 고위험 부담을 안으면서 고수익을 원하는 투자가로 상당한 원금 손실이 발생하더라도 이를 추가 투자의 기회로 활용하여 고수익을 기대하는 타입입니다. |
| | | 채권형 | 주식 30% 이내 | 주식 30% 초과 ~ 60% 미만 | 주식 60% 이상 |

# 11 고수익 포트폴리오 스스로 짜는 방법

'계란을 한 바구니에 담지 말라'라는 말을 쉽게 접한다. 소위 재테크에서 말하는 포트폴리오(Portfolio)란 자산을 여러 개로 나누어 분산 투자하는 것을 의미한다. 즉, 주식에서도 몰빵(한 종목에 다 투자할 경우)할 경우 그 주식이 부도가 나면 엄청난 손해를 볼 수 있으므로 여러 종목으로 나누어 투자하면 위험이 그만큼 줄어들기 때문이다. 이러한 이치를 이용하면 쉽게 스스로 포트폴리오를 만들 수 있다.

**문**  재테크를 시작해 보려 합니다. 재테크를 하기 위해서는 결혼을 하고 안정된 후에 하라는 이야기를 들었습니다. 우선 청약이나 주택마련저축을 통해 집을 마련을 하고 난 후에 재테크를 시작하라고 하더군요. 저는 결혼도 하고 집도 있고 차도 있는 상태입니다. 그리고 드디어 오늘 저에게 완전한 여유 돈이라고 할 수 있는 600만 원의 적금을 탔습니다. 그리고 4월에 7백만 원 정도의 적금을 탑니다. 그래서 이 돈으로 재테크를 시작해 보려 합니다. 혹자는 여유 자금은 50% 정도만으로 시작하고 50%는 안정적인 금융 상품에 투자하라고 합니다. 지금 저는 펀드 쪽에 관심이 있습니다. 처음엔 주식을 해볼까 해서 공부도 해보았지만 쉽지가 않았습니다. 그래서 요즈음 펀드라는 말이 자주 등장하길래 알아보니 간접 투자더군요. 그래서 펀드 쪽으로 마음이 기운 상태입니다. 어느 방향으로 가야 할지 조언을 구합니다.

**답**　재테크는 종자돈을 모으는 과정과, 돈을 불리는 투자의 과정으로 크게 나눌 수 있습니다. 두 과정을 굳이 구분한 것은 모으는 과정에서는 절약과 꾸준한 저축이 최고의 방법이지만, 투자 단계는 돈이 돈을 벌게 하는 구조로 진입하는 것을 의미합니다. 가령 주식에 투자하거나, 부동산에 투자할 때 모아 놓은 종자돈이 큰 역할을 하는데 상담인이 표현한 '완전한 여유돈'이 바로 투자의 밑천일 것입니다.

투자는 때론 과감할 필요가 있습니다. 그러나 자칫 무모한 배팅은 비싼 학습 비용만 지불할 수 있는데 상담인이 간접 투자 상품에 관심을 가졌다는 것은 절반의 성공을 한 것과 같습니다.

- - - - - - - - - - - - - - - - - - - - - - - - - - - - - - - - - - - - - - - -

### ■ 간접 투자는 주식 전문가를 개인비서로 둔 것과 같다

이라크 전쟁이 발발했던 2003년 3월, 최저 지수는 515포인트였습니다. 그리고 2004년 2월 18일 현재는 881포인트로 무려 71%가 올랐습니다. 그러나 주식에 직접 투자한 개인 투자자들의 수익은 그리 높지 않았습니다. 오히려 돈을 잃은 사람들이 많습니다. 왜일까요? 시가 총액의 약 20%를 점유하고 있는 삼성전자는 일년 전 27만 원에서 57만 원으로 110% 이상 올랐지만 개인들이 투자한 중소형 종목이나 코스닥 종목들은 고전을 면치 못했기 때문입니다. 주식에도 부익부 빈익빈 현상이 있는 것 같습니다. 그러나 펀드들은 달랐습니다. 펀드 매니저들은 삼성전자와 같은 우량 종목들로 펀드를 구성하였는데, 주가 지수가 오른 만큼 그 이상의 수익을 내야만 자신의 가치가 올라갈 수 있어 세심하고 정확한 투자를 한 결과 많게는 100%에 가까운 수익을 올릴 수 있었던 것입니다. 어찌 보면 부동산에 투자한 것보다 더 높은 수익률일 것입니다. 따라서 개인적으로 주식을 사고 팔면서 스트레스를 받기보다는 전문가 비서를 두는 간접 투자 상품을 선택하는 것에 대해 전적으로 동감합니다. 그렇다고 공짜로 운용을 해 주는 것은 아닙니다. 고객은 약 1~1.5%의 수수료를 내는데 사실 따지고 보면 개인적으로 사고 팔 때 내는 거래세와 수수료를 비교하면 오히려 적을 것입니다.

### ■ 자신이 감당할 수 있는 예상 수익과 손실을 파악한다

요즘 나오는 펀드들의 종류는 매우 다양합니다. 최근 유행하는 것으로는 ELS 펀드가 있는데, 이 펀드는 원금 보장을 해 주면서 주가 지수가 오른 일정한 비율만큼 수익을 주는 유형과, 주가가 5% 이상 오르면 8%의 확정 수익을 주는 식의 유형, 주가 지수가 오르내림에 상관없이 수익을 주는 유형 등, 다양한 기법으로 만들어진 상품이 있습니다. 반면 시장이 오르고 내린 만큼의 비율대로 본인의 수익과 손실이 결정되는 공격형 펀드도 있습니다. 그리고 최근 브릭스(BRIC's) 국가들에 투자하는 해외 상품도 있습니다. 만일 상담인이 향후 주식 시장을 낙관적으로 본다면 수수료를 먼저 내고 언제든지 해약할 수 있는 공격형 펀드나 해외 펀드(브릭스 펀드)의 가입을 권합니다. 왜냐하면 원하는 수익에 도달했을 때 즉시 빠져 나올 수 있기 때문입니다. 만일 현재의 주가가 부담스럽다면 ELS나 절대 수익 추구형 펀드가 좋습니다.

특히 절대 수익 추구형 펀드는 주가 지수와 관계없이 정기 예금 이상의 수익을 추구하고 있어 요즘 가장 인기가 있는 상품입니다.

〈서울경제신문 '실전재테크' 2004. 2.23일 게재〉



## ○○ 내 마음대로 수익률 조절한다

앞장에서 자신의 성향을 파악하였지만 반드시 본인의 성향과 일치한다고 볼 수는 없다. 그렇지만 앞의 파이(원형) 그래프에 따라 주식이 포함된 상품을 얼만큼 가입하느냐에 따라 기대되는 수익과 손실이 결정된다.

이번 장에서는 각 그래프대로 할 경우 예상되는 수익과 손실을 계산해 보기로 한다. 이 계산 구조를 쉽게 이해한다면 아마도 당신은 은행의 PB, 보험사의 FC, 증권사 상담인만큼의 전문가 수준에서 포트폴리오를 짤 수 있을 것이다.

1. 정기예금 700만 원 + 주식형(인덱스 펀드 : 시장 수익률과 비
   슷하게 움직이는) 펀드에 300만 원 투자할 경우

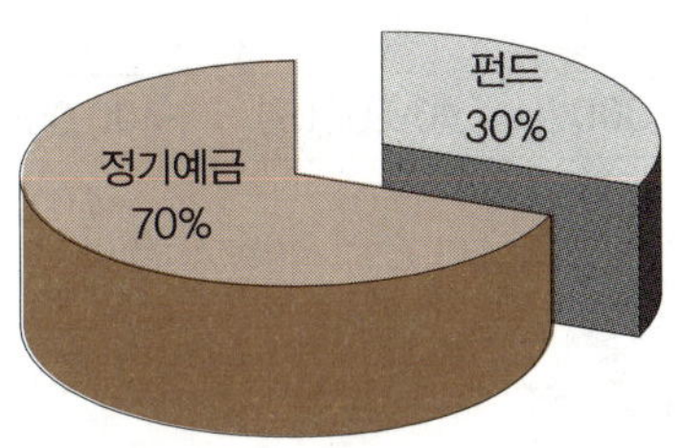


| 금융 상품 | 투자 금액 | 수익 (주가 20% 오름) | 손실 (주가 -10% 내림) | 계산 방법 |
|---|---|---|---|---|
| 정기예금 (이율 5%) | 7,000,000원 | 확정 350,000원 | 확정 350,000원 | 주가관계없이 확정 |
| 주식형펀드 | 3,000,000원 | 600,000원 | -300,000원 | 주식 비율× 지수 상승(하락)률 |
| 손익합계 | 10,000,000원 | 950,000원 | 50,000원 | |
| 수익률 | | 9.5% | 0.5% | |

2. 정기예금 400만 원 + 주식형(인덱스 펀드 : 시장 수익률과 비
   슷하게 움직이는) 펀드에 600만 원 투자할 경우

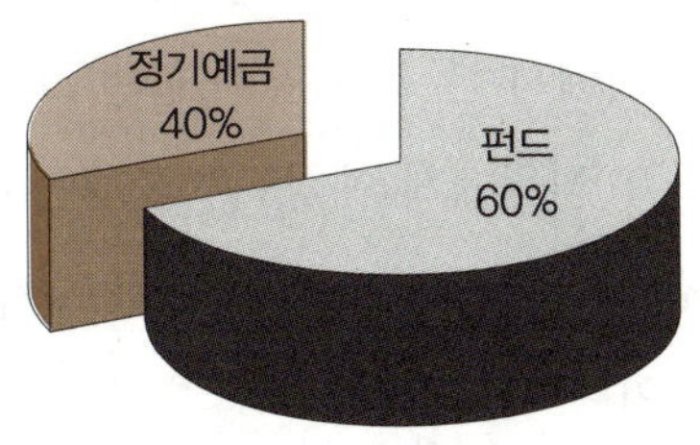

| 금융 상품 | 투자 금액 | 수익 (주가 20% 오름) | 손실 (주가 -10% 내림) | 계산 방법 |
|---|---|---|---|---|
| 정기예금 (이율 5%) | 4,000,000원 | 확정 200,000원 | 확정 200,000원 | 주가 관계없이 확정 |
| 주식형 펀드 | 6,000,000원 | 1,200,000원 | -600,000원 | 주식 비율× 지수상승(하락)률 |
| 손익합계 | 10,000,000원 | 1,400,000원 | -400,000원 | |
| 수익률 | | 14.0% | -4.0% | |

## ○○ 높은 수익률엔 공짜 없다

시스템 펀드나 원금보존 추구형 ELS, 절대수익 추구형 등의 금융 상품은 정기예금보다 비교적 높은 수익을 얻을 수 있다. 반면 시장의 높은 수익률만큼 쫓아가기 원한다면 시장 위험에 노출되어 있는 인덱스 펀드, 해외 투자 상품 등을 선택해야 한다. 그러나 이러한 상품은 높은 수익률을 올릴 수 있는 대신 반드시 원금 손실의 위험 부담이 있다.

이러한 위험으로부터 본인의 소중한 자산을 지키건, 일부 손실을 감안하여 높은 수익을 얻건간에 모든 것은 본인의 판단하에 하여야 한다. 분명한 것은 과감한 투자는 자신이 감당할 수 있는 범위 내, 즉 빠른 시일 내에 회복할 수 있는 금액 내에서만 이루어져야 한다.

그러기 위해서는 위에서 본 표와 같이 한번 그려보고, 투자 설명서를 반드시 읽어보고 직원에게 예상 수익률, 손실율을 꼼꼼히 물어본 다음 본인이 감당해야 하는 위험 수위를 숫자로 써 본다면 답은 명쾌하게 나올 것이다.

# 12 이혼 재테크

하루 10쌍 결혼하고 5쌍 이혼하는 세계 이혼율 2위의 이혼 대국. 결혼도 하기 전 이혼부터 생각하는 불길한 생각은 하기 싫다. 그러나 결코 나도 예외일 수는 없다. 행복하게 살기 위한 이혼 계획, 부자로 살기 위한 이혼 계획은 이제 재테크의 필수이다.

종자돈을 모으려면 푼돈도 절약해야 한다. 그런데 전혀 예상치 않았던 곳에서 한꺼번에 목돈이 나간다면 푼돈을 모을 때의 열정과 10억 원을 향해 달려갔던 뿌듯함도 함께 잃을 수 있다. 이런 걸림돌 중 쉽게 예상치 못하는 것이 이혼이다. 정신적 고통이야 말할 것도 없겠지만 재테크 측면에서도 많은 손해를 감수해야 한다. 일찍이 가족 해체를 경험한 프랑스나 독일 등 유럽의 젊은이들이 결혼을 회피하는 이유로 이혼에 따른 경제적 어려움을 겪은 결과라고 보면 무리일까?

■ 이혼에 따른 경제적 피해

이혼에 따른 경제적 손해는 위자료뿐만이 아니다. 통상 정신적 고통의 대가인 이혼 위자료가 3,000만 원 수준에서 결정되고 부부가 같이 형성한 재산에 대해서는 각자의 기여도에 따라 재산 분할을 하게 된다. 이혼은 단순한 문제가 아니다. 재산이 줄어드는 것뿐만 아니라 재무 목표를 크게 수정해야 하고 이에 따른 비용과 이혼자로서의 불이익도 감수해야 한다. 첫째 집을 급하게 팔아야 하므로 제 값을 받기가 어렵다. 둘째 더 큰집을 마련할 기회도 잃고, 다른 집을 구할 때 드는 비용 손실도 감수해야 한다. 셋째 위자료를 주기 위해 예금을 중도 해약하거나 때론 빚을 얻어야 한다. 넷째 신용상의 불이익으로 신용평가 기관에서 이혼자에 대해 대출을 거부한 사례도 있다.

### ■ 부부가 함께 하는 재테크

따라서 이런 손해를 사전에 줄이는 방법과 부부가 함께 하는 재테크 방법을 미리 알아두면 좋다. 우선 부부 공동 명의로 집을 등기하면 팔 때 양도 소득세를 줄일 수 있다.

현행 세법은 양도 차익에 대해서 누진과세(금액이 적을수록 세율이 낮은)를 한다. 가령 2억 원에 사서 3억 원에 팔면 양도 차익 1억 원에 대한 세금이 한 사람 명의일 경우보다 부부 공동일 때 693만 원이나 절약된다. 만약 공동 등기를 하지 못했다면 지금이라도 증여를 하는 것이 좋다. 3억 원까지는 증여세를 내지 않아도 된다. 단 취득세, 등록세는 부담해야 한다.

결혼을 약속한 사이라면 '부부재산 계약제도'를 이용하는 방법도 있다.

이 제도는 예비 부부가 결혼 후 재산관리 및 처분권한 등에 대해 미리 계약을 하는 제도로 등기소에 신청할 수 있다. 세대주를 반드시 남편으로 할 것이 아니라 상황에 따라 협의를 통해 결정하는 것도 바람직하다. 청약저축에 가입하거나 장기주택마련저축 등 연말 정산을 받을 때 세대주만 자격이 있으므로 가급적 소득이 많은 사람이 세대주가 되는 것이 유리하기 때문이다.

마지막으로 모든 의사 결정에 부부가 함께 참여하기를 권한다. 특히 대출을 받거나 투자를 할 때 서로 합의하고 동의를 구하는 것이 최선이다. 원만한 결혼 생활이야말로 당신의 10억 원 달성 목표를 더 빨리 이룰 수 있는 지름길이다.

〈 한국일보 '도전 10억 만들기' 시리즈 2004. 3. 10 게재 〉

<<< 해설

## ○○ 이혼을 하면 손해다

이혼을 하면 개인 경제적으로 손해를 볼 수 있을까?

2004. 2. 17 보도를 보면 보증기관에 전세자금 대출의 보증 신청을 했는데 이혼 경력이 있다는 사실로 보증불가 판정이 나자 "인권차별이다"라면서 인권위원회에 평등권에 위배된다고 진정을 낸

기사가 주목을 끌었다.

보증기관은 이에 대해 "신용도 차이는 과거 샘플을 뽑아 불량률을 조사한 결과 기혼-미혼자가 1~2%대인데 비해 이혼자나 사별한 경우는 7%가 넘게 나온 데 따른 것"이라고 설명한다.

대출이나 보증을 해 주는 곳은 나름대로의 기준을 갖고 있다. 결과가 어떻든지 간에 돈을 빌려주는 입장에서는 획일적일 수는 없다. 필자도 신용 대출을 취급해 본 적이 많이 있다. 객관적인 자료로만 보면 대출이 가능한 사람이라도 진실성이 없어 보이면 대출을 해 주기 싫다. 대출을 해 주고 나서 부실이 발생하면 그에 대한 책임을 취급자가 일부 부담해야 하기 때문이다. 이러한 데이터는 선진 금융 기법이 발달한 미국의 사례에서 쉽게 알아볼 수 있다. 흔히 전화, 전기료 등을 납부하지 못한 것에서부터 결혼 적령기가 지났음에도 아직 미혼일 경우에도 신용도가 낮고, 이혼을 한 경우에는 남자가 여자보다 신용도가 낮게 책정되고 있는 점을 볼 때 앞으로 이러한 현상은 더해질 것이다.

또한 경제적으로도 많은 손실을 감수해야 한다. 위자료를 주기 위해 어쩔 수 없이 싼값에 집이나 땅 등 부동산을 팔아야 하기도 하고, 불입하던 예금도 해야 한다. 잘 나가던 주식을 정리해야 하기도 하는 등 경제적으로 이만저만한 손해가 아니다.

더군다나 위자료 청구 소송이나 재산분할 청구 소송에 따라 직장으로 급여 압류가 들어오면 인사상으로도 매우 난처한 입장에 처하게 된다.

따라서 경제적인 측면이나 도덕적인 측면에 있어서도 이혼은 하지 말아야 한다. 이혼한 사람들 모두 부득이한 경우이겠지만, 잘된 계획과 꼼꼼한 실천을 하는 사람이 재테크에서도 성공하듯 결혼도 꼼꼼히 따져보고 하면 이혼은 하지 않을 것이다.

참고로 필자는 TV에서 '사랑과 전쟁'이라는 이혼에 관한 이야기를 다룬 드라마를 즐겨 보는데 타산지석(他山之石:다른 사람의 하찮은 언행일지라도 자신의 지덕을 연마하는 데 도움이 됨)으로 삼고 있다.

## ○○ 부부 공동 명의 부동산 등기의 이익

집을 살 때 부부 공동 명의로 등기하면 여러모로 이익이 될 수 있다. 특히 부동산을 매각할 경우 양도 차익이 1억원이라면 한 사람 명의일 때보다 부부 공동 명의일 경우 약 693만 원의 세금을 절약하는 효과를 본다. 왜냐하면 한 사람 명의일 경우 높은 세율을 적용받지만, 나누어 낼 경우에는 세율이 낮기 때문이다. 〈표 참조〉

기존 주택도 공동 명의로 등기할 수 있다. 바로 증여의 방법을 통하면 되는데 부부간에는 3억 원까지 배우자 공제를 받기 때문에 증여세를 내지 않아도 된다. 다만 등기할 때 취득세와 등록세는 납부해야 한다.

〈 공동 명의 등기를 해 놓은 경우 양도 소득세 절약 금액 〉

| 구분 | 양도 차익 | 세금 | 세율(보유 기간 2년 이상) |
|---|---|---|---|
| 한 사람 명의 | 100,000,000원 | 1,000만 원 × 9%<br>= 900,000원<br>3,000만 원 × 18%<br>= 5,400,000원<br>4,000만 원 × 27%<br>= 10,800,000원<br>2,000만 원 × 36%<br>= 7,200,000원<br>〈합계〉 24,300,000원 | 1,000만 원 : 9%<br>1,000만 원~4,000만 원<br>: 18%<br>4,000만 원~8,000만 원<br>: 27%<br>8,000만 원 초과 : 36% |
| 부부가 1/2씩 보유 | 남편 50,000,000원 | 1,000만 원 × 9%<br>= 900,000원<br>3,000만 원 × 18%<br>= 5,400,000원<br>1,000만 원 × 27%<br>= 2,700,000원<br>〈합계〉 9,000,000원 | ★ 나누었을 때 693만 원의 양도 소득세를 절약함<br>(양도 소득세 630만 원 + 주민세 63만 원) |
| | 부인 50,000,000원 | 1,000만 원 × 9%<br>= 900,000원<br>3,000만 원 × 18%<br>= 5,400,000원<br>1,000만 원 × 27%<br>= 2,700,000원<br>〈합계〉 9,000,000원 | |

## ○○ 전략적인 이혼도 있었다

통계청의 2003년 한국의 사회지표에서 보면 이혼 건수(2002년도)는 총 14만 5천 건으로 동기간에 결혼한 30만 쌍의 부부 중에 약 50%에 달하는 이혼율이다. 이 중 이혼 사유의 1위는 '부부불화'가 73.2%이고 '경제적 이유'가 13.2%로 2001년 11.7%에 비해 급격히 늘어나고 있는 추세이다. 그렇다면 어떤 것이 경제 문제일까? 경제적으로 무능한 남편을 믿지 못할 수도 있겠고, IMF 이후 가장의 사업 실패나 정리해고 등으로 도저히 가정 경제를 지탱할 수 없는 상황 등일 것이다.

그런데 이혼을 하는 것이 재테크인 사례도 있었다. 청약예금 1순위였던 남자 고객이었는데 부인이 결혼 전에 아파트에 당첨되어 재당첨 금지 기간(본인 및 세대원 중 5년 이내에 당첨이 된 경우 5년 동안은 청약을 하지 못하는 기간)에 해당되어 청약을 하지 못하게 되었다. 상담을 하는 중에 이혼을 하면 1순위에 해당되느냐고 문의를 하였고 "그렇다"라고 답변을 하자, 어느 날 이혼을 하고 왔다고 하였다. 정말 기가 막히지 않을 수 없었다. 그러나 이해를 할 수밖에 없었던 것은 결혼한 지 얼마 되지 않았는데 아파트 청약을 하려고 보니 부인이 결혼 전 아파트에 당첨되어 친정 부모님의 명의로 바꾸고 결혼을 하였다는 것이다. 그래서 부부는 고민 끝에 서류상으로만 이혼을 하고 아파트에 청약을 하였던 것이다. 물론 그가 원하던 아파트에 당첨이 되었고, 부부는 다시 재혼을 하는 절차를 밟았다. 정말 이해할 수 없는 이혼이었지만 그 사람에게 있어서 아파트 당첨은 집을 마련해야 한다는 절실하고도 적극적인 재테크 수단이었던 것이다.

도덕적인 잣대로 보면 도저히 용납할 수 없는 일이다. 그러나 집을 마련해야 하는 절실함 앞에서 한편으로는 이해도 가는 일이다.

행복한 결혼 생활이 사소한 이해 부족으로 또는 결혼 전에 고려해 보지 못했던 경제적인 부분 때문에 이혼을 해야 하는 부부들을 보면 너무 안타깝다. 동방예의지국, 조강지처라는 우리 사회의 전통이 깨지지 않기를 간절히 바란다.

## ○○ 이혼위자료로 집을 넘겨주면 세금 많이 낸다

이혼을 할 경우 위자료 조건으로 살던 집을 배우자에게 준다면 과연 세금을 낼까?

흔히 대가를 받고 넘긴 것이 아니기 때문에 소유권 이전 등기만 해 주면 되는 것으로 잘못 알고 있다.

그런데 이렇게 소유권을 넘겨줘도 양도 소득세를 납부해야 한다. 왜냐하면 사인간에 소유권을 이전해 주는 것으로 인정되어 양도로 보기 때문이다. 이렇게 될 경우 집을 주라고 판결을 받아 집을 주는 것도 억울한데, 높은 양도세까지 내야 한다면 마음이 그야말로 폭탄을 맞은 심정일 것이다.

이럴 경우에는 등기의 원인을 "재산분할 청구에 의한 소유권이전"으로 하면 세금을 내지 않는다.

왜냐하면 부부 공동으로 취득한 재산 중 자신의 몫을 되찾아가는 것이므로 양도에 해당하지 않기 때문이다. 똑같은 등기를 하면서도 등기 원인에 "이혼 위자료 지급"으로 기재하느냐 아니면 "재산분할 청구에 의한 소유권 이전"으로 하느냐식의 몇 글자 차이에 양도 소득세가 결정된다.

## ○○ 재산을 찾아 묶어놔라

이미 이혼을 결심한 상태라면 이혼 후의 경제적인 문제를 심각하게 생각해야 한다. 일반적으로 이혼을 하는 경우 크게 협의하여 이혼하는 경우와 재판으로 이혼 소송을 내는 경우로 나눌 수 있는 데, 협의 이혼의 경우에는 위자료, 자녀 양육비, 재산의 분할 등에 대해 당사자간 협의를 하므로  재산을 나누는 데 큰 어려움은 없다. 그러나 소송을 할 경우 재판을 하기 전이나 재판을 하는 중에 한쪽 이 본인 명의로 되어 있는 부동산이나 예금 등을 몰래 빼돌리면 그 돈을 사실상 찾기 어려워질 수 있다.

이럴 때를 대비하여 미리 등기부 등본과 통장의 명세를 파악해 놓은 다음 그 재산을 함부로 빼돌리지 못하도록 조치를 취하여야 한다.

방법은 위자료 청구 소송일 경우 집이나 통장, 급여 등에 가압류 를 해 놓으면 된다. 판결이 확정된 이후 돈을 청구하여 주지 않을 경 우 부동산은 경매 신청을 할 수 있고, 예금은 은행에 확정 판결문을 제시하면 본인이 청구한 금액만큼을 은행에서 지급받을 수 있다. 여기서 주의해야 할 점은 가압류한 다른 사람이 있을 경우에는 비례 하여 분배받는다는 것이다. 만일 악의(惡意)로 아는 사람을 동원하 여 또다른 가압류를 해 놓은 경우에는 분배 비율이 작아질 수도 있 다. 예를 들어 5천만 원짜리 정기예금통장에 가압류를 해 놓았는데 이혼을 한 남편의 친구들 3명으로부터 남편이 돈을 빌려가 갚지 않 았다고 가압류를 해 놓았다고 하면 1/4만 받을 수 있는 것이다. 허 위라고 주장을 하면 또다시 입증을 해야 하고 재판을 해야 하는 고 된 과정을 겪어야 한다.

이와는 달리 재산 분할 청구는 보통 집이 주된 목적물이 되는 경우가 많은데 이때에는 부동산 처분금지 가처분을 하는 것이 좋다. 이럴 경우 다른 압류 채권자보다 우선권을 가질 수 있다.

보통은 이혼소송을 할 때에 위의 두 가지 방법을 병행하는 것이 좋다는 것이 법률 전문가들의 견해이며, 2년 이내(위자료청구 3년 이내)에 신청을 해야 한다.

참고로 직장인인 남편을 두었다면 급여에 가압류를 해 놓으면 직장 생활에서 매우 곤란함을 당하게 되기 때문에 돈을 돌려받는 데 제격이다. 아직 퇴직을 하지 않았다면 퇴직금에 대해서도 묶어둘 수 있음도 일러둔다.

## ●● 내 재산 돌려줘

이혼을 하면 재산의 절반은 내 것일까? 단정지을 수 없다. 일반적으로 위자료는 한쪽이 고통의 대가로 돈으로 배상을 하는 것인데 법원에서는 보통 전 재산의 30% 정도를 판결하는 경우가 많다. 재산 형성에 기여한 공로를 인정하여 절반까지도 지급하도록 하던 사례도 있었지만 요즘은 위자료와 별도로 재산분할 청구권이 인정되고 있어, 위자료는 대개 3천만 원~5천만 원 사이에서 결정되고 나머지 재산분할 청구소송으로 찾으면 된다.

이혼 후 2년 이내에 법원에 재산분할을 청구하는데 청구할 수 있는 재산으로는 결혼한 기간 중에 취득한 재산에 대해서만 청구를 할 수 있으며 누구의 명의에 상관없이 청구 대상이 된다.

일반적으로 전업주부인 경우 30% 전후로 나누어 받을 수 있으며 부부가 모두 수입이 있었다면 각자 재산을 형성하는데 기여한 정

248

도를 따져서 기여도만큼 분배를 하게 된다. 한가지 더 알아 두어야 할 것은 제외되는 재산이 있는데, 결혼 전에 남편이나 부인이 취득한 재산이나 결혼 후 자신의 부모로부터 증여나 상속받은 재산은 포함이 되지 않는다는 것이다. 단순히 남편의 재산이 혹은 부인의 재산이 많다는 것만 갖고 일부는 내 재산이 될 것이라는 생각은 금물이다.

## ●● 사랑을 확인하는 '재산약정등기' 제도

결혼을 약속한 사이에서 할 수 있는 '부부재산 계약제도' 라는 것이 있다. 이 제도는 결혼을 앞둔 예비 부부가 결혼 후 재산 관리 및 이혼할 때의 처분 권한 등에 대해 미리 계약을 하는 것으로 현재 극히 소수의 이용자만 있을 뿐이지만(제도 자체가 있는지 모르기 때문으로 추정됨) 앞으로는 예비 부부들이 많이 이용하지 않을까 싶다.

계약서 내용은 자유롭게 정하여도 되는데 모 일간지에 나온 사례를 보면 혼인 중 취득한 재산에 대한 관리 및 권리에 있어 집은 부인 명의로 등기를 하고, 빚을 질 때에는 부부가 합의하여야 하며, 자녀에 대한 양육비는 남편이 지고 이혼할 때 재산의 분할은 각각 몇 %씩 할 것이며, 자녀의 양육권은 아내에게 있고, 이혼 후 남편은 양육비의 일정 부분을 부담하여야 하고, 이혼 사유를 구체적으로 명시하는 등 어찌 보면 매우 계산적이지만 부부의 사랑을 전제로 한 내용들이어서 굳이 남편될 사람이 반대할 이유가 없는 듯 보였다.

더군다나 가사 노동에 대한 부분도 언급되는 것도 좋다. 예를 들어 '남편이 주말에는 설겆이를 한다', '아이와 매일 1시간 이상 놀아 준다' 는 등의 자유로운 부부 계약을 맺을 수 있다. 이것은 오히려 성실한 부부 생활을 하기 위함이지 이혼을 전제로 하는 느낌이 들지 않아 예비 부부라면 한번쯤 생각해 보는 것도 좋을 듯하다.

## ○○ 이혼하고 기억력이 좋아야 한다.

결혼 생활을 하는 기간 동안 전 배우자가 국민연금에 가입되어 있을 경우 혼인 기간이 5년 이상이 넘은 상태에서 이혼을 하였다면 꼭 기억해야 할 것이 있다.

국민연금의 노령연금을 탈 수 있는 방법이 있기 때문이다. 국민연금은 60세가 되면 노령연금을 타기 시작하는데, 배우자로 되어 있었던 기간만큼의 연금액 중 균분액을 이혼 후에도 탈 수 있는 권리가 있다.

가령 전 배우자와 혼인 기간이 10년이면 10년 동안만큼의 연금을 탈 수 있는 권리가 있는데 중요한 것은 신청하지 않으면 타지 못한다는 것이다. 만일, 당신이 남자이면서 연금을 수령하고 있는데, 월 100만 원씩 나오던 것이 갑자기 50만 원으로 줄었다면 그것은 예전에 이혼했던 옛 배우자에게 지급되고 있다고 보아야 한다. 만일 당신이 이혼을 결정한 상태이고 전 배우자의 연금수령권을 나눠 받길 원한다면 5년을 꼭 채우고 이혼을 하는 것이 노후를 위한 현명한 선택일 것이다.

# 13 잘 가입한 보험은 열효자 부럽지 않다

금융 거래 중 제일 먼저 할 것이 있다. 바로 보험 가입이다. 보험은 적은 금액으로 미래에 닥칠지도 모르는 불행한 사건으로부터 자신과 가족을 보호해 주는 수호천사와 같은 것이다. 따라서 할까 말까 망설이는 선택이 아니라 필수다. 잘 알고 가입하는 보험 요령을 알아보도록 하자.

**문**_ 연봉 7,000만 원의 50대 가장으로 대학 3학년 재학중인 자녀 1명이 있고 매월 어머니께 생활비를 50만 원씩 드리고 있습니다. 조만간 퇴직을 결정해야 할 것 같은데 마땅한 노후 대책을 마련해 놓지 못해 고민입니다. 현재 자산은 김포의 아파트(시가 2억 5천만 원)에 살고 있는데 재개발 얘기가 나오고 있어 가격은 더 오를 것 같습니다. 또한 어머니가 거주하시는 아파트(시가 1억 2천만 원)가 인천에 있습니다. 예금은 청약예금 1,300만 원(본인, 아내, 자식) 정기예금 3천만 원, 은행신탁 2,500만 원 정도 있습니다.

편안한 노후를 위해 지금부터 준비할 것들에 대한 조언을 구합니다. 어머님은 모시고 살 작정입니다. 때문에 인천의 아파트는 처분해도 무방할 것 같은데 어머니 생활비와 자식 결혼자금, 저와 아내가 살아갈 수 있는 노후자금 등을 어떻게 마련해야 할지 등을 알려 주시면 합니다.

**답** 일단 은퇴 후 사용할 자금 규모를 파악해야 합니다. 통계청에 따르면 2002년도 우리나라 남자의 평균 수명은 72.8세, 여자는 80.01세로 나타나 있으나, 실제로는 80세가 넘는 정정한 노인들이 주변에 많습니다. 이것은 상담인이 은퇴 후 소득없이 살아가야 하는 기간과 사용해야 할 노후자금도 늘어난다는 것을 의미합니다. 퇴직 후의 생존 기간을 약 30년으로 가정해 소요자금을 파악해 보겠습니다.

---

### ■ 노후에 필요한 자금 파악은 필수

현재 월 250만 원을 사용할 경우 노후에는 80%에 해당하는 200만 원 정도가 필요한데 물가 상승률을 감안해 30년간을 계산하면 총 6억 3천만 원 가량이 나옵니다.

여기에 국민연금을 납입하고 퇴직할 경우 55세부터 조기노령연금을 받을 수 있습니다. 정상 연금액의 75%인 약 55만 원의 연금을 지급받고 매년 5%씩 인상되어 60세부터는 현재 기준으로 75만 원을 받을 수 있습니다. 이러한 연금액을 감안하면 실제 준비해야 할 자금은 약 4억 원 정도 됩니다.

현재 거주하고 있는 집과 인천집, 예금을 포함하면 상담자의 총 자산이 4억 3천만 원 정도. 여기에 퇴직금을 감안할 경우 약 5억 원 정도로 노후자금이 충분하게 준비가 된 듯하지만 살고 있는 집을 모두 처분해 현금화하기 어렵다는 점과 자녀 결혼자금 등을 고려할 때 부족액은 대략 2억 원이 됩니다.

### ■ 보험은 필수

돈이 부족해도 우선적으로 해야 할 것은 생명보험 가입입니다. 보험은 뜻하지 않은 불의의 사고로부터 자신과 가족을 지켜주는 힘이 되기 때문입니다.

인천집을 정리하고 예금과 퇴직금을 합하면 2억 5천만 원 정도가 되는데 금융 상품을 이용할 경우 절반은 물가상승률을 감안해 종신토록 받을 수 있는 '체증형 연금보험' 가입을 권합니다. 〈해설 참조〉

앞으로 자녀 결혼비용이나 아직 남은 학비 등 목돈이 들어가야 하는 것에 대비해 절반은 이율이 높은 저축 상품에 가입하는 것이 좋습니다. 현재 이율이 4%대로 매우 낮아 어려운 점이 많지만 금융권에서는 의외로 높은 이자를 지급하는 상품들을 쉽게 구할 수 있습니다.

대표적으로 은행에서 작년에 7~8%대의 이율로 발행한 신종 자본증권은 양도하기 위해 내놓은 물량이 많아 어렵지 않게 구할 수 있습니다. 1억 원의 이자가 세후 월 50만 원 정도로 비교적 높으며 목돈이 필요할 경우 양도를 통해 원금을 회수할 수도 있습니다.

마지막으로 추가 소득을 올릴 수 있는 기회를 만들어 놓아

야 합니다. 인천집을 월세로 전환해 꾸준한 임대 수입을 올릴
수 있다면 예금으로 전환하지 않는 것도 좋은 방법입니다.

<서울경제신문 '실전재테크' 2004. 1. 26일 게재>



## ○○ 보험 들면 '재수가 좋다'

생명보험을 흔히 사망보험이라고 하여 '재수없다' 라고 하는 사
람들이 있다. 왜일까? 보험을 가입해 놓으면 누가 자신을 해치는 것
도 아니고 병이 드는 것도 아닌데 괜히 망설여진다고 한다. 필자는
아내가 몸이 약하므로 건강 특약이 강화된 종신보험을 가입했으면
하는 마음이 있었는데 말을 꺼내기가 거북했었다. 그러던 어느 날
내가 가입한 종신보험 증서를 아내에게 내밀자 아내는 나를 물끄러
미 보았다. 뭐가 잘못되었나 싶어 나도 아내를 쳐다보았더니 이내
미소를 지으면서 "고마워요"라고 하는 것이 아닌가. 가장이 사망 또
는 생계를 꾸려갈 수 없을 정도의 재해를 입었을 때 아내와 두 아이
를 지켜 줄 수 있는 보험증서가 무척이나 고마웠다고 한다. 그런데
뜻밖에 아내가 자신도 종신보험을 가입했으면 한다고 하여 I생명에
마침 친구가 FC로 있어 가입 설계를 의뢰하였고 두 아이들까지 건
강 지킴이를 할 수 있는 특약을 하여 가입하였다. 보험증서를 받아
든 아내는 필자에게 보여주면서 이러이러한 경우에 보상을 받으니

당신도 이러한 사항을 미리 알고 있어 달라는 말을 듣고 필자도 콧날이 시큰했다. 이내 분위기가 서먹해지자 농담을 건넸는데 "만일 내가 죽으면 이 돈으로 보상을 받고, 재혼은 하지 말고 파출부 불러서 파출부 월급 줘"라고 하여 한바탕 소리내어 웃은 적이 있다.

바로 보험은 가족간에 사랑을 확인해 주는 매개체이다. 가정이 화목해지고 미래에 대한 불안감도 줄어드니 이 어찌 재수가 좋지 않겠는가.

## ○○ 건강 지킴이

대다수의 사람들은 가정의 행복을 원하고 있으며 건강을 소중하게 생각하고 있다. 웰빙(Well-being : 잘 먹고 잘 사는 것) 상품들이 선풍적인 인기를 끌고 있는 이유도 이러한 건강을 중요시 하는 최근의 풍조와도 일치하고 있다고 보아야 할 것이다. 이러한 가운데 보험 상품 중에도 건강보험인 CI(Critical Illness:치명적 질병)보험이 인기가 있다고 한다. CI보험은 선진형 건강보험으로 각종 질병에 시달리게 될 노후에 대비해 도움을 받을 수 있는 상품으로, 사망 위험이 큰 질병에 걸렸을 때 사망 보험금의 일부를 우선 지급하는 것이 특징이다. 또다른 건강보험으로는 치매 등으로 장기 간병이 필요할 때 종신토록 간병비를 지급해 주는 장기간 병보험도 있어 본인뿐만 아니라 부모님께 가입을 해 드린다면 효도 상품으로 제격일 것이다.

각종 질병으로부터 자신을 보호해 주는 일반 상품에서 특정한 질병까지도 특약으로 인정해 주는 다양한 상품들이 보험사나 은행의 방카슈랑스 창구에서 쉽게 접할 수 있다. 누구나 생로병사를 겪는다. 건강은 건강할 때 지키라는 말이 있다. 열심히 운동을 해서 건강을 지키는 것은 물론이거니와 나중에 본인과 가족에게 닥칠지 모르는 불행한 질병이나 상해로부터 적은 금액의 보험료로 건강과 가정을 지키도록 하자.

## ○○ 정기보험으로 종신보험 효과보기

종신보험! 이젠 모르는 사람이 없을 정도이다. 종신보험은 가입자 개개인 위주로 맞춰주는 맞춤형 보험이라고 보면 된다. 연령별 필요 자금 등을 고려해 주계약과 특약 내용을 설계하여 가입할 수 있어 생활자금, 자녀교육자금 등 여러 가지를 고려하여 사망 보장을 설계하고, 장해나 질병에 의한 소득 상실과 경제적인 위험까지도 고려해 설계하므로 완벽하다 할 정도로 만족할 만한 보험이다. 그러나 납입하는 금액을 놓고 보면 만만치 않다. "좋은 거야 알지만 금액이 워낙 부담스럽다" 라고 생각하는 사람은 정기보험을 가입해서 종신보험의 효과를 볼 수 있다.

정기보험이란 정해진 보장 기간에만 보험금을 지급하는 것으로 보장 기간이 10년, 20년 또는 정해진 나이까지만 확정되는 경우로 보통 55세, 60세, 65세 만기 등으로 나누어져 있다.

이 기간이 지나면 보험 혜택을 받을 수 없다. 종신보험은 언젠가 사람은 사망을 하므로 무조건 지급을 해야 하기 때문에 비쌀 수밖에 없다.

그런데 정기보험도 종신보험으로 전환할 수 있어 잘 활용하면

256

비싼 보험료를 줄일 수가 있다. 방법은 정기보험을 가입 후 가입자의 나이가 65세 되기 전이나, 정기보험 만기 2년 이내에 종신보험으로의 전환을 요청할 수 있다. 이때 보험사의 승낙이 전제되어야 하지만 특별한 사유가 없는 이상 전환이 가능한데, 소득이 더 많아지는 시기를 이용하여 전환 신청을 하는 것이 유리하다. 너무 늦게 신청을 하면 보험료 부담이 커질 수도 있기 때문이다. 따라서 보험료가 부담스러워 종신보험을 가입하지 못했다면 정기보험 가입을 생각해 보자.

보험료가 적게는 1/3 수준이면 비슷한 가입 혜택을 볼 수 있다. 아울러 적게 내는 보험료를 이용하여 일부 절약한 금액은 연금보험에 가입하는 것도 훌륭한 재테크이다. 연금보험은 편안한 노후를 위해 아주 좋은 상품인데 일찍 시작할수록 연금액이 많이 지급되므로 후일 노년이 되어 뿌듯함을 느낄 수 있을 것이다.

아울러 보험 가입은 가입 설계를 잘 해야 한다. 가입자의 연령이나 성별에 따라 납입하는 보험료에 차이가 있기 때문에 설계는 전문 FC를 통하거나 은행의 방카슈랑스 창구를 이용하여 내게 맞는 보험 상품을 찾아야 한다. 또한 주기적으로 자신의 보장 내용을 점검하고 가계 경제가 변화하는 것에 맞춰 설계를 수정하는 것도 잊지 말자.

## ○○ 자녀에게 사랑을

아이들은 언제 어디서 돌발 행동을 할지 모른다. 주의력이 약한 아이들에게 어린이 상해보험을 가입해 두는 것은 현명한 부모들의 선택이다. 자녀전용보험이 있는가 하면 부모가 가입할 때 특약으로 자녀보장 내용을 넣는 방법 등 다양한 보험 상품들이 있는데 생보사와 화재보험회사 모두 취급하고 있다.

보장 내용을 보면 매우 다양하다.

소아암에서부터 학교에서 단체 급식시 식중독이나 방과 후 아이들과 놀다가 다치거나 친구와 싸웠는데 친구가 다쳤을 때도 보상을 해 주며 '왕따'를 당했을 경우에도 정신적 피해 보상도 가능하다. 또한 얼굴에 상처가 났을 때 성형수술 비용이나 영구치 상실시 치아 클리닉 자금을 지원하기도 하며 유괴 납치시 위로금을 지급해 주는 등 보장 내용이 다양한 보험을 각 보험사들마다 특징있게 내어 놓고 있다. 보험료는 보통 환급이 없는 소멸식의 경우 보통 1만 원 정도면 충분한 보상을 받을 수 있다.

## ○○ 긴 병에 효자 없다

'50세에서 75세라면 무조건 가입', '월 2만 원도 안 되는 돈으로 1년 내내 효도'라는 광고 내용을 신문에서 무심코 지나치는 자녀는 아마도 드물 것이다. 만일 내 부모가 이 다음 병이 나거나 치매에 걸린다면 어떻게 하나 하고 걱정을 안 해본 자식들이 없을 것이다.

최근 노후의 의료비 문제는 심각한 편이다. 노령 인구가 늘면서 1990년까지만 해도 노령 인구의 의료비 지출은 1천6백여억 원이었으나 2000년도엔 무려 1조 5천8백21억 원으로 불과 10년만에 10배 정도가 늘었다. 물론 인플레이션을 감안해야겠지만 노인(65세 이상)들의 수명이 길어지다 보니 발생하는 병이나 상해가 늘어나고 그에 따라서 의료비 부담도 늘어나는 것이다.

258

그런데 노인들이 다치거나 병들면 누가 치료비를 부담하나? 현재의 노인들은 한국전쟁 이전에 태어난 분들이다. 자식농사에 온 생애를 바쳤고, 자신들의 노후 생활에 대해서는 대부분 설계를 해놓지 못한 분들이다. 따라서 현재 자식들이 그 분들의 노후를 어느 정도 책임져야 하는데 환경이 점점 파괴될수록 다양한 질병이 나오고, 더군다나 늘어나는 수명으로 인해 기초적인 의료비 부담도 매우 커지고 있다.

이러한 어려움을 보험사에 맡기는 것은 선진국에서는 이미 보편화되어 있다. 또한 복지제도가 그만큼 잘 되어 있다 보니 제2의 인생을 즐기는 서구인들을 보면 부럽기 그지 없다. 반면 우리나라의 현실은 의료 보장이나 노인복지에 있어 아직까지는 선진국에 비해 턱없이 부족하다. 따라서 자식이 부담해야 하는 비용이 매우 많을 뿐더러 부모님이 큰 병에 걸렸을 때는 매우 난감할 수밖에 없다

이뿐만 아니다. 노인들의 경우 질병이나 사고에 매우 취약하다. 겨울철에 빙판에서 넘어지기라도 하면 쉽게 골절상을 입기도 하는 등 크고 작은 위험에 노출되어 있고 더군다나 치매라도 걸리는 날엔 웬만한 효자 아니고서야 병수발을 들기 어렵다.

그런데 이러한 것을 보험회사에서 장기 간병도 해 주고 치료와 사망시 보험금도 지급해 주어 장례를 치룰 수 있다면 얼마나 부담이 적어질까. 문제는 보험료인데 요즘 나오는 상품들은 월 2만 원 ~ 5만 원 이하이면 대부분 가입이 가능하다.

로또 복권 사는 돈이면 부모님께 효도할 수 있는 금액이다. 차일 피일 미루지 말고 당장 가입해 보자. 사고란 예고가 없다. 내일 당장 부모님이 다쳐서 입원을 한다고 생각해 봐야 한다. 아울러 요즘 아이들은 부모님께 효도하는 세대는 아니다. 따라서 본인의 의료비는 스스로 해결해야 한다고 생각하고 부모님과 함께 가입설계를  해 보는 것은 어떨까?

늙어서 병들고 아프면 그보다 서러운 것이 없다고 한다.

## ○○ 제휴 상품에도 관심을

은행에서 가입하는 상품들을 보면 보험과 제휴한 상품들이 매우 많다. 국민은행의 경우 캥거루통장에 가입하면 자녀상해보험이 무료로 가입되고, 아파트 청약통장인 20대 자립통장을 가입하면 군생활 도중 입는 부상 치료비 지원 등을 무료로 가입해 주고 있다. 이외에도 여러 은행들이 예금에 가입하면 무료 보험을 가입해 주는 상품을 내 놓고 있다. 그만큼 보험은 우리 생활속에 밀접하게 자리잡고 있다. 이왕이면 다홍치마라고 했듯이 같은 값이면 무료로 보험을 가입해 주는 상품을 찾아 가입하는 지혜도 필요하다.

이밖에 인터넷 등에서 무료로 보험증서를 주는 곳이 있다. 이때에는 무심코 흘리지 말고 다운받았다가 반드시 인쇄해서 보관해 놓도록 하자.

## ○○ 날리는 보험료가 낫다?

보험을 저축으로 생각하던 시대는 지났다. 저축과 보험 기능을 같이 묶어 놓으면 저축은 저축대로 기능이 소홀해질 수 있고, 보장은 보장대로 소홀해 질 수 있다.

따라서 상해나 생명보험 같은 상품은 소멸성 보험이 오히려 저렴하면서 다양한 보장 형태를 갖고 있는 경우가 있다.

특히 실버보험의 경우라든지 자녀들의 상해보험은 소멸성으로 가입하는 것이 경제적인 측면에서 더 유리하다.

## ○○ 사고가 나면 어디서 보험내역 확인하나?

사고란 예고가 없다. 따라서 보험을 가입하고 미처 가족에게 알려주지 않고 사망을 하거나, 큰 부상으로 의식이 없다면 이처럼 난처한 일도 없을 것이다. 그러나 걱정을 하지 않아도 된다.

가입자의 보험가입 내용을 확인할 수 있는 방법이 있는데 금융감독원에 의뢰를 하면 된다.

금융감독원 소비자 보호센터에서는 가입자가 사망을 할 경우에는 상속인이 의뢰하면 사망자 명의의 예금, 대출, 보증, 증권계좌, 보험, 신용카드 등의 거래 유무와 어느 기관에서 거래하는지 알려준다.

문의사항은 02-3786-8671, 3771-5114이며, 신청방법은 직접 방문하여야 하는데 서울의 경우 금융감독원 금융소비자보호센터이며, 지방은 부산, 대구, 대전, 광주에 있는 각 지원에 직접 방문하며 금융거래조회 신청을 하면 된다.

금융 상품을 가입할 때 고려해야 할 사항 중 목적에 맞는 예금을 가입하고 기간에 맞는 예금을 거래하는데 이 중 세금을 잘 따져 가입하는 방법이 매우 중요하다. 세금을 돌려 받는 상품 → 세금을 안내는 상품 → 세금을 적게 내는 상품 순으로 가입하면 된다.

**문**_ 저는 입사한 지 두 달 정도된 신입사원입니다. 주택청약(월 13만 원), 연금(월10만 원, 만기 7년)은 6개월 정도 들어간 상태입니다. 월급으로 한달에 80만 원 정도 저축할 수 있는데 지금은 정기적금(1년, 월 80만 원)만 가입해 놓은 상태입니다. 부모님과 떨어져 생활하기 때문에 월세 보증금이라도 마련하고 싶은데요. 정기적금 이자 금액이 너무 작아 고민이고 적립식 투자 상품으로 해 보고 싶은데 주위에서 '주식형은 너무 위험 부담이 크다'라고 하네요. 개인적으로는 채권형이나 전환형 펀드도 괜찮을 것 같은데 재테크 상담을 받고 나서 최종적으로 결정할까 합니다.

**답** _ 새내기 직장인의 경우 월급을 받으면 부푼 마음으로 일단 몇 개월은 그동안 갖고 싶었던 것에 소비한다고 합니다. 국내 대기업 K사 신입사원 설문을 보면 "무조건 저축을 하겠다"는 응답은 8.4%에 불과했습니다. 그 중 자동차를 사고 싶다는 의견도 있는데 할부금과 차량유지비 등을 지출하고 나면 어느새 저축보다는 씀씀이만 커진 자신을 발견할 수 있습니다. 시작은 똑같이 했지만  내집마련 시기, 여유있는 생활을 하는 시기가 그만큼 늦어질 수 있음도 아울러 생각해야 합니다.

### ■ 무조건 50% 이상을 저축하라

신입사원의 경우 "무조건 급여의 50% 이상을 저축하라"는 것이 재테크 전문가들의 한결같은 조언입니다. 아직 부양 가족이 없는 시기를 이용해 초기 자금을 빨리 마련하자는 것입니다. 바로 종자돈을 마련하는 것이죠. 올해 대기업 대졸 신입사원의 평균 연봉이 2,489만 원선으로 월 실수령액은 200만 원 정도입니다. 상담자의 경우 매월 저축 설정액이 80만 원인데 평균치를 감안하면 50%에 미달하는군요. 따라서 상여금이 나오는 시기에 맞춰 자유적립식예금을 별도로 가입하도록 권합니다.

### ■ 예금은 구체적인 계획과 목적에 맞게

귀하의 경우 매월 80만 원을 1년제 적금에 가입하였습니다. 그러나 단순히 한가지 예금에 가입하는 것보다는, 라이프

사이클(Life cycle)에 맞춰 월세보증금, 결혼자금 등 시기와 (장·단기) 목적을 정하고 아울러 세금혜택 여부를 따져 분산 가입하는 것이 필요합니다. 제일 먼저 필요한 자금은 월세보증금 및 결혼자금인 것 같습니다. 적합한 예금으로는 생각하신대로 적립식 투자 상품을 권합니다. 필요한 시기에 따라 만기를 조절할 수 있고, 매입 가격이 평균화되어 시점별로 위험을 분산하는 효과가 있어 비교적 안정된 수익을 기대할 수 있습니다. 물론 투자 상품이므로 손실도 볼 수 있으나, 현재 (2003년 2월 현재) 낮은 주가는 채권형보다 매력이 있으며, 아울러 전환형 펀드는 요즘 시기에 적합하나 일정기간 동안 일정액이상 예치해야 합니다.

다음으로는 내집마련입니다. 현재 납입하고 있는 청약부금은 월 13만 원씩 납입하면, 2년 후 312만 원이 되어 1순위 자격이 됩니다. 만일 가입한 시기가 얼마되지 않았다면 청약저축으로 다시 가입하는 것도 고려해 볼 수 있습니다. 청약저축은 세금우대와 6%의 높은 이율, 연간 납입액 120만 원의 40%까지 소득공제혜택, 국민주택분양(임대) 우선권과 1순위시 청약예금으로 전환이 될수 있기 때문입니다.

### ■ 절세상품은 반드시 가입하라 〈해설 참조〉

장기주택마련저축은 연말 정산시 납입액의 40%까지 소득공제를 받는(부양 가족 있는 경우) 비과세예금으로 2003년 말까지만 가입이 가능합니다.(※개정됨-2006년까지 연장, 무주

택이거나 전용 면적 25.7평 이하의 1주택 소유자이면서 세대
주이어야만 가입이 가능) 따라서 1만 원 이상만 예금하고 추후
급여가 오를 때 추가 불입하도록 합니다. 아울러 이미 가입한
연금은 비과세 혜택과 일부 보험특약이 되어 있는 상품이므로
계속 납입하도록 하며, 추가로 연금신탁 가입을 권합니다. 본
신탁은 납입액 전액(240만 원 한도)을 소득 공제받으며 노후
를 대비한 좋은 상품입니다.

〈서울경제신문 : 2003년 2월 17일자 〉



## ○○ 세금 돌려 받는 상품이 최고

앞서 「연말 정산 잘하면 1년에 300만 원 돌려 받는다」에서 세금
을 돌려받을 수 있는 상품을 소개하였으므로 표를 참조하면 된다.

직장인이라면 제일 먼저 가입해야 할 금융 상품은 세금을 돌려
받는 상품이다. 그 후에 세금을 내지 않는 비과세 상품을 가입하는
것이다.

다시 한 번 상기하는 의미에서 보면,

1순위 → [청약저축] : 2년 이상, 세금우대, 연말 정산시 납입 금액
　　　　　　　의 40% 소득 공제, 국민주택 분양 및 임대, 월 100,000
　　　　　　　원 납입

2순위 → [장기주택마련저축] : 7년 이상 납입, 비과세, 연말 정
　　　　산시 납입 금액의 40% 소득 공제(★매월 625,000납입
　　　　시 최대 효과), 금융 기관에 따라 30년까지도 비과세,
　　　　월 1,000,000원까지 납입 가능

3순위 → [연금저축 또는 연금보험] : 10년 이상 납입, 55세 이
　　　　후 연금으로 지급, 납입 금액 전액 소득공제
　　　　(★240만 원 한도 : 매월 20만 원씩 납입시 최대 효과),
　　　　월 1,000,000원까지 납입 가능

　이와는 별도로 가끔 정부에서 정책적으로 내어 놓는 비과세 상품에 관심을 가져야 한다. 지금은 실시를 하고 있지 않지만, 2001년도에 실시했던 장기증권 투자신탁의 예를 들면 5천만 원까지 비과세이면서 첫 해는 납입액의 5.5%를 순수하게 세액에서 돌려 주었고, 2년차에는 7.7%를 세금으로 돌려주어 무려 13.2%를 세금으로 돌려주는 상품이었다. 이 상품은 증시를 부양하기 위해 정부에서 수시로 내놓은 제도인데 세금으로 돌려 받은 금액이 무려 2년 동안 660만 원이었으며, 여기에다 증시의 회복으로 수익을 낸 금액만 해도 약 40% 이상 되었으니 어찌 보면 부동산 투기보다 높은 수익을 얻은 셈이 되었다.

　따라서 정부에서 증시부양대책 등의 일환으로 혜택을 주는 상품이 나온다는 보도를 보면 가급적 가입하는 것이 좋다.

## ●● 세금 안내는 상품

- **장기주택마련저축**

최근 은행에 따라 차이는 있지만 최고 30년까지 비과세 기간을 늘린 상품도 있다(앞서 설명하였으므로 내용 중복으로 생략함).

- **65세 이상 부모님 명의 생계형 저축**

65세 이상의 노인들이 가입하는 모든 금융 상품은 2,000만 원까지 종류와 기간을 불문하고 비과세 혜택을 주고 있으므로 부모님 명의를 이용하는 것도 슬기로운 재테크이다.

- **단위 농수협, 신협, 새마을금고 조합예탁금**

2,000만 원까지 기간에 관계없이 이자 소득세를 면제하는 대신 농특세 1.5%만 내는 금융 상품이다. 당초 2004년 6%, 2005년 10.5%, 2006년 16.5%로 올릴 예정이었지만 2006년까지 비과세 혜택 기간이 늘어났다. 이 상품은 이들 조합에서 조합원 내지 준조합원으로 가입이 되어야 가입이 가능하다.

그러나 예금자 보호 대상에서 제외되는 점을 감안하여야 한다. 물론 자체 기금으로 보호한다는 조항이 있으므로 비교적 안전하다고 볼 수 있다.

- **장기저축성 보험**

보험회사의 장기저축성 보험의 경우 10년 이상 납입하면 비과세 혜택을 받을 수 있다.

이 상품은 저축과 보장의 기능을 동시에 갖고 있어, 내용을 잘 따져 가입하면 비과세와 보험 기능을 동시에 누릴 수 있는 상품이다.

## ◦◦ 세금 덜 내는 상품

세금우대 저축이라고 한다. 개인이면 누구나 가입이 가능하며, 가입 기간이 1년 이상인 장기 상품에 한해 가입이 가능하고 세율은 10.5%이다.

일반 금융 상품의 이자 소득세는 15%+주민세 1.5%=16.5%이나, 세금 우대는 5%를 깎아 10%이다. 여기에 감면한 5%의 1/10을 농어촌특별세(농특세)를 가산하여 10.5%이다.

- 남자 60세, 여자 55세 이상 : 6,000만 원까지
- 성년인 일반인 : 4,000만 원까지
- 미성년자 : 1,500만 원까지

## ◦◦ 두 배를 내어도 절약되는 금융 상품

세금을 두 배나 더 내어도 좋다? 언뜻 들으면 바보가 아닌 다음에야 누가 세금을 두 배로 내겠는가. 그런데 이러한 상품을 선택하는 사람들도 적잖이 있다. 바로 분리과세가 되는 상품인데, 일반세율인 16.5%보다 정확히 두배인 33%의 세금을 내겠다고 스스로 요청하는 경우이다. 2003년까지는 5년 이상 장기 상품에 대해서만 적용하였는데, 2004년 이후부터는 10년 이상으로 변경되었다. 세금을 많이 내는 사람들의 최고 세율이 39.6%인데 금융 소득이 연간 4천만 원이 넘으면 초과되는 금액은 다른 소득과 합산하여 종합 소득

세를 내게 된다.

따라서 39.6%에 해당되는 세율 구간만큼은 이러한 금융 상품을 가입하고 해당되는 금액만큼은 분리과세를 신청하는 것이다. 만일 금융 소득만 있는 사람이라면 연간 1억 2천만 원이 초과되는 금액을 분리과세로 신청하면 6.6%의 세금을 절약할 수 있기 때문이다.

이와는 달리 금융 소득이 4천만 원을 넘으면 국세청에 통보가 되므로 소득의 노출을 꺼리는 사람들에게도 인기가 높다. 왜냐하면 33% 세율인 분리과세를 신청할 경우 소득이 국세청에 통보되지 않아 자금출처 조사를 받지 않아도 되기 때문이다.

또한 은퇴한 사람들의 경우 금융 소득을 감안하여 국민연금이나 건강보험료를 징수하는데 이자소득이 4,000만 원이 넘으면 국민연금이나 건강보험료로 납부하는 금액이 많이 오를 수 있다. 따라서 33%의 세금이 오히려 국민연금이나 건강보험료보다 싸다면 분리과세를 선택하는 것이 현명한 재테크 방법이다.

## 15 금융 옴니버스

이런 저런 알아두어야 할 금융 정보를 옴니버스식으로 알아보도록
하자.

### ○○ 금리 이야기

금리가 오른다 또는 내린다라는 것에 예금 가입자들은 민감하
다. 그런데 금리가 오른다고 하면 예금에 가입하는 사람들은 짧은
예금에 가입하는 경향이 많다. 그런데 사실은 장기 상품이 더 유리
한 경우가 대부분이다.

정기예금을 3개월짜리로 가입하는 경우와 1년제를 가입하는 경
우를 예로 들어보면 쉽게 이해할 수 있다.

예를 들어 3개월 만기 정기예금의 금리는 3.8%라면 1년제는
4.3% 정도로 약 0.5% 높다. 또한 1년제는 세금우대 혜택을 받을 수
있기 때문에 적어도 6개월 후 금리가 0.5% 이상 오르지 않는다면 1
년제가 유리하다.

3개월 후 돈을 쓸지 모른다면 이때에는 회전형 정기예금을 가입하면 된다. 회전형 정기예금은 기간은 똑같이 1년으로 정하면 금리가 올라도 3개월 만기되는 시점에 오른 금리를 적용해 주고 세금을 떼지 않은 상태로 복리의 효과와 세금우대 혜택도 동시에 받을 수 있기 때문이다.

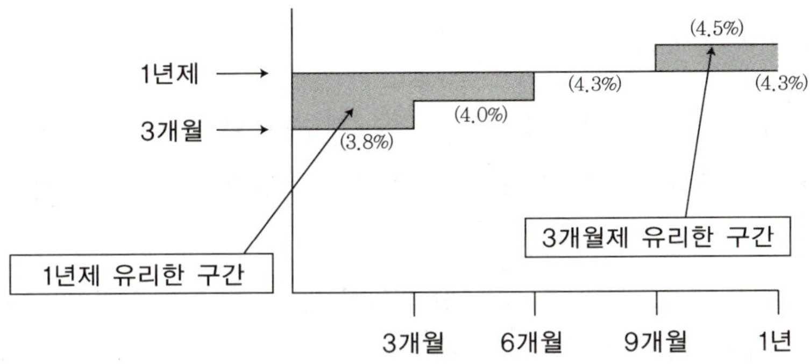



## ○○ 환 테크는 바보 테크

환율이 조금 내렸다고 하면 달러를 사놓겠다는 사람들이 있다. 자녀가 해외 유학중이어서 쌀 때 사놓고 후일 송금을 해야 하는 사람은 달러를 언젠가 사야 하므로 사 놓는 것이 현명한 환테크이지만, 단순히 환율이 올랐을 때 환차익을 목적으로 한다면 생각을 바꾸는 것이 좋다. 왜냐하면 은행에서는 팔 때의 환율과 살 때의 환율 적용을 달리 하고 있는데 그 차이가 약 50원 정도 난다. 만일 1월 기준 환율이 1,150원일 때 사고, 6월에 1,200원일 때 판다고 가정을 하면, 1월에 살 때는 1,175원 정도에 사야 하고 6월에 팔 때도 1,175원 정도로 팔아야 하므로 결국 본전인 셈이다. 오히려 은행 이자 6

개월분만큼 손실을 본 셈이다.

따라서 급격한 환율 변동이 있다면 몰라도 단순히 달러가 내렸다고 하여 환테크를 하기 위해 달러를 사는 것은 별 도움이 되지 않는다.


## ●● 바가지 쓰지 않기

집을 살 때 흔히 대출을 안고 사는 경우가 많다. 그런데 자칫 잘못하면 전 소유자가 진 빚을 모두 고스란히 넘겨 받는 경우가 생길 수 있다.

집을 담보로한 대출에서 5천만 원에 해당하는 근저당권 설정(보통 130%를 하므로 6천5백만 원 설정됨)이 있을 때 대출통장 5천만 원을 넘겨 받고 계산을 마무리 하는 경우가 있다.

그런데 이것은 위험천만한 것이다. 보통 근저당권 설정은 포괄근 담보를 하는 경우가 대부분인데 만일 전 소유자가 마이너스 통장이나 카드론 같은 신용 대출을 받으면서 동일 은행을 거래하였을 경우 은행은 연체가 되면 근저당권이 설정된 집을 경매로 신청할 수 있다. 왜냐하면 포괄 근저당권은 설정자인 채무자의 다른 모든 채무까지 담보로 인정하기 때문이다.

따라서 집을 인수할 때는 해당 은행에 가서 채무 인수계약을 해야 한다. 그러면 근저당권 설정 변경 등기를 해 주고 대출의 범위를 자신이 인수한 금액으로만 한정해 주므로 전 소유자의 빚까지 떠 안을 염려가 없을 것이다. 또는 채무 범위를 확인받는 방법도 있다.

## ●● 대출 · 예금 부동석

대출과 예금 부동석(不同席)이라는 말이 있다. 대출금이 있는 사람은 예금에 가입하지 말라는 것이다. 예금은 청약관련예금 등 기본적으로 가입하는 것 이외에 무조건 대출 원금을 갚는 것이 현명한 방법인데 가령 1,000만 원의 대출이 있는데 적금 1,000만 원짜리를 들어서 갚는 것과 적금 부을 돈으로 원금을 갚는 방법을 비교해 보면, 대출 이율을 8%라고 하고 예금 이율을 5%라고 할 때 적금 부을 돈으로 대출을 그때 그때 갚는 것이 무려 69만 8천 원이나 더 절약이 된다. 자그마치 한달 적금액만큼 되는 것이다.

생각해 보면 간단하다. 첫째, 대출 금리가 예금 금리보다 더 높고, 둘째, 이자가 같다고 해도 예금에는 세금이 붙고 대출에는 세금이 없으며, 셋째, 대출은 원금을 상환할수록 갚는 이자 금액이 줄어든다는 것이다. 따라서 대출이 있는 사람은 예금할 돈으로 대출을 갚는 것이 제일 현명한 재테크이다.


## ●● 마이너스 통장

통장자동대출을 흔히 마이너스 통장이라고 한다. 마이너스 통장의 개설은 그동안 거래해온 신용으로 개설해 주는 경우도 있고, 급여이체나 예금을 담보로 마이너스 금액을 설정해 주는 경우가 있다.

마이너스 통장의 용도는 매우 많다. 특히 급할 때 사용하기에는 안성맞춤이다. 가령 시티파크와 같은 아파트의 청약금 등의 재테크에 활용한다면 제격이다.

　마이너스 통장의 매력은 돈을 쓰지 않으면 예금통장이고, 돈을 잠깐 썼다면 쓴 금액과 쓴 기간에 대해서만 이자를 내면 되기 때문에 이자가 거의 나가지 않는 장점이 있다.

## ○○ 우대서비스

　모든 금융 기관들이 단골고객 우대제도를 갖고 있다. 많이 이용한 만큼 수수료를 안 받거나 깎아 주는 제도인데 잘 활용하면 푼돈으로 새어 나가는 돈을 절약할 수 있다. 따라서 급여 이체, 카드 등을 한 은행으로 정하여 집중 이용하면 우대 서비스를 받아 후일 마이너스 통장 개설시 편리한 이용 및 각종 수수료를 절약할 수 있다. 아울러 인터넷 뱅킹이나 모바일뱅킹(뱅크온, K-뱅크, M-뱅크 등)을 이용할 경우 수수료를 많이 절약할 수 있다.

## ○○ 부도수표 확인하기

　직장인들은 흔하지 않지만, 자영업을 하거나 수금을 하는 사람들에게 있어 수표로 받을 때 혹시 부도수표나 분실수표가 아닐까 걱정을 하는 경우가 많다. 또는 집을 매매하거나 큰 거래가 일어날 경우 수표가 정상 수표일까 하는 불안감을 떨치기 어려운 경우가 있다.

　보통의 경우 은행에 입금을 하고 다음 날 2시 50분이 지나야 현금으로 처리되어 제대로 된 수표임을 확인할 수 있지만 이렇게 오래 기다리지 않아도 된다. 전화 한 통이면 해결되기 때문이다. 보통 수표 뒷면에 적혀 있는 해당 은행으로 전화를 하면, 현재까지 이상 유무를 직접 말로 물어 볼 수 있는데 이때 확인해준 직원의 이름과 시

274

각을 적어 놓으면 안전하다.

또는 해당 은행 ARS번호로 전화하여 수표번호를 입력만 하면 이상 유무를 즉시 알려주므로 이용이 간편하다. 아울러 뱅크온이나 케이뱅크 같은 모바일 서비스로도 가능하다.

## ●● 부모님 금융거래 확인

갑자기 부모님이 돌아가시고 어딘가 금융 거래를 하신 내용은 있는데 알 수가 없다면 쉽게 찾을 수 있는 방법이 있다. 바로 금융감독원 소비자보호센터(전화: 02-3771-5114, www.fss.or.kr)에 확인하는 방법이 있다. 돌아가신 분의 제적등본이나 사망진단서, 본인과의 관계를 입증할 수 있는 서류를 갖고 가면 사망하신 분이 거래하는 금융 거래를 모두 확인할 수 있다. 다만 금액이나 계좌 등 자세한 것은 해당 금융 기관에 다시 가서 확인해야 한다.

## ●● 금리 쇼핑

예금을 할 때에는 높은 금리를 받기를 원하고, 대출을 받을 때는 낮은 금리를 받기를 원한다.

그런데 금융 기관이 한두 곳이 아니므로 이리저리 발품을 팔기가 힘들다. 시테크를 잘 하는 사람이 재테크도 잘 한다. 이럴 땐 모든 은행의 정보를 제공하는 곳으로 가 보면 되는데 바로 은행일 경우 은행연합회(www.kfb.or.kr) 에 가 보면 우리나라에 있는 모든 은행들의 예금금리, 대출금리, 수수료, 환율 서비스 등을 한꺼번에 비교할 수 있다.

# 3부

당당한 부자의 행복한 재테크

# 01  당신의 자리는 안녕하십니까?

## ○○ 평생직장

지금 당신의 자리는 안녕하십니까? 오륙도(56세까지 회사에 남아 있으면 도둑)→사오정(45세면 정년)→삼팔선(38세면 실제로 정년을 준비해야 하는 나이)으로 까지 근로자들의 실제 정년은 줄어 들고 있어 누구를 막론하고 이런 일들이 언제 닥칠지 모르는 게 현실이다. 그뿐만 아니라 더 심각한 것은 이태백(이십대 태반이 백수)라는 신조어까지 등장할 정도로 청년실업도 심각하다.

통계청 자료를 근거로 청년실업을 분석한 자료를 보면 학교에 다니지 않는 청년층 가운데 17.8%가 직업이 없는 소위 '백수, 백조' 생활을 하며 고졸 이하가 16.9%인 반면, 대졸 이상이 20.9%로 고졸보다 대졸이 훨씬 높은 실업률을 보이고 있다. 눈높이에 맞추

려다 보니 마음에 드는 일자리를 찾기 어렵기 때문에 자연스럽게 발생하는 것이다. 그러나 눈높이를 한단계 낮춰 가라고 말할 수는 없다. 더군다나 적성에 맞지 않는 직업을 선택하는 것은 오히려 평생 후회할 수 있어 자신에게 맞는 직업을 장기적인 안목으로 선택하여야 한다.

아직 시작을 못한 청년들에게는 지금 회사에 다니는 사람들이 부러울런지 모르지만 직장을 다니는 사람들은 나름대로 큰 고민을 갖고 있다. 일만 잘하면 정년까지 갈 수 있었던 시절이 지나갔기 때문이다.

불과 1년 전만 해도 황금알을 낳는다던 카드사들이 몰락하면서 한때는 최고의 직장이라며 수백 대 일의 경쟁률을 뚫고 들어갔던 젊은이들이 정들었던 직장을 자의 반 타의 반으로 떠밀리듯 그만둬야 했다. 비단 카드사뿐만 아니라 구조 조정이라는 시퍼런 칼날에 한 순간에 실업자로 전락하는 요즘 직장인들의 자리는 그야말로 가시방석이 아닐 수 없다. 일단 실업자가 되고 보면, 적당한 일자리를 찾아 안정된 생활을 다시 누리는 사람들도 있겠지만, 그렇지 못한 사람들이 대부분이다. 창업을 하려고 해도 밑천이 있어야 하는데 쥐꼬리만한 위로금을 갖고는 창업 자체가 어려운 것이 현실이다. 설령 창업을 하였다고 해도 가족의 생계를 풍요롭게 이끌 수 있는 성공한 창업도 호락호락하지 않다. 아무튼 이러한 원치 않는 실업이 누구에게나 찾아올 수 있다는 것이다. 따라서 우리는 언제든지 책상 서랍을 정리할 준비를 해야 한다. 적어도 준비하고 있던 사람은 충격도 덜하고 풍요로운 미래도 더 빨리 개척할 수 있을 테니까.

## ●● 실업은 재해다

실업을 사회적 재해 현상이라고 한다. 이것은 자본주의 사회에서 일어나는 어쩔 수 없는 현상이다. 미국이나 영국 등 어느 나라를 막론하고 실업 문제를 해결할 수 있는 묘안이 있다면 아마도 그 사람이 쉽게 대통령이나 수상이 될 수 있을 지도 모른다.

우리나라도 마찬가지가 아닐까 싶다. 정부에서는 수십만 개에서 수백만 개의 일자리를 창출하겠다고 발표한다. 그러나 2003년도에도 청년 일자리는 19만 개가 감소했다고 한다. 신용불량자 390만 명은 제대로 된 직장을 다닐 수도 없으며, 이들을 구제할 수 있는 묘책 또한 없는 것 같아 너무나 안타깝다. 그러면서 단순하게 몇백만 개 일자리를 창출하겠다고 하는 것은 유창한 말장난으로밖에 들리지 않는다.

더군다나 근로자의 정년을 60세로 연장 의무화한다는 발표를 했는데 사오정도 해결하지 못하는 판에 너무 동떨어진 발언이 아닌가 싶을 정도의 선심성 발언을 의심하게도 한다.

여기에 경제가 제대로 돌아가야 투자도 되고 일자리도 창출되고 기존에 근무하는 사람들은 고용이 안정될 터인데 경제는 뒷전이고 정치는 따로 논다. 매일 정략적인 소리나 지껄이고 누가 돈을 더 많이 받았네 누가 덜 받았네 식으로 똥 묻은 개 재 묻은 개 나무라듯 한다. 실로 웃기는 일이 아닐 수 없다.

이제 누구를 믿어야 하는가? 스스로 해결해야 한다. 이 험난한 세상에 다리가 되어 줄 그 무엇을 찾아 스스로 도전하고 풀어보고 이해해야 한다.

　사회나 정부가 해 줄 수 있는 것은 아주 기초적인 것밖에는 없다. 국민연금이나 건강보험 등 기초적인 것 외에는 스스로 해결해야 한다. 이제 이 험난한 파도를 헤쳐나갈 그 무엇인가를 찾아 함께 여행을 떠나 보도록 하자.


## ○○ 돈 없이 늙는 것이 제일 비참

　2002년 통계청 통계에 의하면 한국인의 평균 수명이나, 남자가 72.8세, 여자가 80.01세로 남녀 평균 수명이 76세 실제로는 80세 이상의 노인들을 주변에서 흔하게 볼 수 있다. 예전에는 공원에서 데이트하는 젊은이들이 많았으나 요즘 도심의 공원이나 양지 바른 곳에 나가보면 할머니 할아버지들이 매우 많다. 이것은 특별한 놀이 문화가 없는 탓도 있겠지만 풍요롭게 지낼 만한 경제적인 여유가 없기 때문에 여가를 즐기지 못하는 것이다. 어디 이뿐이랴, 결식 노인들도 너무 많아 무료 급식소에 가면 긴 줄을 처량하게 기다리면서 한끼 떼우기에도 힘겹게 살아가는 모습을 쉽게 볼 수 있다. 자신의 노후가 저렇게 되기를 바라는 사람은 한명도 없겠지만 준비가 없으면 당할 수밖에 없는 것이 사회의 냉혹한 현실임을 깨달아야 할 것이다.

　그래서 많은 사람들이 풍요로운 노후를 원한다. 평균적으로 55세에 은퇴를 한다고 하면 적어도 25~30년의 긴 기간을 일없이 보내야 하는데 늙어서 돈 없는 10년은 젊어서 일하던 시기의 20년보다 더 길다고 한다.

일반적으로 생각을 해 보면 즐겁고 재미있는 시간은 짧게만 느껴진다. 재미있는 영화를 볼 때나 아름다운 여자 친구와 데이트를 할 때는 시간이 너무 빠르게 지나간다. 그런데 빨리 벗어나고 싶은 상황은 왜 그다지 시간이 안 가고 지루한 것인지 누구나 한번쯤은 느껴 보았던 순간들일 것이다.

인생도 마찬가지라고 한다. 돈 없이 보내야 하는 기간이 자그마치 30년이라고 생각을 해 보면 젊어서의 30년과는 비교가 되지 않을 정도로 지루할 것이다. 이 얼마나 끔찍한 일인가!

## ○○ 뻔한 거짓말

"늙고 병들고 가난하면 차라리 죽을 거야"라고 말하는 젊은이가 있다. 또한 노인들께서도 "죽어야지 오래 살면 뭐 해"라고 하는 사람들이 있다. 그런데 그것은 쉬운 일이 아니다. 삶에 대한 집착은 인간에게 있어서는 본능과 같은 것이기 때문이다. 우스갯소리로 3대 거짓말이 있다고 하지 않던가. 노인들이 "빨리 죽어야지" 하는 것과 처녀들이 "나 시집 안 갈래" 그리고 장사꾼이 "밑지고 판다"는 말이 있듯 노인이 되면 오히려 삶에 대한 집착이 강하다고 한다.

그나마 그것은 의지가 있었을 때 얘기지 만약 치매에 걸린다고 생각해 보자. 긴 병에 효자 없다고 방바닥과 벽에 똥칠하면서 산다고 했을 때 자식들도 고생이고 본인은 얼마나 치욕적이겠는가.

지금 이 책을 읽는 당신도 언젠가는 늙을 수밖에 없다. 의료기술이 발달하고 게놈 프로젝트가 완성되었다 해도 시작이 있으면 끝이 있는 법이며 동서고금을 막론하고 죽음과 노화 앞에서는 자유로울 자가 없다.

그렇다면 우리의 과제는 은퇴 이후 가난하고 비참하지 않게, 좀 더 풍요롭고 건강하게 삶을 즐기면서 멋지게 살아가기 위해 지금부터 준비하는 일이다.

한 가지 확실한 것은 일찍 노후를 준비하면 부담이 적어진다는 것이다. 지금 당장 노후를 위한 설계에 들어가자. 버는 기간은 짧다. 그리고 젊은 기간도 짧다. 젊음을 최대한 즐기되 노후를 현명하게 대처하는 방법을 연구해 보도록 하자.


## ○○ 젖은 낙엽족

회사형 인간, 일만 하다가 말년에 회사에서 퇴직금 받고 아무런 대책도 없이 나온 사람에겐 은퇴 후의 인생이 아름답지 않다.

도쿄대학의 한 여교수가 이름을 붙인 '젖은 낙엽족'이라는 말이 있는데 이 말은 은퇴 생활에 실패한 남성 노인들에게 붙여진 것으로 마치 젖은 낙엽이 빗자루에 착 달라붙어 떨어지지 않는 현상을 빗대어 아내의 곁을 항상 꼭 붙어다니면서 혼자서는 자립을 하지 못하는 유형의 남자를 말한다.

이처럼 낙엽족이 되는 이유는 여러 가지가 있을 것이다. 경제적으로 자립을 못하는 경우도 있겠고, 회사에서 일만 하다 보니 일반적인 생활 감각이나 평소 취미 활동을 하지 않아 자신만의 생활 방식, 자신의 세계를 개척하지 못한 까닭일 것이다.

일본의 예이지만 어찌 보면 우리나라에도 조만간 찾아 오지 말라는 법이 없기 때문에 자가진단할 수 있는 체크리스트를 소개하고자 한다.

여기서 스스로 할 수 있는 항목이 10개 이하이면 당신은 '젖은 낙엽족'이 될 수 있다.

또한 11~16개 사이면 젖은 낙엽족으로 발전할 가능성이 있는 요주의 인물이며, 17개 이상이 되어야 완전히 자립을 할 수 있다고 한다.

이 책을 읽는 여러분은 부디 젖은 낙엽족에 해당되지 않기를 바란다.


1. 깨우지 않아도 혼자서 일어난다.

2. 스스로 이불을 펴고 갠다.

3. 청소기 사용법을 안다.

4. 세탁기를 쓸 줄 안다.

5. 빨래를 널고 갤 수 있다.

6. 밥을 지을 줄 안다.

7. 라면, 계란 프라이 말고도 할 수 있는 요리가 있다.

8. 설거지를 할 수 있다.

9. 단추를 달 줄 안다.

10. 구두를 닦을 수 있다.

11. 목욕물을 맞출 수 있다.

12. 쓰레기 분리수거 요일을 기억한다.

13. 속옷, 양말, 양복이 어디 있는지 안다.

14. 집의 중요 서류가 있는 장소를 안다.

15. 화장지를 값싸게 파는 곳을 알고 있다.

16. 혼자 장보기가 가능하다.

17. 혼자 집에서 즐길 수 있다(TV시청 제외).

18. 동네 세탁소가 어디 있는지 안다.

19. 가끔 화분에 물을 준다.

20. 쌀, 야채의 가격을 알고 있다.

# 02 멋진 은퇴

미국이나 서구 선진국의 경우 은퇴를 빨리 하기 원한다고 한다. 꼭 나이 들어 은퇴를 하는 것이 아니라 경제적 자유를 얻으면 은퇴를 결정한다는 것이다. 1부에서 경제적 자유에 대한 언급을 하였다.우리나라의 경우 멋진 은퇴 사례를 설문 조사한 결과 1위가 배우자와 자녀들과 함께하는 세계여행이 꼽혔다.

은퇴란 직장인의 경우 직장을 그만 두고 일을 하지 않는 것으로 일반적인 퇴직과는 구별된다. 사업을 하던 사람도 사업에서 손을 떼고 본인이 하고 싶은 일이나 취미 활동을 하는 것이다. 그러기 위해서는 준비된 자산이 많아야 한다. 또는 평생 생활을 하는데 크게 부족함 없는 연금소득 등이 나와야 한다.

## ○○ 먹고 사는데 지장이 없을 만큼의 돈

과연 먹고 사는데 지장이 없을 만큼의 돈은 얼마인가? 각 개인의 생활 양식에 따라서 매월 100만 원만 있어도 사는 사람이 있는가 하면 월 300만 원은 필요한 사람 등 제각기 추구하는 삶의 방향에 따라서 다를 것이다.

그래서 우선 오늘 이 책을 읽는 순간 내가 55세라고 가정을 하고 오늘 퇴직을 했는데 앞으로 특별한 소득 없이 모아 놓은 돈만 갖고 앞으로 30년을 살아 나가야 한다면 얼마만큼의 돈이 필요한가 계산을 해 보는 것이다. 현재 평균 수명보다 길게 잡은 것은 현재의 젊은 이들이 80세쯤 되면 평균 수명은 분명 늘어나 있을 것이기 때문이다. 표의 금액은 현재 내 예금잔고가 이 정도 있어야 한다는 것을 나타낸다. 그리고 국민연금이나 기타 자녀로부터 도움을 받는 금액은 일체 빼고 계산을 하였다. 국민연금을 감안한 계산, 부족분에 대한 해결 방안 등에 대해서는 잠시 후 설명을 하기로 하겠다.

(k값 : 1.0680)

| 현재 들어가는 생활비 | 지금 은행 잔고로 있어야 할 돈 |
|---|---|
| 100만 원 | 237,629,000 |
| 150만 원 | 356,444,000 |
| 200만 원 | 475,259,000 |
| 250만 원 | 594,074,000 |
| 300만 원 | 712,889,000 |
| 350만 원 | 831,704,000 |
| 400만 원 | 950,519,000 |
| 450만 원 | 1,069,334,000 |
| 500만 원 | 1,188,149,000 |

표를 보는 방법은 현재 30세인 사람이 55세에 은퇴하고 85세까지 생존하면서 현재 생활비로 월 100만 원만 쓴다고 가정할 경우, 2억 3,700만 원이 현재 나의 은행 잔고로 있어야 한다. 이 금액은 단순히 이자만 계산된 것이 아니라 원금이 30년 후면 다 없어지는 경우이다. 2억 3,700만 원을 언뜻 보면 이자로 생활할 수 있을 것 같아 보이지만, 물가 인상률을 감안하면 전혀 사정이 다르다. 올해는 100만 원을 생활비로 썼지만 물가가 3% 정도 오른다고 가정을 하면 내년에는 103만 원 정도의 생활비를 써야 할 것이며, 10년 후 생활비는 약 135만 원이 된다. 따라서 물가 인상률을 감안하여 모두 소비한다는 가정을 세운 것이다. 은행 이자율을 5%(세후 4.1%), 물가 인상률을 약 3%로 가정하여 계산된 값이다.

288

그리고 표에서 계산된 30년 후 다 없어지는 가정은 이자만 갖고 생활이 되지 않기 때문에 첫 달에는 원금의 일부+이자액, 두 번째 달에도 원금의 일부+이자액식으로 계산되어 있기 때문에 점점 원금이 줄어들고 따라서 원금을 다 쓰게 되는 것이다.

조금 더 이해를 돕기 위해 설명하면, 생활비는 이 책을 읽는 지금의 가치로 환산을 했다. 지금 100만 원은 당신의 나이가 현재 30세이고 물가 인상률 3%로 가정할 경우 55세에는 209만원이 필요한데, 이렇게 물가 인상률을 감안하여 85세까지 쓸 자금을 환산한 것이다.

이 계산식은 앞서 복리계산 방법을 통해 쉽게 알 수 있는데, 다시 한 번 기억하는 의미에서 계산식을 보면 $1,000,000 \times (1+0.03)^{25} = 2,093,778$원이 된다.

## ○○ 먹고 사는 통계 이야기

통계청 조사 자료인 2003년도 4/4분기 도시 근로자 가구의 가계수지 동향에 따르면 가구당 월평균 소득은 300만 6천 원으로 전년 동기대비 7.2%의 증가율을 기록하였고, 가구당 월평균 가계 지출은 전년대비 5.3% 증가하였다고 한다.

다행스러운 것은 버는 속도가 쓰는 속도보다 조금 앞서 있다는 것이다. 돈을 모아가는 현재로서는 좋은 현상이나 지출 속도가 연간 5.3%라고 하니 물가 인상률보다는 훨씬 높아 현재 소득이 없는 노인들이 살아가기에는 너무 힘든 상황인 것 같다.

조금 더 알기 쉽게 표로 작성하면 다음과 같다.

〈 2003년 3/4분기 도시근로자 가구의 가구 원수별 가계수지 〉

|  | 2인 가족 | 3인 가족 | 4인 가족 | 5인 가족 | 6인 가족 |
|---|---|---|---|---|---|
| 소득 금액 | 2,337,000 | 2,862,000 | 3,255,000 | 3,668,000 | 3,375,000 |
| 가계 진출 | 2,192,000 | 2,192,000 | 2,559,000 | 2,709,000 | 2,801,000 |
| 소비 지출 | 1,375,000 | 1,827,000 | 2,171,000 | 2,325,000 | 2,481,000 |

이 표를 보면 궁금한 것이 있다. 가구원 수가 많으면 소득이 많다? 이것은 어디까지나 통계청의 자료일 뿐이다. 어느 회사에서 부양 가족이 많다고 월급을 더 주겠는가? 그러나 관심을 둬야 할 부분은 지출 부분이다. 가계 지출은 소비 지출과 조세, 각종 사회보험료, 타 가구로의 송금 및 보조, 지급 이자 등을 감안한 비소비 지출과 합산한 금액인데 노인 가구의 경우 송금 및 보조, 지급 이자 등을 뺀 소비 지출만 있다고 가정을 해도 부부가 같이 살려면 최소한 1,375,000원이 필요하다는 것이다. 조금 더 절약해서 1,200,000원으로 생활을 한다고 해도 앞서 계산한 방식대로 하면 무려 30세인 오늘 준비된 돈이 2억 8,500만 원 정도는 있어야 한다.

필자가 이러한 강의를 하면 꼭 "질문 있습니다"라고 하는 분들이 있다. 55세 이후 반드시 30년을 산다는 가정을 하는데 완전히 늙으면 돈 쓸 일이 별로 없으니, 현실적인 금액을 계산해 달라는 질문을 받는다.

**문** _ 나는 55세에 은퇴를 하고 오늘 현재로 120만 원 정도면 살 수 있을 것 같고, 75세 이후에는 기력이 쇠약해져서 별로 돈 쓸 곳이 없으므로 절반만 있어도 살 수 있다고 가정할 경우 금액을 계산하면 얼마나 되나요?

**답** _ 75세까지 20년 동안은 2억 원이며, 10년 동안은 5,200만 원으로 약 2억 5,200만 원이 있으면 됩니다.

## ○○ 노후 생활에 필요한 돈

은퇴 전 월 생활비의 70% 수준을 부부 노후생활자금으로 보면 된다.

여기에 은퇴 시점부터 앞으로 살날을 곱하면 되는데 국민연금이나 군인연금 등 일정한 연금 수입이 있는 사람은 매월 연금액을 빼서 계산하면 된다. 국민연금의 경우 매년 물가 상승률을 감안해 주기 때문에 현재 받을 수 있는 금액을 국민연금관리공단(☎1355)

으로 전화해 보거나 인터넷(www.npc.or.kr)에서 확인할 수 있다.
〈부록 표 참조〉

(현재 생활비(월)−연금액) × 70% × 12개월 × 앞으로 부부가 살아갈 기간(년수)

이후 보편적으로 남자의 수명이 여자보다 짧고 남자의 나이가
많은 경우가 대부분으로 남아 있는 배우자만의 노후생활자금도 계
산을 해야 한다.

(현재 생활비(월)−연금액) × 50% × 12개월 × 남편 사망 후 배우자의 여명(년수)

〈사        례〉

▶ **현재 생활비** : 자녀들의 학비 부담이 없음, 자녀 결혼 비용 등
추가 비용 없음
▶ **연령** : 남자 57세, 여자 55세
▶ **월 생활비** : 현재 200만 원
▶ **국민연금** : 매월 60만 원
▶ **생활해야 하는 기간** : 남편 25년(82세 사망), 부인 30년(85세
사망)

〈부부 공동생활비〉

(2,000,0000−600,000=1,400,000) × 70% × 12개월 × 25년(부부 동시생존)=2억 9천4백만 원

※ 물가 인상률 3%와 실질 이자율 4.1%로 할 경우(k = 1.0680)
259,571,000원

(2,000,0000−600,000=1,400,000) × 50% × 12개월 × 5년=4천2백만원

※ 물가 인상률 3%와 실질 이자율 4.1%로 할 경우(k = 1.0680)

31,530,000원

현재 준비되어 있어야 할 금액 =

259,571,000 + 31,530,000 = 291,101,000원

아래의 표는 앞서 소개했던 금액에 국민연금을 감안한 금액을 다시 계산해 본 것이다. 국민연금은 비록 금액은 적으나 누구나 받을 수 있는 기정된 사실이므로 평균 받는 금액을 빼고 계산을 해 보았다. 표에서 알 수 있듯이 생활비가 적은 사람은 국민연금이 차지하는 비중이 상대적으로 높으므로 준비하여야 할 금액이 적은 반면, 생활비의 규모가 커질수록 국민연금이 차지하는 비중이 낮아 앞서 보았던 표에 비해 크게 떨어지지 않는다는 것을 알 수 있을 것이다.

〈국민연금을 감안한 현실적인 계산〉

(k값 : 1.0680)

| 현재 들어가는<br>월 생활비 | 지금 은행 잔고에<br>있어야 할 돈 | 현재 30세인 경우<br>55세 때에 준비할 금액 | 55세에 목표금액을 달성위한<br>매월 저축액(매년3%증액) |
|---|---|---|---|
| 100만 원 | 140,632,000 | 384,019,000 | 537,000 |
| 150만 원 | 259,447,000 | 708,463,000 | 990,000 |
| 200만 원 | 378,262,000 | 1,032,907,000 | 1,443,000 |
| 250만 원 | 497,077,000 | 1,357,350,000 | 1,896,000 |
| 300만 원 | 615,892,000 | 1,681,794,000 | 2,350,000 |
| 350만 원 | 734,707,000 | 2,006,238,000 | 2,803,000 |
| 400만 원 | 853,522,000 | 2,330,681,000 | 3,256,000 |
| 450만 원 | 972,337,000 | 2,655,125,000 | 3,710,000 |
| 500만 원 | 1,091,151,000 | 2,979,569,000 | 4,163,000 |

〈가정〉 국민연금액은 20년 완전 노령연금액을 기준으로 2004년 3월 현재 40등급이 647,200원이므로 이 금액을 계산하였음. 또한 65세 이후부터 받는 것을 감안하였으므로 55세 은퇴 후 10년간은 연금을 받지 않고 나머지 20년간 연금을 받는 것으로 가정하여 산출된 표임.

그런데 위의 표를 보고 지금 30세 나이인데 55세가 될 때 현재 100만 원을 쓴다고 가정하여 3억 8,400만 원이나 준비해야 한다고 지레 겁먹고 포기하는 일이 없어야 할 것이다.

당신의 소득도 따라 올라가기 때문에 20년 후의 숫자를 갖고 큰 부담을 갖지 않아도 된다. 20년 전에 삼성전자의 대졸 신입사원 월급이 20만 원 정도였다는 사실에 주목하자.

# 03 노후를 준비하는 주머니

가계 재정은 기업같이 회계 단위로 딱 잘라 나누어 관리를 하기 어렵다. 생애 주기에서 보면 돈이 들어가는 사건들이 여러 번 있는데 자녀의 학자금, 자녀 결혼자금 등 굵직한 일들에 들어가야 할 돈 때문에 노후자금을 따로 관리하지 못하는 가정이 많다.

현재 본인의 노후를 준비하고 있는 사람이 한 일간지의 조사에 의하면 30%도 채 안 된다고 한다. 그나마 20대는 거의 생각조차도 하지 않고 있다고 한다. 40대 중반이 넘어서야 심각함을 알고 준비한다고 하지만 그때 준비하는 것은 어찌 보면 늦은 감이 없잖아 있다. 좀더 일찍 준비하면 부담도 줄어들 수 있었는데 말이다.

그래서 노후자금 용도로만 따로 주머니를 하나 차자. 그것도 일찌감치 만들어 보는 것이다. 아울러 은퇴할 때 멋진 여행을 가는 즐거운 계획도 함께 세우려면 여행 주머니도 별도로 차는 것은 어떨까? 아무튼 노후에 대해 관심을 갖는 순간 당신의 노후는 풍요로울 것이다.

## ○○ 연금보험만한 효자가 없다

국민연금이 기초적인 생활을 보장하기 위한 공적 연금인데 비해 개인연금은 스스로 준비하는 연금으로, 납입한 금액에 비례하여 보상받는 보다 적극적인 연금 상품이다. 특히 젊었을 때 가입한 종신연금은 본인이 사망할 때까지 연금을 받을 수 있어 오래 살수록 더 많이 받는다. 따라서 은행권의 5~20년 확정 기간만 받는 연금보다 유리한 점이 많다. 특히 연금을 받을 때 체증형으로 받는 방법이 있는데 이것은 매년 물가가 인상되듯 연금액이 1년 단위로 오르는 형태의 방식으로 물가 인상(인플레이션)을 극복하는 수단이 되기 때문에 노후자금으로는 제격이다.

보통 매년 5%씩 올라가는 체증형의 경우 처음 받을 때는 금액이 작아보이지만 기간이 길어질수록 진가를 발휘한다. 이런 방식은 국민연금이나 공무원연금, 군인연금도 마찬가지이다. 단지 정해져 있는 상승률이 없다는 것인데 매년 물가 인상분만큼 올려서 지급받으므로 스스로 가입한 국민연금, 공무원연금이라고 생각해도 무방하다.

예를 들어 처음 50만 원으로 시작된 연금액이 5년이면 64만 원이 되고, 10년이 되면 81만 원이 되며, 20년이 되면 132만 원이 된다. 아무튼 오래 살수록 더 많이 받게 되고 죽을 때까지 지급되는 점을 볼 때 노후에 이만한 효자 상품이 없을 것이다.

## ●● 골라먹는 재미

연금 상품에는 두 가지 종류가 있다. 연간 납입액 중 240만 원을 소득공제받아 세금으로 돌려받을 수 있는 연금저축(보험사, 은행, 투신, 우체국, 농협)이 있고, 소득 공제는 받지 못하지만 10년 이상 납입하면 전액 비과세가 되는 보험사 전용 일반연금이 있다.

두 가지 형태 모두 장점이 있다. 먼저 연말 정산을 받을 수 있는 상품은 나중에 받는 연금에서 소득 공제를 받은 금액만큼 5.5%의 이자 소득세를 내야 하는 점이 있지만, 연간 240만 원만 납입할 경우 소득세율 구간이 19.8%(연소득 1천만 원~4천만 원)에 있는 근로자라면 매년 47만 원 정도를 세금으로 돌려받으므로 이 상품에 관심을 갖는 것이 현명하다.

아울러 비과세 연금을 함께 가입하는 것이 좋다. 가령 월 40만 원을 가입할 경우 소득 공제받는 연금저축 20만 원, 비과세 연금 20만 원씩 가입하는 방법이다.

따라서 하나만 골라서 가입할 것이 아니라 두 가지 다 가입하는 방법을 적극 추천한다.

납입 방법도 매월 납입하는 방법만 있는 것이 아니라 은행의 정기예금과 같이 목돈을 내는 방법도 있다. 어느 정도 여유가 된다면 목돈을 일시에 납입하는 방법이 효과면에서는 제일 좋다. 왜냐하면 연금보험은 연복리로 계산을 해 주기 때문이다. 그러나 은행 정기예금과 같이 원금에 대해 복리로 시작되지 않는다는 점은 주의를 해야 한다.

왜냐하면 처음 가입할 때 모집 수수료 등 부대 비용이 들어가기 때문에 적어도 1년 이상이 되어야 원금만큼 회복되어 이자가 붙는다고 보면 되는데 기간이 길어질수록 복리의 진가를 발휘하는 상품이다.

연금은 받는 방법도 연금을 타기 전에 골라서 선택할 수 있다. 총 36가지의 방법이 있는데 대표적인 방법 몇 가지만 소개하면,

첫째, 종신형 중에서도 매월 일정한 금액을 죽을 때까지 받는 방법이 있고, 매년 인상되는 체증형 방법, 또는 은퇴 초기에 돈 쓸 일

이 많고 나이들어 거동이 불편할 때는 돈 쓸 일이 별로 없다고 판단
되면 체감형으로 받는 방법이 있다.

둘째, 확정형이 있는데 5년, 10년, 15년, 20년식으로 기간을 확
정하는 방법이 있다. 또한 매월 받을 것인지, 3개월, 6개월, 1년에
한 번 받을 것인지 선택할 수 있다.

아무튼 가입할 때 결정하는 것이 아니라 연금을 받을 때 결정하
는 것이므로 10년 또는 20년 후에 본인의 재정 상태를 고려한 연금
지급 방식을 선택하면 되지만 적어도 그때 얼마를 받을 수 있는지
위의 방법 몇 가지를 선택하여 가입시 알아보는 것이 제일 현명할
것이다.

또한 연금보험은 연금뿐만 아니라 보험 혜택까지 누릴 수 있어
일석이조의 상품인데 부가되는 보험 서비스를 잘 살펴보아야 한다.
노후를 위해 보험은 필수인데 본인이 가입하고 있는 종신보험
또는 정기보험과 중복이 되는 사항이 있다면 부가보험을 중복할 필
요가 없다. 왜냐하면 공짜가 아니기 때문이다.

이러한 여러 가지를 종합하여 내는 보험료 대비 받는 연금액을
표로 간단히 요약해 주면 좋겠지만 가입하는 사람의 연령에 따라 여
러 가지 설계가 나올 수 있어 생략하기로 하며, 대신 쉽게 자신의 목
표를 알아 볼 수 있는 은행의 보험 창구를 찾거나, 보험회사의 설계
사 (FC, FP, LP, LC, IC:보험사에 따라 호칭이 각각 틀림)에게 전

화하여 설계서를 받아보자.

괜히 보험 들라고 귀찮게 할까봐 미룰 일이 아니다. 당신의 소중한 노후를 위한 일임을 전제로 하면 수십 번 물어보아도 남음이 없다.


## ○○ 순간의 선택이 평생을 좌우한다

연금을 가입할 때 고려해야 할 중요한 점은 이자가 높아야 나중에 받는 금액도 많다라는 것이다. 보통 은행 이자보다 1% 가량 더 높은데 보험회사마다 제시하는 이율이 제각기 틀리다. 그런데 무턱대고 높은 금리를 주는 보험회사를 선택하는 것은 금물이다.

일본의 경우 몇 년 전 까지만 해도 유수의 보험회사들이 파산했는데 여러 가지 이유 중에서도 높은 확정 금리의 보험 상품들로 인한 파산이 제일 크다.

높은 금리를 고객에게 제시하고 회사는 낮은 금리로 운용하다 보니 손실은 점점 커지고 결국 파산으로 이어지는, 어찌 보면 당연한 수순을 밟은 것이 아닌가 싶다.

따라서 높은 금리에만 현혹될 것이 아니라 재무 구조가 튼튼하고 안전한 보험회사를 선택하여야 한다. 1~2년 가입할 것이 아니라 평생을 믿어야 하므로 안면 때문에 또는 친한 친구 때문에 가입할 것이 아니라 나의 노후를 책임질 수 있는 든든하고 조건이 좋은 보험회사를 선택하여야 한다.

따라서 순간의 선택이 평생을 좌우할 수 있다고 할 수 있다.

보험회사를 선택하는 요령은 먼저 지급준비율 등 재무 건전성을 꼭 따져 보아야 한다. 또한 보험회사의 역사도 살펴보아야 하는데 많은 보험회사들이 문을 닫기도 하고 이리 팔리고 저리 팔리는 등 서비스가 좋지 않을 경우에는 보험금을 지급받을 때 큰 불편을 감수해야 하기 때문이다. 규모도 중요한데 너무 작으면 위험에 쉽게 노출될 가능성이 있다. 아울러 전산이나 인터넷 등 수시로 상담받을 수 있는 가까운 보험회사가 좋을 것이다.

필자의 고객 한 분은 가입할 때는 평생을 관리해 줄 것 같이 약속해 놓고 떠날 때는 한마디 말없이 가버려 정작 필요한 절차를 밟을 때 도움을 못 받은 사례 때문에 그 보험회사 전체에 대한 믿음이 깨졌다고 한다. 따라서 믿을 만한 상담원이 계속 자신을 관리해 줄 수 있는지 여부도 가입할 때 중요한 판단 기준이 될 것이다.

## ○○ 연금 원조는 역시 국민연금

국민연금에 대한 기사가 너무 많다. 좋은 기사 나쁜 기사를 따져 보면 거의 나쁜 기사 투성이다. 왜일까? 많은 사람들이 생각하듯 많이 내고 적게 받는 연금, 연금을 잘못 운용하던 과거에 대한 불신감, 잦은 연금법 개정으로 믿음이 가지 않는다 등 심지어는 2047년이면 기금이 바닥난다는 보도는 월급에서 또는 내 소득에서 일부를 반드시 꼬박꼬박 내야 하는가? 라는 의심을 품게 하기에 충분하다.

그런데 현재 얼마 가입하지 않은 노인들은 많은 혜택을 받을 것으로 보여 어찌 보면 부모님들이 혜택을 받으니 좋다고는 하지만 그 재원은 모두 우리가 부담하는 것이어서, 한편으로는 아쉬운 감이 있다.

그래도 연금의 운용 수익률은 최저 6.45~14.21%로 현재와 같은 저금리 상황에서 은행금리보다 높게 운용되고 있다고 하니 그나마 다행이다. 국민연금에 대해 좀 더 알아보도록 하자.

**문**_국민연금은 언제부터 받을 수 있나?

**답**_ 노령연금 : 10년 이상 가입하고 60세부터 지급된다. 그러나 2013년부터는 5년마다 1세씩 상향 조정되어 2033년 이후에는 65세부터 받게 된다.

**문**_얼마나 받을 수 있나?

**답**_본인의 가입 기간 중 평균 소득에 비례해 받게 된다. 가입 기간에 따라 차이가 있는데 88~97년 사이 가입자는 20년 납입시 평균 소득의 70%, 98년~2003년 가입자는 60%, 2004~2007년 55%, 2008년 이후 가입자는 50%의 수급률을 적용받는다. 따라서 늦게 가입하는 우리의 후배들은 많이 내고 적게 받는 셈이 되는 것이다.

**문**_내가 얼마나 내고 있는가?

**답**_현재 소득대비 9%를 납부한다(직장인의 경우 절반은 회사가 납

부함). 그러나 2010년부터 매 5년마다 1.38% 올라 2030년까지는 15.9%로 인상될 예정이다

**문**＿특례노령연금이라는 것이 있어 부모님들이 받을 수 있다는데?

**답**＿국민연금 제도가 최초 시행되던 1988년 1월 1일, 농어촌 지역으로 확대되던 1995년 7월 1일 및 도시 지역으로 확대되던 1999년 4월 1일 당시 나이가 많아 연금 수급을 위한 최소 가입 기간을 채울 수 없는 사람들도 노령연금을 지급받을 수 있도록 마련된 것으로, 가입 기간이 5년만 되면 기본 연금액의 25%에 가급 연금액을 가산하여 지급하고, 5년을 초과하는 매 1년마다 기본 연금액의 5%씩 가산되어 지급되는 연금이다. 따라서 여기에 해당되는 부모님이 계시다면 주소지 관할 국민연금관리공단에 가서 신청하면 된다.

**문**＿특례노령연금 신청할 수 있는 시기와 신청 방법은?

**답**＿가입 기간이 5년 이상 만 60세 이상 도달되는 시점에 연금을 청구하면 수급 사유 발생일의 다음 달부터 연금을 지급받을 수 있다. 아울러 구비 서류는 신분증, 주민등록등본, 호적등본, 온라인통장, 도장이며 대리인도 신청할 수 있다. 따라서 부모님이 가입했는데 몰라서 못 받고 계시다면 빨리 신청하도록 하자.

**문**＿농어민연금에 가입하여 60세가 넘은 경우에 노령연금은 언제부터 받을 수 있나?

**답** _ '95. 7. 1부터 가입하여 60세가 넘으신 분은 60개월이 되는 최종 월의 연금 보험료를 다음 달 10일까지 납부하고 그 달에 탈퇴 신청과 함께 연금을 청구하면 된다.

**문** _ 조기노령연금이라는 것이 있어 55세만 되어도 연금을 탈 수 있다고 하던데?

**답** _ 맞다. 현재 소득이 없이 은퇴를 한 기존 가입자는 60세까지 기다릴 필요가 없다. 55세부터 연금을 신청할 수 있다. 물론 금액은 많이 깎인 상태에서 나오지만 60세가 되면 정상적인 연금을 받을 수 있으므로 여기에 해당되는 사람은 신청하는 것이 이득이다.

〈 노령연금 예상 연금 월액 〉

| 등급 | 표준 소득 월 액 | 보 험 료 | | 가입 기간(년) | | | | |
| --- | --- | --- | --- | --- | --- | --- | --- | --- |
| | | 지역 7% | 사업장 9% | 5년 (25%) | 10년 (50%) | 15년 (72.5%) | 20년 (100%) | 30년 (100%) |
| 1 | 220,000 | 15,400 | 19,800 | 76,560 | 137,770 | 192,870 | 220,000 | 220,000 |
| 2 | 230,000 | 16,100 | 20,700 | 76,930 | 138,520 | 193,950 | 230,000 | 230,000 |
| 3 | 240,000 | 16,800 | 21,600 | 77,310 | 139,270 | 195,040 | 240,000 | 240,000 |
| 4 | 250,000 | 17,500 | 22,500 | 77,680 | 140,020 | 196,130 | 250,000 | 250,000 |
| 5 | 260,000 | 18,200 | 23,400 | 78,060 | 140,770 | 197,220 | 260,000 | 260,000 |
| 6 | 270,000 | 18,900 | 24,300 | 78,430 | 141,520 | 198,300 | 267,700 | 270,000 |
| 7 | 290,000 | 20,300 | 26,100 | 79,180 | 143,020 | 200,480 | 270,700 | 290,000 |
| 8 | 310,000 | 21,700 | 27,900 | 79,930 | 144,520 | 202,650 | 273,700 | 310,000 |
| 9 | 340,000 | 23,800 | 30,600 | 81,060 | 146,770 | 205,920 | 278,200 | 340,000 |
| 10 | 370,000 | 25,900 | 33,300 | 82,180 | 149,020 | 209,180 | 282,700 | 370,000 |
| 11 | 400,000 | 28,000 | 36,000 | 83,310 | 151,270 | 212,440 | 287,200 | 400,000 |
| 12 | 440,000 | 30,800 | 39,600 | 84,810 | 154,270 | 216,790 | 293,200 | 432,140 |
| 13 | 480,000 | 33,600 | 43,200 | 86,310 | 157,270 | 221,140 | 299,200 | 441,140 |

| | | | | | | | |
|---|---|---|---|---|---|---|---|
| 14 | 520,000 | 36,400 | 46,800 | 87,810 | 160,270 | 225,490 | 305,200 | 450,140 |
| 15 | 570,000 | 39,900 | 51,300 | 89,680 | 164,020 | 230,930 | 312,700 | 461,390 |
| 16 | 620,000 | 43,400 | 55,800 | 91,560 | 167,770 | 236,370 | 320,200 | 472,640 |
| 17 | 670,000 | 46,900 | 60,300 | 93,430 | 171,520 | 241,800 | 327,700 | 483,890 |
| 18 | 730,000 | 51,100 | 65,700 | 95,680 | 176,020 | 248,330 | 336,700 | 497,390 |
| 19 | 790,000 | 55,300 | 71,100 | 97,930 | 180,520 | 254,850 | 345,700 | 510,890 |
| 20 | 850,000 | 59,500 | 76,500 | 100,180 | 185,020 | 261,380 | 354,700 | 524,390 |
| 21 | 920,000 | 64,400 | 82,800 | 102,810 | 190,270 | 268,990 | 365,200 | 540,140 |
| 22 | 990,000 | 69,300 | 89,100 | 105,430 | 195,520 | 276,600 | 375,700 | 555,890 |
| 23 | 1,060,000 | 74,200 | 95,400 | 108,060 | 200,770 | 284,220 | 386,200 | 571,640 |
| 24 | 1,130,000 | 79,100 | 101,700 | 110,680 | 206,020 | 291,830 | 396,700 | 587,390 |
| 25 | 1,210,000 | 84,700 | 108,900 | 113,680 | 212,020 | 300,530 | 408,700 | 605,390 |
| 26 | 1,290,000 | 90,300 | 116,100 | 116,680 | 218,020 | 309,230 | 420,700 | 623,390 |
| 27 | 1,380,000 | 96,600 | 124,200 | 120,060 | 224,770 | 319,020 | 434,200 | 643,640 |
| 28 | 1,470,000 | 102,900 | 132,300 | 123,430 | 231,520 | 328,800 | 447,700 | 663,890 |
| 29 | 1,560,000 | 109,200 | 140,400 | 126,810 | 238,270 | 338,590 | 461,200 | 684,140 |
| 30 | 1,660,000 | 116,200 | 149,400 | 130,560 | 245,770 | 349,470 | 476,200 | 706,640 |
| 31 | 1,760,000 | 123,200 | 158,400 | 134,310 | 253,270 | 360,340 | 491,200 | 729,140 |
| 32 | 1,860,000 | 130,200 | 167,400 | 138,060 | 260,770 | 371,220 | 506,200 | 751,640 |
| 33 | 1,970,000 | 137,900 | 177,300 | 142,180 | 269,020 | 383,180 | 522,700 | 776,390 |
| 34 | 2,080,000 | 145,600 | 187,200 | 146,310 | 277,270 | 395,140 | 539,200 | 801,140 |
| 35 | 2,190,000 | 153,300 | 197,100 | 150,430 | 285,520 | 407,100 | 555,700 | 825,890 |
| 36 | 2,300,000 | 161,000 | 207,000 | 154,560 | 293,770 | 419,070 | 572,200 | 850,640 |
| 37 | 2,420,000 | 169,400 | 217,800 | 159,060 | 302,770 | 432,120 | 590,200 | 877,640 |
| 38 | 2,540,000 | 177,800 | 228,600 | 163,560 | 311,770 | 445,170 | 608,200 | 904,640 |
| 39 | 2,670,000 | 186,900 | 240,300 | 168,430 | 321,520 | 459,300 | 627,700 | 933,890 |
| 40 | 2,800,000 | 196,000 | 252,000 | 173,310 | 331,270 | 473,440 | 647,200 | 963,140 |
| 41 | 2,940,000 | 205,800 | 264,600 | 178,560 | 341,770 | 488,670 | 668,200 | 994,640 |
| 42 | 3,080,000 | 215,600 | 277,200 | 183,810 | 352,270 | 503,890 | 689,200 | 1,026,140 |
| 43 | 3,230,000 | 226,100 | 290,700 | 189,430 | 363,520 | 520,200 | 711,700 | 1,059,890 |
| 44 | 3,380,000 | 236,600 | 304,200 | 195,060 | 374,770 | 536,520 | 734,200 | 1,093,640 |
| 45 | 3,600,000 | 252,000 | 324,000 | 203,310 | 391,270 | 560,440 | 767,200 | 1,143,140 |

주 1. "A" 부분은 2004년도 적용 3년간 평균 소득월액의 평균액인 1,412,428원임.
　 2. 가급 연금액은 배우자(연 184,140원)를 반영함.
　 3. 2004년 현재 불변가치임.

## ○○ 집만 있으면 노후 대책 끝 – 역 모기지론

젊어서 번 돈으로 집을 장만하고, 은퇴 이후에는 집을 담보로 연금을 받아 생활한다면, 어찌보면 집 한 채 든든하게 보유하고 있으면 노후 대책이 쉽게 해결될지도 모른다. 이미 미국이나 캐나다 등에서는 보편화된 역모기지론이 우리나라에도 도입될 예정에 있다고 한다. 1990년대 국민은행에서 도입 이후 낮은 관심때문에 유명무실해졌던 이 제도가 2004년 5월 신한은행과 조흥은행에서 유사하게 출시되었다. 정부가 도입하는 제도와 은행의 제도는 유사하지만 사회제도 측면에서 보면 정부의 모기지론이 유리할 듯하다.

앞에서 모기지론(Mortgage Loan)에 대한 설명을 하였는데 역모기지론 (Reverse Mortgage)은 반대로 보면 쉽게 이해할 수 있다. 집을 담보로 대출을 받고 이자를 내는 것이 아니라 가진 주택을 담보로 하여 은행에서 매월 연금식으로 생활비를 받는 방법을 말한다. 즉, 이자대신 자산가치가 감소되면서 원리금이 집값에서 차감되는 형식인데, 집값의 일정 범위 내에서 신청을 할 수 있다.

예를 들어 5억 원 가치의 APT를 담보로 50%만큼의 역모기지론을 신청하여 약 15년 후 만기시 집값이 더 올라 10억 원이 되었다면 그만큼 추가로 받을 수 있고 사망시 잔여분은 상속을 통해 정산하게 된다. 이러한 것을 감안한다면 집값이 충분히 오를 수 있는 지역에 집을 마련하는 것이 어찌보면 든든한 노후대책이 될 수 있다.

그런데 우리나라 정서상 자녀에 대한 사랑과 자녀에게 유산을 물려주고 싶어하는 부모의 마음이 높은 상황에서 평생 일구어 놓은 집 한 채가 없어지거나, 유산이 적어지는 이 제도가 성공적으로 정착이 될 수 있을까?

필자는 성공적으로 정착될 것이라고 본다. 왜냐하면 그동안 이러한 제도적인 장치가 없어서 이용을 못했던 사람들이 주변에 의외로 많이 있는데 일생을 자식 교육시키고, 결혼시키고 나면 막상 집 한 채 달랑 남았지만 자녀들이 용돈은커녕 집을 담보로 대출을 받아 달라는 등 예전만 못한 효심(孝心)이 그 첫째 이유이고, 두번째로는 돈이 필요해서 현재 집을 처분하고 작은 집으로 옮기면 명절이나 집안의 대소사에 자녀들이 찾아와도 자고 갈 곳이 없어 작은 집으로 못 옮긴다는 여러 사례를 볼 때 역모기지론은 현재 거주하는 집에서 노후를 보내면서 생활비를 탈 수 있어 충분히 성공적 정착이 될 것 같다.

특히 미국의 경우 이 제도가 많이 활성화되어 있고 미국 연방주택도시개발국(HUD) 조사에 따르면 현재 역모기지론 이용자의 3/4 이상이 이에 만족하고 있다고 하니 우리나라도 활발하게 이용될 수 있을 것으로 예상된다.

아직은 활발하지 않지만 이 책을 읽고 있는 독자가 노년층이 되면 한결 세련된 역모기지론이 기다릴 것이다.

중요한 것은 젊어서 집 장만하는 데 게을리했던 사람은 이 제도를 이용할 수 없듯 빠른 시일 내에 집을 장만하는 것이 역모기지론을 이용할 수 있는 첫 번째 전제 조건임을 명심해야 한다.

그러나 생계를 위해 집을 저당잡히는 역모기지론에 의존할 것이 아니라 소득이 있을 때 많이 벌고 많이 저축하는 것이 최선의 길임을 명심한다면 당신의 노후는 편안하고 풍요로울 것이다.